L'AME DE
S^T AUGUSTIN

DU MÊME AUTEUR :

L'ESPRIT DE RENAN

Un volume in-12................... 6 fr. 50

Pierre GUILLOUX, S. J.

L'AME DE S^T AUGUSTIN

« *Sero te amavi, pulchritudo tam antiqua et tam nova, sero te amavi !* »

« Je t'ai aimée trop tard, ô beauté toujours ancienne et toujours nouvelle, je t'ai aimée trop tard ! »

Conf., X, 38.

J. DE GIGORD, EDITEUR
15, RUE CASSETTE, PARIS

PRÉFACE

Au dixième livre des Confessions, *saint Augustin proclame, devant Dieu et devant les hommes, l'entière sincérité de son écrit, et il ajoute : « ils me croiront, ceux-là dont l'amour ouvre les oreilles. » Innombrables sont les lecteurs sympathiques qu'il a rencontrés le long des siècles, et je l'avoue volontiers, je m'honore d'en être moi-même (1).*

Certes, les longues heures passées au milieu des in-folios lourds et poudreux qui renferment les pensées et les sentiments du grand docteur,

---

(1) Récemment, M. Prosper Alfaric a cru devoir mêler à ce beau concert une note discordante. Dans le premier volume de la trilogie qu'il annonce, l'ex-professeur du grand séminaire de Bordeaux s'acharne à déprécier le caractère et l'âme même de saint Augustin. A l'en croire, on aurait surfait l'intelligence d'Augustin, on lui aurait prêté trop bon cœur ; il serait un écrivain dont il faut se défier grandement « car il ne sait pas mentir. » *L'Evolution intellectuelle de saint Augustin, I Du Manichéisme au Néoplatonisme, préf.* p. VII et p. 5o, chez Em. Nourry, 1918.

*ont eu leurs austérités. Bien des fois, impatienté,
je me suis souvenu du mot d'Horace devant l'aède
grec :*

« Indignor, quandoque bonus dormitat Homerus. »

*Même dans la Cité de Dieu, même dans les
Confessions, il y a des longueurs et des subtilités
qui fatiguent le lecteur moderne le mieux disposé.*

*Fatigue néanmoins n'est pas découragement.
C'est le cas de se rappeler la belle parole d'Augustin lui-même : « Quand on aime, on ne se fatigue
pas ; ou bien s'il y a fatigue, la fatigue elle-même
est aimée. » Dès le premier contact avec cette
âme, on la devine infiniment attachante, d'où le
désir de la connaître mieux. Après l'avoir pénétrée
et comprise, on voudrait la faire connaître aux
autres, leur faire sentir ce qu'on a senti soi-même
dans cette compagnie si douce, si élevante. Voilà
l'origine et voilà l'intention du présent volume.*

*Mais n'avions-nous pas déjà le livre de M. Louis
Bertrand ? Je le connais, je l'ai lu et relu ; comme
la plupart de ses nombreux lecteurs, j'en ai goûté
le charme pénétrant. L'image qu'on y a tracée
de la jeunesse d'Augustin est presque parfaite.
Le milieu où évolue le héros est brillamment
décrit, encore que la colonie romaine du IVe siècle
disparaisse un peu trop derrière l'Afrique berbère
de nos jours.*

*Le portrait du grand évêque et du grand docteur est décidément pâle et incomplet, il a été un
peu sacrifié. L'auteur nous parle de l'enceinte
farouche qui protège les œuvres de saint Augus-*

lin, toute hérissée de théologie, d'exégèse et de métaphysique. Il s'est promené longtemps tout autour, il a fait à l'intérieur des excursions intéressantes et fructueuses ; on ne sent pas qu'il l'ait sérieusement habitée.

Sans doute, on peut étudier le caractère et l'âme de saint Augustin sans entrer dans le détail de ses doctrines, mais on ne saurait oublier qu'il a été pendant quarante ans et plus théologien et pasteur d'âmes. Il faudra écouter attentivement le prédicateur d'Hippone, interroger le vivant modèle des clercs et l'inspirateur de la vie monastique, suivre l'infatigable guetteur du Christ dans les controverses manichéennes, donatistes et pélagiennes, voir l'apologiste du christianisme en face des âmes païennes, devant les chercheurs inquiets de l'avenir.

L'arbre se connaît à ses fruits et personne ne songerait à nous présenter Fra Angelico sans se préoccuper de ses peintures. D'ailleurs, il n'y a peut-être pas d'écrivain qui se révèle mieux dans ses écrits. La plupart des livres d'Augustin sont adressés à des amis, rédigés sur une demande expresse, pour répondre à des besoins déterminés. De là ces confidences charmantes et révélatrices qui viennent, comme de fraîches oasis, réconforter le lecteur dans le désert de la pensée abstraite.

De plus, contrairement à saint Thomas d'Aquin, le docteur d'Hippone pense rarement avec sa seule raison ; son imagination très vive et son cœur très chaud sont toujours là, colorant de sentiment et de vie les plus froides abstrac-

tions. Cette pensée personnelle et communicative, voilà ce qu'on a voulu fixer ici, car elle est le fruit révélateur de l'âme (1).

Malgré les défauts d'un tempérament sensible à l'excès et d'un esprit parfois trop subtil, saint Augustin demeure l'un des génies les plus aimables et les plus féconds, de tous les saints l'un des plus attrayants.

---

(1) Mon travail était achevé quand j'ai eu connaissance d'un ouvrage anglais, qui se place a peu près au même point de vue. W. Montgomery. *Saint Augustine, Aspects of his life and thought.* London, 1914. J'ai été agréablement surpris de voir que les deux études se complètent sans se contredire.

PREMIÈRE PARTIE

L'Enfance Insoucieuse

« *Delectabat ludere.* »
« J'aimais à jouer. »
Conf., I, 15.

CHAPITRE PREMIER

L'Ecolier de Thagaste

Augustin naquit le 13 novembre de l'année 354 à Thagaste, l'une des trente villes libres de la province d'Afrique. Sa famille n'était pas riche ; elle possédait seulement une maison et quelques petits champs dont une vigne. Le père, Patrice, était décurion, c'est-à-dire membre du conseil municipal, petite image provinciale du Sénat romain. Il était encore païen, tandis que sa femme, Monique, alors âgée de vingt-deux ans, était une fervente chrétienne.

Le premier livre des *Confessions* nous fait assister à l'éclosion de cette âme qui vient d'apparaître dans la petite ville, et qui en sera la gloire. L'auteur a soin de nous prévenir que ses renseignements sont de première main. Pour savoir ce qu'il fut dans sa prime enfance, il n'a pas interrogé les livres ni même ceux qui l'ont élevé, il a observé les petits enfants, et ceux-ci l'ont instruit d'une chose qu'ils ignoraient eux-mêmes.

Pendant plusieurs mois, le nouveau né est fort indigent, beaucoup plus que les petits des animaux. Après les cris aigus de la douleur précoce, viennent les apaisements du lait maternel. Dieu dont l'action pénètre jusqu'au fond, jusqu'à la racine des choses, a rempli le sein des mères et des nourrices de ce doux aliment de l'enfance. Le premier soin de l'enfant, comme de l'agneau qui vient de naître, est de rechercher la mamelle. « Je ne savais alors que prendre le sein, savourer le plaisir, pleurer les douleurs de ma chair ; rien de plus. » (1)

C'est la douleur qui s'exprime tout d'abord par les cris et les pleurs de l'enfant ; mais la joie et le plaisir ne tardent pas à trouver leur expression. « Dans la suite, j'ai commencé à sourire d'abord dans le sommeil, et puis tout éveillé. » (2) Son premier sourire fut sans doute pour la

____

(1) *Confessiones*, 1, 7.

(2) *Ibid.*, 8. Les chiffres renvoient non aux chapitres, mais aux paragraphes, divisions souvent plus logiques. On trouvera en appendice la liste des ouvrages de l'auteur qui ont été utilisés ici, dans l'ordre chronologique de leur composition et avec les principales éditions.

jeune mère qui veillait près de son berceau. Ne devait-il pas donner raison à celui qui sera son poète favori, à Virgile, qui invite le fils à reconnaître sa mère dans le premier échange d'un regard souriant (1). Ne devait-il pas aussi réjouir dès la première heure ces yeux maternels auxquels il ferait verser tant de larmes ?

Sur les genoux de sa mère ou de ses nourrices, le petit Augustin dut manifester lui-même quelques-unes de ces méchancetés enfantines qu'il observera plus tard avec finesse. Rassasié, il lui arriva parfois de frapper de ses petites mains le sein dont il venait à peine de détacher les lèvres. Dès lors, il laissa paraître aussi, peut-être, un peu de cette jalousie dont le nourrisson est déjà capable. « J'ai vu, de mes propres yeux, un enfant jaloux. Il ne parlait pas encore, mais pâle de colère, il fixait d'un regard plein d'amertume son frère de lait. » (2)

Avant de prendre congé de cette « enfance muette » qui ne laisse point de traces dans la mémoire, les *confessions* font monter vers le créateur un hymne de louange et de reconnaissance. « C'est toi, Seigneur mon Dieu, qui as donné la vie à l'enfant, avec ce corps que nous voyons pourvu de sens, composé de membres, revêtu de beauté. Pour assurer son intégrité et sa perfection, tu l'as muni de tous les instincts de l'être vivant. Ces choses me commandent de

---

(1) *Eglogue* IV, v. 60 sq.
(2) *Conf.*, I, 11.

te louer, Très-Haut, et de célébrer ton nom. Quand tu n'aurais fait que cela, tu es le Dieu tout-puissant et bon, car toi seul tu peux le faire, toi, principe de toute mesure, source de toute beauté, règle de toute harmonie. » (1)

Dans cette première période de sa vie, l'enfant n'est pas encore lui-même, son existence se confond avec celle de ses parents, celle de sa mère surtout. Mais voici qu'il commence une nouvelle étape, il entre plus profondément dans la « société orageuse des hommes » ; l'âme prend conscience d'elle-même, elle enregistre ses souvenirs. « Je n'étais plus un enfant muet, j'étais maintenant un enfant qui commence à parler. Je me souviens de ceci, et plus tard je me suis rendu compte de la manière dont j'ai acquis le langage. »

Il est intéressant de le voir bégayer ses premières paroles, de le voir en présence des *mots*, de ces « vases précieux », celui qui les cisèlera avec tant d'habileté, qui y servira aux âmes des mets si savoureux.

Ce premier apprentissage fut fort doux. L'élève était à lui-même son propre maître ; le stimulant ne venait pas du dehors, mais du dedans, du désir de manifester ses besoins à ceux qui pourraient les satisfaire, à sa mère, à son père, aux servantes. Les moyens déjà employés, les pleurs, les différents sons de la voix, toutes les gesticulations des membres n'étaient pas un langage assez clair.

---

(1) *Conf.*, I, 12.

Il ne s'agissait pas d'apprendre des listes de vocables, mais seulement d'observer, et d'observer des personnes qui l'aimaient, qui étaient là pour le servir. Quand un mot était prononcé, il n'était pas difficile de voir ce qu'il signifiait : l'objet était indiqué par un mouvement des yeux, par un geste de la main ou par un autre mouvement du corps. « Je recueillais de la sorte peu à peu et à force de les entendre répéter un certain nombre de mots avec les différentes choses qu'ils représentaient suivant leur place ; ma langue finit par s'habituer à ces signes et par y exprimer mes volontés. » (1)

A peine éveillée, l'âme d'Augustin reçut les germes de la foi chrétienne à l'école de Monique. Il apprit à connaître Dieu, ce quelqu'un de grand qu'il faut craindre et prier, qui peut nous entendre et nous exaucer sans se montrer à nos yeux. Cette pensée d'un Dieu qui s'occupe de nous et qui doit nous juger, ne sortira jamais de sa conscience.

De bonne heure, il bégaya le doux nom de Jésus, dont la saveur restera toujours sur ses lèvres. Bientôt, il fut présenté à l'église et placé au nombre des catéchumènes. Il fut marqué du signe de la croix et reçut le sacrement du sel (2).

L'enfant ne tarda pas à montrer combien il avait profité des enseignements religieux de sa mère. Un jour il tomba gravement malade, il

____

(1) *Conf.*, I, 13.
(2) *Ibid.*, I, 17.

avait des étouffements et faillit mourir. De lui-même, il demanda à être baptisé. « Tu vis alors, mon Dieu, toi qui me protégeais dès lors, avec quelle ardeur, avec quelle foi j'implorai de la piété de ma mère, de la piété de notre mère à tous, ton Eglise, le baptême de ton Christ, mon Dieu et mon Seigneur. » On était allé chercher le prêtre ; mais la crise passa, la santé revint et le sacrement fut différé.

Pourquoi reculer ainsi la réception d'un sacrement institué pour la régénération spirituelle des enfants? C'était une coutume assez répandue et qui persistait malgré les protestations des prêtres et des évêques. Comme le baptême efface tous les péchés et qu'on le reçoit une seule fois, on était fortement tenté de le réserver pour purifier les taches de l'adolescence ou même de la jeunesse. Lorsqu'un jeune homme se conduisait mal, il n'était pas rare d'entendre dire : « Laissez-le faire : il n'est pas encore baptisé. »

Le fils de Monique trouvera dans sa tendresse filiale de quoi expliquer la conduite de sa mère, de quoi la justifier d'avoir tardé si longtemps à le faire baptiser. « Ç'eût été mieux sans doute. Mais elle pressentait déjà les grands flots des tentations qui allaient m'assaillir à ma sortie de l'enfance. Au lieu de leur abandonner l'image de Dieu elle-même, elle préféra risquer la matière dont cette image serait plus tard formée. » (1)

A l'école maternelle allait succéder une autre

---

(1) *Conf.*, I, 17-18.

moins agréable, celle du *primus magister*. C'était une sorte de hangar donnant sur la place publique, soustrait aux regards des passants par quelques méchantes toiles.

Assis sur des bancs, les enfants tiennent sur leurs genoux une tablette enduite de cire, et dans leur main un petit poinçon en fer. Pour s'exercer à écrire, ils copient quelques apophthegmes des hommes illustres qui leur servent de modèles.

Quand vient la leçon d'arithmétique, c'est une véritable gymnastique des doigts, tandis que les petites voix aiguës répètent en chœur la fastidieuse cantilène qui ennuie tout le voisinage : « un et un font deux, deux et deux font quatre. »

Parfois les jeunes regards sont fixés sur une carte géographique qui orne l'une des murailles ; et le maître fait remarquer avec orgueil que l'Empire romain couvre à peu près le monde entier.

Ce maître, assis sur une chaise, domine et ter·rorise tout son petit monde par le ton âpre de sa voix et plus encore par les férules et les lanières de cuir qui s'étalent près de lui. C'est, dit le poète « une tête en horreur aux petits garçons et aux petites filles. » (1)

Mal payé, et souvent peu estimé, le *magister* renfrogné exerçait sa mauvaise humeur sur les êtres innocents qui lui étaient confiés. En dépit de toutes les protestations des écrivains, les châ-

______

(1) Martial, *Epigrammes*, IX, 69.
   « *Invisum pueris virginibusque caput* ».

timents corporels furent très en usage dans l'enseignement romain, spécialement à l'école primaire.

Une peinture murale découverte dans les ruines de Pompéi et conservée au musée de Naples, nous permet d'assister à l'un de ces châtiments scolaires. « Le malheureux est dépouillé de tous ses vêtements, il ne porte plus qu'une mince ceinture au milieu du corps. Un de ses camarades l'a hissé sur son dos et le tient par les deux mains ; un autre lui a pris les pieds ; un troisième personnage lève les verges pour le frapper. » (1)

Augustin n'était pas assez mauvais écolier pour s'attirer de pareilles punitions. Cependant, le seul fait de les voir infliger à d'autres faisait frémir sa sensibilité. Et puis, des peines plus légères étaient là qui le menaçaient chaque jour.

N'était-ce pas le moment de se rappeler ce quelqu'un de grand qui nous voit et nous entend, et qui peut nous secourir ; n'était-ce pas le moment de lui adresser sa prière? « J'ai commencé à te prier, mon Dieu, mon aide et mon refuge, quand j'étais enfant ; j'ai délié ma langue pour t'invoquer encore tout petit, mais avec un grand sentiment ; je te demandais de n'être point battu à l'école. » (2)

Il ne demandait pas de se corriger de ses petits défauts. Il était bien doué, il avait de la mémoire,

____

(1) G. Boissier, *La fin du paganisme*, I, p. 181.
(2) *Conf.*, I. 14.

assez d'intelligence pour son âge, mais un peu paresseux, il aimait à jouer. Il lui arrivait de laisser de côté la tablette et le poinçon, de sortir discrètement les noix et de jouer avec son voisin à pair ou impair.

Le maître survenait avec sa férule, et le pauvre écolier devait tendre la main. Dieu n'était pas entré dans ses petites combinaisons et il n'allait pas trouver beaucoup de pitié chez les hommes. De retour à la maison, il montrait ses doigts tuméfiés ; mais, au lieu de compatir à ses souffrances, ses parents eux-mêmes ne faisaient que rire.

Petites douleurs, disait-on ; oui, mais pour l'enfant, rien n'est petit ; la férule lui semble le chevalet du condamné et du martyr.

Horace parle avec amertume du *plagosus orbilius*, qui lui dictait de méchants vers, lorsqu'il était enfant (1).

L'auteur de la *Cité de Dieu* conservera de son écolage de Thagaste des souvenirs autrement douloureux. « Qui donc, écrira-t-il, ne frémirait pas d'horreur, et n'aimerait pas mieux mourir que d'endurer à nouveau les misères de l'enfance ? » (2)

Dans une épigramme pleine de verve, le poète Martial invite le maître d'école à regarder les moissons jaunissantes sous le soleil de juillet, à hâter l'ouverture des vacances. Qu'il accorde la

------

(1) *Epîtres*, II. 1. v. 69.
(2) *De Civit. Dei*, XXI, 14.

paix au quartier et la liberté à sa jeune troupe aux longs cheveux flottants : « Laisse reposer jusqu'aux ides d'octobre les courroies de cuir de Scythie, ces lanières qui ont déchiré Marsyas, et les tristes férules, sceptres des pédagogues. » (1)

Le petit Augustin attendait avec impatience ces jours de relâche où il pourrait donner libre cours à sa passion du jeu. Les divertissements du jeune âge sont à peu près les mêmes en tous les temps et dans tous les pays. Ceux que décrivait Horace sont sensiblement les nôtres : « Construire des maisonnettes, atteler des souris à un petit chariot, jouer à pair ou impair, aller à cheval sur un long roseau. » (2)

Les enfants de Thagaste, au ıv⁰ siècle, comme ceux que nous voyons tous les jours, actionnaient avec leur fouet la toupie classique (3) ; ils poussaient devant eux, rivalisant de vitesse, le cerceau de fer ou de cuivre, agrémenté parfois de grelots retentissants. On faisait la chasse aux sauterelles, aux cigales et aux oiseaux, principalement à l'époque des nids.

Chez les Romains, quitter les noix était synonyme de sortir de l'enfance. Elles donnaient lieu à des jeux très variés, dont l'un se trouve représenté sur un bas-relief de sarcophage du Vatican. « La partie est engagée entre cinq petites filles et huit petits garçons. L'une des petites filles, assise

---

(1) X, 62.
(2) *Satires*, II, 3 v. 247.
(3) Virgile, *Enéide*, VII, v. 378. Tibulle, *Elégies* II, 5, v. 3. Perse, *Satires* III, v. 50.

à terre, s'applique à faire tomber sa noix sur les trois qui sont juxtaposées, et à l'y faire tenir sans les déranger. Certains joueurs serrent leur gain dans un pan de la tunique, tandis que d'autres n'ont plus rien, et tandis qu'un petit garçon, furieux d'avoir tout perdu, saisit aux cheveux l'un des gagnants. » (1)

Sensible à l'excès et ambitieux, le fils de Patrice, lui aussi, s'irritait bien souvent quand il perdait au jeu. Mais, chétif et délicat, il ne recourait guère, pour se venger, à la force musculaire. Tricher à l'occasion était plutôt son fait, et aussi dérober des friandises chez ses parents afin d'acheter les petites complaisances de ses camarades.

Les *Confessions* nous ont légué, en quelques lignes, comme une photographie de l'écolier de Thagaste : « J'existais, je vivais, je sentais, et je veillais avec grand soin à l'intégrité de mon être, cette image de la mystérieuse unité. Un sentiment intérieur assurait le bon état de mes sens, et dans mes petites pensées, sur de petits objets, je jouissais de rencontrer la vérité. La tromperie m'était odieuse ; j'avais de la mémoire, j'étais en possession du langage et je fondais dans l'amitié... Je fuyais la douleur, la bassesse, l'ignorance. » (2)

---

(1) *La vie privée des Romains*, par G. Marquardt, trad. de l'allem. par V. Henry, II, p. 513.
(2) *Conf.*, I, 31.

CHAPITRE II

L'Elève de Madaure

Chez le *primus magister* de sa ville natale, Augustin avait appris à lire, à écrire et à compter. Pour un grand nombre de ses compagnons, l'instruction allait s'arrêter là. A leur sortie de l'école primaire, ils apprendraient un métier, ils aideraient leurs parents dans le commerce ou à la culture des champs.

Patrice avait deviné les qualités intellectuelles de son fils ; il résolut de lui faire continuer ses études, de le confier au grammairien de Madaure. Cette éducation coûterait bien cher ; la modeste fortune y passerait peut-être, mais peu importe. Il fallait prendre soin de cet enfant de belle espérance qui deviendrait le soutien et la gloire de la famille.

Quant à Monique, elle ne vit pas ce départ sans quelque inquiétude. Il ne lui déplaisait sans doute pas de voir son Augustin sortir du commun et devenir un lettré ; mais, là-bas, qui s'occuperait de l'âme de son fils, qui cultiverait les semences chrétiennes qu'elle y avait déposées?

Lui-même, dont le cœur fondait déjà dans l'amitié, trouva dur de se séparer de sa mère, de quitter ses petits camarades, ceux-là qui avaient tremblé avec lui sous les menaces de la férule, qui avaient partagé ses jeux. Cependant, la joie de voir du nouveau, l'attrait du lointain et de l'inconnu tempéraient bien un peu la tristesse des adieux.

Madaure se trouvait à environ 30 kilomètres au sud de Thagaste. Elle était située dans une vaste plaine qu'arrosaient de nombreux cours d'eau et qu'entouraient des collines boisées. Par delà les collines, on apercevait à l'horizon les montagnes de la région carthaginoise (1). C'était une ville importante, comme le prouvent les ruines de ses monuments. Deux grandes statues de Mars décoraient le Forum. L'une représentait le dieu tout nu ; l'autre le montrait revêtu de ses armes. En face était figuré un homme qui, les trois doigts levés, semblait conjurer le terrible génie de la guerre (2).

En arrivant, Augustin fut confié par son père à quelque famille de sa connaissance, probablement païenne. Pendant les deux ou trois ans qu'il devait passer à Madaure, il aurait le temps de connaître la ville et les alentours. Pour le moment, il était pressé de voir sa nouvelle école et son nouveau maître.

---

(1) Gsell, *Recherches archéologiques en Algérie*, p. 295-296.

(2) *Epistolæ*, 17, 1.

La grammaire formait la seconde phase de l'enseignement romain ; c'était l'équivalent de nos collèges et de nos lycées. En comparaison du *primus magister*, le professeur de grammaire était un personnage. Pour expliquer les auteurs, il devait connaître l'histoire et la géographie. Les théories compliquées de la versification latine exigeaient des notions de musique. La mythologie des poètes l'obligeait à s'aventurer dans les questions philosophiques et religieuses.

De plus, le rôle des grammairiens s'étendait au delà de leurs cours et de leurs élèves. Ils étaient les critiques littéraires de l'époque. Les écrivains avaient à compter avec eux pour le succès de leurs ouvrages. Horace se vante d'en être indépendant (1), mais tous n'étaient pas aussi fiers, ni aussi sûrs d'eux-mêmes. On ne dédaignait pas, en général, de leur faire des cadeaux, afin de se les rendre sympathiques et favorables.

L'auteur le plus classique dans les écoles de grammaire, le plus en usage et le plus admiré, c'était Virgile. Augustin n'oubliera jamais sa jeune passion pour l'*Enéide* : « Personne, dira-t-il, n'aurait pu me l'arracher des mains. » Il suivait avec une sorte de fascination les divers épisodes de l'épopée, ouvrant largement son cœur aux sentiments inspirés par le doux poète.

C'est peut-être en face du cheval de Troie qu'il aura puisé son antipathie pour les Grecs légers et fourbes. Il n'oubliera jamais ce monstrueux che-

---

(1) *Epîtres*, I, XIX, 3o.

val en bois de sapin, traîtreusement introduit dans la ville avec les soldats armés qui font retentir ses flancs ténébreux.

Après la perfidie odieuse qui ferme le cœur, voici le spectacle du malheur qui inspire la compassion. C'est le pieux Enée qui erre à travers sa ville en flammes, portant sur ses épaules son vieux père Anchise, tenant par la main son fils Iule, qui le suit à petits pas, tandis que l'ombre de sa femme Créuse lui apparaît pour l'exhorter à la résignation et à la confiance.

Le quatrième livre du poème a ému particulièrement l'âme tendre du jeune lecteur. C'est le récit de la passion tragique de Didon pour le héros troyen, et la scène se passe sur la côte d'Afrique. Quand il a vu la reine de Carthage se poignarder dans son palais, tandis que la flotte des Troyens disparaissait à l'horizon, Augustin n'a pu retenir ses larmes (1).

Certaines pages du cinquième livre furent sans doute lues et relues bien des fois. Elles décrivent les jeux donnés par Enée sur le sol ami de Sicile. C'étaient le Cirque et le Champ de Mars qui se déployaient sous les regards curieux de ce passionné joueur.

Le combat des athlètes ne dut pas lui plaire beaucoup. Il n'aura jamais grande admiration pour la force brutale, pour les boxeurs et leur biceps. Ce fut pour lui un véritable soulagement quand il vit le pieux héros interrompre la lutte

---

(1) *Conf.*, I, 20-22.

cruelle, relever le vaincu chancelant sur ses jambes, la bouche pleine de sang et les dents brisées.

La course des adolescents sur la pelouse verte fut autrement intéressante. Voici le jeune Nisus sur le point d'atteindre au but quand, brusquement, il glisse et tombe sur le sol. Mais il renverse du pied celui qui le suivait et permet à son cher Euryale, qui avait les larmes aux yeux, de remporter le prix.

La fête se terminait par une cavalcade d'enfants que présidait le jeune Iule, monté sur le coursier de Tyr que lui avait donné la belle Didon. Augustin ne se lassait pas de repaître son imagination et sa sensibilité de ces spectacles : le livre qui les contenait devenait pour lui un vrai trésor.

Il se fit bien vite remarquer parmi ses condisciples. On le désigna pour composer un devoir qu'il déclamerait dans une séance publique. Le sujet avait été choisi dans l'*Enéide*. Il s'agissait de développer à grands renforts de véhémence et de pathétique les paroles où Junon, la protectrice des Carthaginois, exhale sa douleur et sa colère de ne pouvoir empêcher les Troyens de pénétrer dans le Tibre et de fonder la puissance romaine (1).

Quelle belle occasion pour le jeune Africain, inspiré par le professeur, de montrer son patriotisme, d'évoquer les gloires de l'ancienne rivale de Rome. Malgré les tempêtes soulevées par la

---

(1) Virgile, *Enéide*, I, 37-40.

déesse jalouse, malgré les combats qu'il faudra livrer dans le Latium, Énée et ses compagnons réussiront à fonder un nouvel Ilion. Rome, cependant, trouvera en Afrique une émule digne d'elle.

Et, enflant sa petite voix, l'orateur montrait l'illustre vengeur de Junon. Annibal franchit les Alpes, remportant les victoires de Trasimène et de Cannes ; et la fumée qui montait de son camp pouvait s'apercevoir du Capitole.

Venait alors une véhémente apostrophe au grand capitaine. Pourquoi s'arrêter ainsi à mi-route, pourquoi plier les voiles et jeter l'ancre quand on touchait au port, pourquoi ne pas marcher sur Rome et assurer pour toujours la victoire de Carthage ? (1).

Augustin se voyait applaudi pour la première fois. Les parents et les amis assistaient parfois à ces fêtes scolaires. Le poète Perse se souvenait qu'en pareille circonstance, il humectait ses yeux de jus d'olive, afin de mieux débiter le discours sublime qu'il prêtait à Caton d'Utique sur le point de se tuer ; son père, entouré d'amis, suait en l'écoutant (2).

Patrice n'eut sans doute pas le bonheur d'être témoin du premier triomphe de son fils ; mais une lettre enthousiaste vint lui en apporter les échos. L'ambition, le désir de briller caractérisa

---

(1) Ce point était un thème classique pour les amplifications des élèves, cf. Juvénal, *Satires*, VII, 160.

(2) *Satires*, III, v. 47.

d'abord celui qui serait plus tard, par la parole et par l'exemple, le grand docteur de l'humilité (1).

Homère était au programme du grammairien de Madaure, mais l'*Iliade* et l'*Odyssée* n'avaient pas pour les élèves les mêmes attraits que les poèmes de Virgile. Lui aussi, comme le poète de Mantoue, avait tissé avec beaucoup d'habileté et de douceur des récits fabuleux. Pourquoi avait-il moins de charmes pour le fils de Monique ?

Les *Confessions* expliquent très finement ce dégoût de l'écolier. Sa passion pour Virgile se comprenait fort bien : le poète lui racontait des choses très douces dans une langue parfaitement connue et aimée. Ne l'avait-il pas apprise dans toute la spontanéité de son cœur, au milieu des caresses de sa mère ?

Le grec, au contraire, avait été péniblement étudié à l'école de Thagaste. Il était resté associé à la triste férule, à l'image odieuse du *primus magister*. « Il me semble, écrit-il, que les enfants de la Grèce auraient éprouvé le même dégoût en face de Virgile, s'ils avaient dû l'apprendre, comme moi j'ai appris Homère. La difficulté à savoir, la difficulté de comprendre une langue étrangère, répandait comme du fiel sur toutes les suavités de ces légendes grecques. » (2)

Un autre écrivain, un prosateur, devait être cher au professeur de Madaure : Lucius Apulée.

------

(1) *Conf.*, I, 27.
(2) *Ibid.*, I, 23.

C'était la gloire de la cité, il avait des statues dans tout le pays. Il naquit en 114. Son père avait été le premier magistrat de la ville, et sa mère était la nièce de Plutarque.

Après avoir étudié à Carthage et à Athènes, Apulée fit de longs voyages, recueillant partout des traditions populaires qui entrèrent plus tard dans ses écrits. De retour en Afrique, il épousa une riche veuve de son pays. Accusé par les héritiers de l'avoir séduite au moyen d'incantations magiques, il se défendit lui-même dans un discours qui nous est parvenu sous le nom d'*Apologie*.

En dépit de son éloquence et du succès de son spirituel plaidoyer, il conserva la réputation de magicien, qui devait le rendre célèbre. On le comparait à Apollonius de Tyane : on disait même, pour faire pièce aux chrétiens, qu'il avait accompli autant de miracles que Jésus-Christ (1).

Après l'*Enéide*, ce furent probablement les contes d'Apulée, intitulés l'*Ane d'or*, qui hantèrent le plus délicieusement la jeune imagination d'Augustin. Ils ont été pour lui ce que sont pour les jeunes Français les romans de Jules Verne. Parmi tous ces récits, plus fantastiques les uns que les autres, il goûtait spécialement l'épisode de Psyché, cette légende qui a inspiré tant de poètes et tant d'artistes.

Celui qui suivait avec tant d'intérêt le pieux Enée à travers ses aventures, qui pleurait sur

______

(1) *Epist.* 136, 1, 138, 18-19. *De Civit. Dei*, VIII, 19.

la mort de Didon, ne pouvait que sympathiser avec la jeune héroïne victime de la jalousie d'une impitoyable déesse ; mais, servie par les plus petites des créatures. Voici les fourmis aux mille pieds qui viennent par myriades l'aider à démêler le tas de grains qu'elle doit trier avant la nuit. C'est le roseau du fleuve, ce doux organe de l'harmonie, qui murmure à son oreille des conseils prudents et de radieuses promesses (1).

Certaines pages de l'*Apologie*, étincelantes de verve et d'ironie, enthousiasmaient le jeune littérateur. Ne lui arrivait-il jamais, en les déclamant, de sentir sa poitrine se gonfler d'espoir et d'ambition ? Comme Lucius Apulée, n'était-il pas lui-même destiné à devenir un écrivain, un orateur qui aurait sa statue sur les places publiques et son nom sur les lèvres des hommes ?

Tout sentait le paganisme dans l'enseignement du grammairien. La pensée religieuse se nourrissait de la mythologie des poètes ; des instructions plus positives pour la conduite de la vie se tiraient de la loi des Douze Tables, de l'histoire des hommes illustres. Les fêtes elles-mêmes, qui apportaient un peu de répit dans les études étaient toutes païennes. Les élèves avaient coutume, ces jours-là, d'offrir des cadeaux au professeur.

Augustin était désormais trop grand garçon pour jouer aux noix et au cerceau. Les exercices du sport ne devaient pourtant pas le passionner beaucoup. Du reste, les jeux un peu violents

______

(1) *L'Ane d'or*, **V**, **VI**.

n'étaient guère en honneur chez les Romains de la décadence. Properce enviait pour son pays les divertissements de Sparte où la jeune fille elle-même s'exerçait à la palestre et chassait à cheval dans les montagnes : « O Rome, s'écriait-il, si tu imitais les lois et les jeux de Lacédémone, cet avantage te rendrait encore plus chère à mes yeux. » (1) Horace, lui aussi, s'affligeait de voir le jeune Romain incapable de se tenir a cheval, habile seulement à pousser le cerceau et à rouler les dés (2).

Les jeux de hasard étaient interdits, mais continuaient tout de même. Les dés comportaient de gros enjeux et se réservaient plutôt aux grandes personnes. Les osselets étaient plus à la portée des adolescents et de leur bourse. C'est aux osselets principalement que s'amusaient les écoliers de Madaure au temps des récréations. Ils jouaient aussi à la balle, voire même au ballon gonflé d'air ou bourré de plumes.

Les vacances de juillet ramenaient Augustin à Thagaste auprès de ses parents. Ses études lui donnaient une grande supériorité sur ses anciens amis, mais il n'en tenait guère compte : il avait trop besoin de leur compagnie pour se divertir.

Monique voyait avec tristesse les enseignements chrétiens qu'elle avait donnés à son fils ensevelis sous le fatras des lectures et des habitudes païennes. Patrice, lui, n'envisageait qu'une

______

(1) *Elégies*, III, 14.
(2) *Odes*, III, 24-56.

chose : le succès de l'élève, l'espoir d'une carrière brillante. Pour le récompenser, il le conduisit sans doute passer quelques jours au bord de la Méditerranée, sur les plages d'Hippone, situées à quelques lieues de là. Augustin vit pour la première fois cet océan qu'il pourra plus tard contempler à loisir, et qui lui fournira pour illustrer ses écrits tant d'images et de comparaisons.

L'auteur des *Confessions* gronde fort le jeune écolier de s'être engoué des poètes païens, d'avoir pleuré la fabuleuse reine de Carthage, d'avoir mis son intelligence et sa voix au service de Junon. « N'y avait-il donc rien d'autre capable d'exercer mon esprit et ma langue ? Tes louanges, Seigneur, tes louanges enseignées dans tes Ecritures auraient fixé le tendre rameau de mon cœur, l'auraient empêché de se perdre dans les vides frivolités, de devenir la vile proie des oiseaux. » (1)

Malgré ces scrupules et ces invectives, Augustin restera toujours un fervent de Virgile. Dans la campagne de Cassiciacum, la lecture expliquée de l'*Enéide* alternera avec le chant des psaumes. Lorsque le vieil évêque composera la *Cité de Dieu*, les réminiscences virgiliennes se presseront sous sa plume et elles seront accueillies avec complaisance. Il ne songera jamais à supprimer son cher poète du programme de l'enseignement. « C'est le plus grand, écrira-t-il, c'est le meilleur de tous les poètes. On le met entre les mains des enfants,

---

(1) *Conf.*, 27.

afin qu'ils s'en imbibent de bonne heure, et qu'ils en conservent longtemps le parfum. » (1)

Madaure laissera de bonnes impressions dans la mémoire de son illustre élève. Ecrivant à ses habitants pour les supplier de se convertir au christianisme, l'évêque d'Hippone les appellera ses parents et ses frères, en souvenir des années d'enfance qu'il passa chez eux (2).

---

(1) *De Civit. Dei*, I, 3.
(2) *Epist.*, 232.

CHAPITRE III

La Seizième Année

Augustin avait seulement quinze ans lorsqu'il termina ses études littéraires. Sans aller plus loin, il pouvait prétendre à une carrière libérale, à l'enseignement, par exemple, ou bien au barreau. On connaissait des avocats célèbres qui n'avaient étudié qu'à l'école des grammairiens.

Patrice n'entendait pas faire les choses à moitié, laisser un fils si brillant à mi-chemin de la fortune et de la gloire. Au grand étonnement de voisins plus riches qui n'avaient pas les mêmes ambitions pour leurs enfants, il résolut de lui faire suivre le dernier cycle de l'enseignement d'alors, les cours d'éloquence. Malheureusement, la bourse ne correspondait pas à ces hautes visées. Les études de Madaure avaient déjà occasionné de fortes dépenses, celles de Carthage seraient encore plus onéreuses. Il fallut retarder un peu l'exécution du grand projet. Une année de travail acharné et de sévère économie permettrait de réunir les premiers fonds.

Augustin se trouvait alors à un âge critique. La candeur naïve de l'enfance a disparu, la jeunesse n'est pas encore venue avec ses aspirations généreuses ; l'âme est en proie aux instincts égoïstes de l'orgueil naissant et de la sensualité.

Le danger allait être avivé par les mauvaises suggestions de l'oisiveté. Pouvait-on décemment occuper aux travaux des champs celui qu'on destinait à l'éloquence ? Les *Confessions* parlent avec une amère tristesse de cette seizième année, *sexto illo et decimo anno.*

La passion du jeu le reprenait tout entier. Adieu les livres, adieu Virgile lui-même avec ses héros et ses légendes. Il s'agit maintenant d'être le premier parmi ces « chats sauvages » qu'il groupe autour de lui, dût-il faire violence à la douceur de son tempérament et de son caractère. Le temps se passait à s'amuser, à rire ensemble, à combiner des farces et à les exécuter. L'une d'entre elles est restée fameuse à cause de la page fine et profonde qui l'analyse.

On avait joué sur la place publique jusque bien avant dans la nuit. Il convenait de couronner cette belle journée par un exploit exceptionnel. C'est Augustin, semble-t-il, qui trouva l'idée géniale. Près de la vigne de ses parents, il y avait un poirier chargé de fruits. Quel plaisir d'aller le saccager, tandis que tout le monde dormirait, sur le coup de minuit !

D'où lui vint cette tentation ? Ce ne fut certes pas l'envie de manger des poires qui le poussait. Il en possédait en abondance et de beaucoup meil-

leures dans le verger de son père. « Si j'en goû-
tai quelques-unes, dit-il, c'est parce que le péché
les assaisonnait. » Eternel attrait du fruit défendu, dont parle le poète, et que tous les hommes
connaissent : « Nous convoitons toujours ce
qu'on nous défend, nous désirons ce qu'on nous
refuse. Le malade soupire après l'eau qui lui est
interdite. » (1)

L'orgueil, cette plante qui germe si tôt dans le
cœur humain, n'était pas absent de cette fre-
daine d'enfants. Dans le silence de la nuit, à
l'abri de tous les regards, la petite bande jouissait
d'une capiteuse indépendance. En secouant les
branches de ce poirier, ils se donnaient l' « illu-
sion d'une ténébreuse toute-puissance ». Au fond
de nos tentations, nous entendons une voix
secrète qui nous dit, comme le serpent de l'Eden :
Et eritis sicut dii. (2)

L'attrait du fruit défendu et l'orgueil n'expliquent pas tout ; il s'y ajoute quelque chose de
plus délicat : le plaisir de se trouver ensemble.
Dans le bien comme dans le mal, nous voulons
avoir des témoins, des compagnons de nos sentiments. On n'aime pas à rire tout seul. La plus
mauvaise compagnie, comme la meilleure, a ses

---

(1) *Conf.*, II, 12.

    « *Nitimur in vetitum semper cupimusque negata.*
    Sic interdictis imminet æger aquis. »
Ovide, Amores, III, 4, 17-18.

(2) *Conf.*, II, 13 ; cf. *De Trinitate*, XI, 8.

charmes : elle fait sentir qu'on est un homme avec des hommes. (1)

Tout seul, Augustin aurait eu peu de plaisir à ravager le poirier de son voisin. Entouré de ses camarades, il jouissait de son initiative, sa joie était multipliée par la joie qu'il procurait aux autres. On songeait au propriétaire peut-être un peu renfrogné qui dormait alors tranquillement ; on se figurait son dépit et sa colère quand il visiterait son jardin. Les rires provoquaient les rires et le plaisir de chacun se multipliait par le plaisir des autres. *O Nimis inimica amicitia !* (2)

Tricher au jeu, voler des noix ou des poires, voilà des peccadilles qui font d'abord sourire. Et cependant, à moins de détruire l'éternelle loi des valeurs morales, à moins de se placer au delà du bien et du mal, ces fautes enfantines ont leur importance, elles sont des semences de grandes fautes. Si on n'y prend garde, le tricheur au jeu, le dérobeur de balles, deviendra avec les années le voleur d'argent et de propriétés, tandis que les grands châtiments remplaceront la férule.

La mère d'Augustin le savait autant que personne. Elle en parlait souvent à son fils, au souvenir de sa propre adolescence, à propos d'un certain défaut dont elle eut à se corriger.

Jeune fille, elle avait l'habitude de boire avec avidité. La vieille servante le remarqua et lui dit :

---

(1) « Die schlechteste Gesellschaft lässt dich fühlen,
Dass du ein Mensh mit Menschen bist. »
        Gœthe, *Faust, erster Teil.*
(2) *Conf.*, II, 17.

« Maintenant, vous buvez de l'eau parce que le vin n'est pas en votre pouvoir. Quand vous serez mariée et que vous aurez la clef des armoires, vous dédaignerez l'eau, mais vous garderez la coutume de boire. » L'avertissement fut bien reçu, car la bonne vieille était vénérée dans la famille. Elle avait élevé le père lui-même, l'avait porté tout petit sur son dos.

Chargée par ses parents de remplir les carafes de vin et de les mettre sur la table, Monique prit l'habitude d'y tremper ses lèvres. La servante qui l'accompagnait fut longtemps complaisante et garda le silence ; mais, dans un accès de colère, regardant bien en face sa jeune maîtresse, elle prononça ce mot : « Buveuse de vin ! » Le défaut, qui aurait pu devenir grave, était déraciné (1).

Augustin, lui aussi, dans sa seizième année, avait besoin de quelqu'un pour surveiller les plantes qui poussaient pêle-mêle et drues dans le « champ de son cœur ». Ce cœur se révélait de jour en jour plus tendre et plus ardent. Deux mots résumaient ses préoccupations : *amare et amari*, aimer et être aimé.

Les douceurs de l'amitié l'absorbèrent d'abord totalement. Parmi les enfants de son âge, ses compagnons d'école et de jeu, il avait rencontré un ami intime. Lorsque la mort viendra, quelques années plus tard, le lui ravir, il sentira cruellement la tendresse et la profondeur de cette liaison.

----

(1) *Conf.*, IX, 17-18.

Hélas ! la « borne lumineuse de l'amitié » allait être obscurcie par les « brouillards fangeux de la convoitise charnelle ». L'affection sereine et la ténébreuse concupiscence bouillonnaient déjà confusément dans cette âme ardente d'adolescent : *utrumque in confuso aestuabat.*

Ces derniers mots sont singulièrement révélateurs et suggestifs ; voilà une de ces touches psychologiques dont le livre des *Confessions* est rempli. Si la volupté est si redoutable, si elle pénètre parfois jusque dans les plus belles âmes, c'est qu'elle se présente rarement toute seule, elle se glisse sous le pavillon du plus noble et du plus doux des sentiments humains. (1)

Patrice se souciait fort peu de cette crise d'adolescence que traversait son fils. Plein du naturalisme païen, il semblait se réjouir de la perspective d'être bientôt grand-père (2). L'âme de Monique, où Dieu commençait à bâtir son temple, se remplissait d'anxiété et redoublait de vigilance. Avec amour et discrétion, elle avertit Augustin des dangers qui le menaçaient. Il devait fuir la luxure, il devait éviter surtout de mettre le trouble dans quelque ménage.

C'était la main maternelle qui, doucement, cherchait à écarter du fils les « ronces de la

------

(1) *Conf.*, II, 2.

(2) L'incident auquel ces lignes font allusion est raconté crûment dans les *Confessions* : « *Ubi me ille pater in balneis vidit, pubescentem et inquieta indutum adulescentia, quasi jam ex hoc in nepotes gestiret, gaudens matri indicavit* ». II, 6.

volupté ». Celui-ci la repoussa dédaigneusement
et avec humeur. « J'aurais eu honte, dit-il,
d'écouter ces avertissements de femme. » Sa
crainte était précisément de passer aux yeux de
ses camarades pour innocent et chaste. Quand
ceux-ci se vantaient de leurs prouesses en liberti-
nage, il renchérissait sur eux en se glorifiant de
certaines choses qu'il n'avait jamais accom-
plies (1).

Pourquoi ne songeait-on pas à le marier ? C'eût
été, semble-t-il, le moyen d'endiguer dans les
limites permises cette passion naissante. L'on se
mariait alors très jeune. D'après le droit romain,
les garçons étaient nubiles à quatorze ans, et les
filles à douze. Si cette législation pouvait s'appliquer dans quelque partie de l'Empire, n'était-ce
pas en Afrique, le vrai pays des primeurs ?

Les parents d'Augustin n'y songeaient pas, et
on le comprend. Ils ne tenaient guère à munir
le jeune étudiant de cette *compede uxoria*, de
cette chaîne embarrassante pour lui, plus embarrassante encore pour eux. N'aurait-on pas assez
de peine à l'entretenir, lui tout seul ? (2).

Cette âme, qui s'épanouissait sous le ciel africain, limpide et chaude, rappelle bien l' « adoles-
centior », l'enfant gâté dont parle saint Luc.
Augustin voyait son intelligence s'éveiller précoce et brillante, tandis qu'au fond de son cœur
se révélaient des trésors de tendresse. Sentant jaillir en lui-même une source de vie, il avait hâte

---

(1) *Conf.*, I, 7.
(2) *Ibid.*, 8.

d'en jouir avec une pleine liberté. « Cette belle part d'héritage qui fut la mienne, je voulus l'avoir à ma disposition, elle allait servir non à mon usage, mais à ma ruine. Mon énergie, au lieu de la réserver pour toi, ô mon Dieu, je suis allé la dépenser au loin, dans la débauche. » (1)

L'orgueil tout seul, sans la volupté, aurait pu mener Augustin, comme beaucoup d'autres, loin de sa mère et loin de Dieu, faire de lui un enfant prodigue. En réalité, dans l'histoire des âmes, ces deux désordres ne vont pas ordinairement l'un sans l'autre. Et quant à lui, il verra dans ses tentations charnelles le châtiment de sa présomption.

C'est la grande loi développée si énergiquement par saint Paul, dans son *Epître aux Romains* ; les prétentions de l'esprit punies par les honteuses révoltes de la chair (2). « Ta colère, ô mon Dieu, s'était appesantie sur moi, et je ne le savais pas. J'étais assourdi par la chaîne bruyante de ma mortalité, punition de l'orgueil de mon âme. Je m'éloignais toujours de toi, et tu le permettais ; et j'étais ballotté et je me répandais et je m'écoulais, et je bouillonnais dans mes convoitises, et tu te taisais. O joie tardive de mon cœur ! tu te taisais alors, et je m'en allais toujours plus loin, jetant à profusion des semences stériles de douleurs, dans une orgueilleuse abjection et une lassitude inquiète. » (3)

---

(1) *Conf.*, IV, 30.
(2) *Rom.*, I, 18-28.
(3) *Conf.*, II, 4.

Elle était passée, l'enfance insouciante et rieuse, elle faisait place à la jeunesse ardente et inquiète. Voici les ténèbres et les orages entrecoupés par de fugitives éclaircies ; mais le soleil de la grâce viendra avec sa lumière et sa chaleur, avec ses fruits de bénédiction.

DEUXIÈME PARTIE

La Jeunesse Inquiète

> « *Fecisti nos ad te et inquietum est cor nostrum, donec requiescat in te* ».
>
> « Tu nous a faits pour toi, ô mon Dieu, et notre cœur est inquiet jusqu'à ce qu'il se repose en toi. »
>
> Conf., I, 1.

CHAPITRE IV

L'Etudiant de Carthage

Les ronces de la volupté. — Les pièges des manichéens.

Après les vacances de l'année 370, Augustin arrivait à Carthage, pour y étudier l'éloquence. Il avait dix-sept ans, et venait de revêtir la toge virile. C'était le jeune provincial plein de talent et d'ambition, tout fier de faire son entrée dans la capitale. Carthage était, en effet, une vraie capitale. Elle rivalisait avec Alexandrie pour la population et pour le luxe ; c'était la Rome afri- caine.

Saint-Grégoire de Nazianze a raconté, dans l'oraison funèbre de saint Basile, comment on accueillait le nouveau venu dans les écoles d'Athènes. On commençait par le bien exami- ner, car les plaisanteries variaient suivant qu'on avait affaire à un lourd campagnard ou à un cita- din distingué.

Il était ensuite conduit aux bains, procession- nellement, à travers le Forum. Les étudiants le précédaient, marchant avec solennité sur deux files. Arrivés au but, tous poussaient de grands cris et faisaient semblant d'enfoncer les portes. Au sortir des ablutions symboliques, le novice était reçu dans la jeune et bruyante corporation.

Par une exception unique, Basile fut dispensé de ces brimades traditionnelles, grâce à l'inter- vention de Grégoire, qui le connaissait déjà. Ce fut l'origine d'une intimité qui devait rester célèbre. « Ce fut là le prélude de notre amitié. De là jaillit l'étincelle de notre amour, la douce bles- sure de notre affection. » (1)

A son arrivée à Carthage, Augustin eut à subir l'équivalent de ce baptême scolaire. Bon gré, mal gré, il fallut s'offrir à ces petites épreuves qu'il détestera et qu'il ne voudra jamais imposer aux autres. Certes, il n'avait rien du rustaud,

______

(1) *Oratio* 43, 16-17.

c'était un jeune homme fort élégant : il en avait conscience et n'omettait rien pour le faire paraître.

L'éloquence était le couronnement de l'enseignement romain, elle était tout à fait en honneur et pouvait conduire jusqu'aux plus hautes dignités de l'Empire. C'est principalement par là que les Romains faisaient pénétrer leur influence dans les pays conquis. Les professeurs de rhétorique suivaient de près les généraux et les soldats ; ils gagnaient parfois des peuplades que les armes n'avaient pu soumettre.

Le satirique Juvénal s'amusait fort de voir les Barbares s'engouer pour l'art de bien dire. « Déjà, écrivait-il, le Breton a reçu du Gaulois des leçons d'éloquence, et Thulé parle d'avoir son professeur de rhétorique. » (1) Thulé était une île vaguement connue au delà de la Grande-Bretagne ; du côté de l'Occident, c'était le bout du monde.

Mais s'il faut en croire le poète, la véritable Terre promise des orateurs, c'était la province d'Afrique. « Veux-tu vivre de ta langue ? Réfugie-toi dans la Gaule, ou plutôt va en Afrique, cette petite nourrice des avocats. » (2)

En s'adonnant à l'éloquence, Augustin avait donc bien choisi ; il prenait le chemin de la gloire et de la fortune. Ces perspectives enchantées encourageaient Patrice au milieu des sacrifices qu'il devait s'imposer ; et puis, il apprenait

---

(1) *Satires*, XV, 112.
(2) *Ibid.*, VII, 146-147.

bientôt les succès de son fils. Nous les apprenons aussi par les *Confessions*, mais encadrés de nouveaux sentiments. « J'étais le premier, *major*, dans l'école du rhéteur ; et j'en jouissais orgueilleusement, et je m'en gonflais. »

Là où il était loin de dominer, c'était parmi les *eversores*, les « chambardeurs », comme ils s'intitulaient eux-mêmes. Lorsqu'il s'agissait de faire irruption dans l'école et de tout renverser, ou bien de brimer les nouveaux venus et de rire à leurs dépens, il sentait vivement son infériorité. « Par une impudente pudeur, j'étais honteux de ne point leur ressembler. » (1)

Un ouvrage de Cicéron, l'*Hortensius*, produisit sur son âme une impression qui ne devait pas s'effacer. Ce dialogue a été perdu, mais les nombreux fragments reproduits par saint Augustin, dans ses divers écrits, permettent d'en reconstituer le sens.

L'auteur l'avait composé au lendemain de la défaite de Pompée, dont il était un partisan très actif. Déçu par la politique et désenchanté des affaires publiques, il résolut de chercher des consolations plus stables dans la philosophie. S'élevant avec vigueur contre le positivisme plat et grossier des Romains, il invitait à trouver le bonheur, non dans les richesses et les plaisirs des sens, mais dans les pures contemplations de l'esprit, à l'exemple des grands penseurs de la Grèce, de Platon surtout.

____

(1) *Conf.*, III, 6.

Cette lecture élargissait singulièrement l'horizon intellectuel du jeune étudiant ; par delà les régions un peu ternes de la grammaire et de la rhétorique, elle ouvrait devant ses yeux le champ immense et enchanteur de la pensée philosophique. « Ce livre, ô mon Dieu, changea mes sentiments, il tourna vers toi mes prières, il transforma mes vœux et mes désirs. Soudain, toute vaine espérance devint vile pour moi ; mon cœur brûlait pour la sagesse d'une incroyable ardeur ; je commençais à me lever et à revenir à toi. » (1)

C'est probablement alors, afin de mieux s'adonner à la vie de l'esprit, qu'il fit un effort pour se dégager de ses tentations charnelles, et qu'il adressa à Dieu la demi-prière dont il se souviendra plus tard avec une amère mélancolie. « Sur le seuil même de la jeunesse, je t'avais demandé la chasteté, et j'avais dit : donne-moi la chasteté et la continence, mais pas tout de suite. Je craignais, en effet, d'être exaucé trop vite, de guérir trop tôt de cette convoitise que j'étais plus pressé d'assouvir que d'éteindre. » (2)

Ce qu'il avait éprouvé, en lisant l'*Hortensius*,

----

(1) *Conf.*, III, 7. Cf. *De Beata Vita*, 4.

(2) *Conf.*, VII, 17. M. Alfaric accuse saint Augustin d'avoir antidaté cette prière pour en fausser le sens. « C'est seulement après sa formation scolaire qu'il a pu la formuler, quoiqu'il se garde bien d'en convenir et d'attribuer à une hérésie détestée une prière si louable à ses yeux ». C'est l'Auditeur manichéen qui aurait demandé cette vertu afin de prendre place parmi les Élus de la secte. *Op. cit.*, p. 220 et note 1.

ce n'était pas un attachement spécial pour telle ou telle doctrine, mais le vif désir de trouver la Sagesse et de s'y attacher de toute son âme. D'ailleurs, pour enchanteur qu'il fût, ce livre n'apportait pas pleine satisfaction, il lui manquait quelque chose. « Je n'y trouvais point le nom du Christ. Car, par ta miséricorde, Seigneur, mon jeune cœur avait puisé, avec le lait de ma mère, ce nom, le nom de mon Sauveur, de ton Fils, et il s'en était fortement imprégné ; rien au monde qui n'eût été marqué de ce nom, quelque savant, quelque fin, quelque vrai qu'il pût être par ailleurs, n'était capable de me retenir tout entier. » (1)

Certaines impressions du jeune âge, associées à la douce image d'une mère ou à telle fête joyeuse ne s'effacent jamais, et, dans les circonstances graves de la vie, elles se réveillent avec une étrange acuité. Le sombre Faust de Gœthe était sur le point de boire la coupe empoisonnée ; mais voilà qu'il entend sonner les cloches de Pâques, et les anges chanter la résurrection du Christ, et il s'écrie : « Je ne saurais me hausser jusqu'à ces régions où retentit la douce nouvelle ; cependant, cette voix familière à mon enfance me rappelle à la vie. » (2)

---

(1) *Ibid.*, III, 8.
(2) « Zu jenen Sphären wag'ich nicht streben,
    Woher die holde Nachricht tönt ;
    Und doch, an diesen Klang von Iugend auf gewöhnt,
    Ruft er auch ietzt zurück mich in das Leben ».
            Faust, Erster Teil, *Nacht.*

Enflammé du désir de la Sagesse, délicieusement hanté par le nom de Jésus, Augustin se mit à feuilleter la Bible. Elle apparaissait devant ses yeux comme un sanctuaire aux voûtes immenses et aux mystérieuses profondeurs ; mais l'entrée était basse, et lui-même avait alors trop d'orgueil pour baisser la tête. A ce jeune homme habitué au style cicéronien, harmonieux et sonore, le langage des Apôtres et des Prophètes semblait horriblement dur et inculte (1)

Quelques années auparavant, saint Jérôme avait ressenti les mêmes impressions. Lorsqu'il se vit là-bas, dans son monastère de Palestine, en présence des austères Ecritures, son imagination se reportait vers la bibliothèque choisie qu'il s'était composée à Rome. Les lectures de Cicéron revenaient à sa mémoire, leur musique caressait encore son oreille, et c'était maintenant un jeûne rigoureux que de s'en priver. Transporté, en songe, au tribunal du Christ, il entendit le juge prononcer ces paroles sévères : « Tu es cicéronien et non pas chrétien. » (2)

L'étudiant de Carthage, en quête de beau style, avait pu fermer la Bible, retourner à ses auteurs païens, à Virgile, à Cicéron, sans éprouver les mêmes scrupules religieux. On s'étonne cependant qu'il ne lui soit pas venu à l'esprit d'interroger la littérature chrétienne. Sans sortir de l'Afrique, il aurait trouvé, chez les écrivains chré-

---

(1) *Conf.*, III, 9.
(2) *Epist.*, XXII, 30 (ad Eustochium).

tiens, profit pour son âme de catéchumène, sans détriment pour sa formation oratoire.

Un siècle et demi plus tôt, Tertullien avait défendu éloquemment, en face du paganisme, les droits de la conscience chrétienne ; il avait rappelé aux persécuteurs l'expérience qui devait devenir célèbre : la fécondité du sang des martyrs. Dans l'arsenal varié de ses écrits, l'apprenti orateur n'avait qu'à choisir ; il y aurait trouvé tous les genres d'éloquence, depuis le calembour, la caricature et la satire, jusqu'au pathétique et au sublime.

Saint Cyprien, lui aussi, avant de se convertir au christianisme, avait brillamment enseigné à Carthage. En devenant chrétien, puis évêque, il n'avait pas cessé d'être littérateur. Son opuscule *Ad Donatum* était de nature à plaire au jeune étudiant, amateur de beau langage, chercheur de sagesse et de vérité. Il aurait vu le grand évêque raconter lui-même, dans le décor brillant d'une villa carthaginoise, les merveilles opérées par la grâce dans son âme de lettré païen, riche et tout à fait mondain.

Sans remonter si loin, il eût rencontré celui que les humanistes appelleront le « Cicéron chrétien ». Originaire d'Afrique, Lactance avait été professeur dans la ville impériale de Nicomédie, puis précepteur du fils de Constantin, Crispus. Il employa toutes les ressources de l'éloquence romaine dans son apologie de la Providence (1).

---

(1) Cf. Adhémar d'Alès, *Revue pratique d'Apologétique*, novembre-décembre 1919.

Le jeune Augustin semble avoir ignoré cette littérature de l'Eglise d'Afrique. Il lui fut plus difficile de ne pas apercevoir les nombreuses basiliques de la grande ville. Quelques-unes d'entre elles étaient connues jusqu'au delà des mers.

Il y avait la *Basilica major*, élevée en l'honneur des saintes Félicité et Perpétue. Elle était située près de la demeure de l'évêque et servait de cathédrale. Trois églises portaient le vocable du glorieux Cyprien : l'une à l'endroit de son supplice, la *Mensa Cypriani*, une autre auprès de son tombeau, puis la *Memoria*, située non loin du port.

De bonne heure, les chrétiens de Carthage avaient élevé un sanctuaire en l'honneur de saint Pierre, sans doute afin de marquer leur attachement à Rome, à l'Eglise mère et maîtresse.

Se souvenant qu'il avait été marqué du signe de la croix, qu'il avait reçu le sacrement du sel, se comptant déjà un peu parmi les membres de la famille chrétienne, Augustin fréquentait parfois ces basiliques. Il y portait au fond du cœur et dans ses regards ce qui faisait alors son habituel souci. « *Nondum amabam et amare amabam* ». Il était à la recherche de l'amour.

Cet objet de ses désirs, qu'il parait des couleurs de sa vive imagination, il le cherchait jusqu'au pied des autels, dans l'assemblée des fidèles. « J'ai même osé, ô mon Dieu, chercher au milieu de tes solennités, entre les murs de ton

-----

(1) Cf. Aug. Audollent, *Carthage romaine*, p. 176 sq.

église, à me procurer des fruits de mort. » (1)

Les principales de ces basiliques le reverront plus tard, quand il sera devenu le grand évêque d'Afrique, elles entendront sa voix éloquente. Du haut de l'ambon, devant l'auditoire ému, il avouera humblement avoir mené là-même la vie d'enfant prodigue. Pour le moment, ce qui l'intéresse, c'est la *Carthago Veneris* avec ses fêtes païennes et ses mœurs dissolues. Les Africains, lettrés et hommes du peuple, avaient l'âme religieuse. Apulée, au cours de ses longs voyages, s'était fait initier à tous les cultes. S'il était fier des statues qu'on lui avait élevées un peu partout, il se glorifiait encore davantage de présider le Collège sacerdotal de l'Afrique proconsulaire. L'une de ses fameuses conférences à Carthage se terminait par un hymne à Esculape, dont le temple dominait la ville (2).

La religion africaine était centralisée dans le culte de Junon, devenue la Vierge Céleste. Le peuple y voyait surtout la déesse de la pluie, et les chrétiens eux-mêmes s'oubliaient parfois à l'invoquer. Les Carthaginois lui avaient bâti un temple somptueux. Au fond se trouvait le sanctuaire proprement dit avec la statue de la déesse ; là se rendaient les oracles dont dépendait le salut de la cité et qui provoquaient souvent des émeutes populaires. En avant s'étendait une esplanade dallée qu'entourait un mur long de deux mille pas. Tout autour s'élevaient des portiques en

---

(1) *Conf.*, III, 5.
(2) *Florida*, 16 et 18.

marbre, et différentes chapelles en l'honneur des divinités du pays et de l'Empire.

Lorsque l'auteur de la *Cité de Dieu* voudra décrire les cérémonies qui s'y déroulaient, il n'aura qu'à faire appel à ses souvenirs de jeunesse. « Quand j'étais jeune, dit-il, j'allais voir quelquefois ce qui s'y passait ; j'assistais à ces spectacles, à ces parades sacrilèges. Je contemplais les prêtres hors de sens, j'écoutais les musiciens, je prenais plaisir aux jeux célébrés en l'honneur des dieux et des déesses, de la Vierge Céleste et de Bérécynthe (1), la mère de tous les dieux. Le jour où l'on baignait solennellement sa statue, les plus vils histrions chantaient devant son char de telles obscénités, qu'il eût été honteux de les entendre, non pas à la mère des dieux, mais à la mère d'un sénateur quelconque et de n'importe quel citoyen honnête. » (2)

Augustin était là, juché sur un mur ou accroché à une rampe d'escalier, afin de mieux voir. Observateur très fin, il échangeait avec ses amis des réflexions et des plaisanteries. « Nous regardions les jeux avec une grande attention, considérant tour à tour le cortège lubrique des courtisanes et l'air virginal de la déesse. » De graves matrones faisaient semblant de détourner les yeux, mais au fond du cœur, elles prenaient

----

(1) Sous le nom de Bérécynthe, une montagne, il faut entendre la déesse Cybèle qui prenait différents noms suivant les lieux où on l'honorait.

(2) *De Civit. Dei*, II, 4.

part à ces leçons du vice (1). Lui-même était loin d'y trouver un apaisement pour son cœur et ses sens troublés. Le temple de Céleste ne comportait certes pas cette belle inscription découverte dans les ruines d'un sanctuaire africain : « *Bonus intra, melior exi.* » (2)

Le monument le plus important de la luxueuse Carthage était sans doute son amphithéâtre ; il rappelait beaucoup le Colisée de Rome. C'est là que sainte Perpétue avait été exposée aux bêtes. On raconte, dans sa *Passion*, qu'à la veille de mourir, elle vit en songe la grande arène où elle allait combattre, et, sur les gradins, une foule immense de spectateurs.

Augustin ne devait guère fréquenter ce rendez-vous de la bruyante populace. D'un tempérament doux et délicat, il répugnait aux spectacles violents, aux jeux sanglants du cirque. Un autre divertissement l'attirait beaucoup plus, c'était l'Odéon, ce théâtre dont Tertullien avait vu jeter les premiers fondements deux siècles plus tôt. « Les représentations théâtrales me ravissaient, pleines des images de mes misères, un aliment

---

(1) *De Civit. Dei*, II, 24. Ce culte honteux fut supprimé dans la suite. L'évêque d'Hippone le constatera au cours d'un sermon. « Qu'elle était grande à Carthage, la puissance de Céleste ! Où est maintenant la puissance de Céleste ? » *Enarrationes in Psalmos*, 98, 14. En effet, un auteur inconnu du v⁰ siècle déclare avoir vu ce temple abandonné et couvert de ronces, puis consacré par l'évêque Aurélius au Dieu des chrétiens. *De promissis et prœdictionibus Dei*, 44. Migne, P. l. l. 51 col. 835.

(2) G. Boissier, *L'Afrique romaine*, p. 117.

pour le feu de mes passions. » Jadis, à travers les pages de l'*Enéide*, il pleurait sur les chagrins de Didon ; au théâtre, il s'identifie avec les personnages, jouissant du bonheur des amants quand ils sont ensemble, s'attristant avec eux lorsqu'ils sont séparés, et trouvant dans ces deux sentiments une égale douceur (1).

Aux fictions de la scène déjà si dangereuses pour un tempérament comme le sien, venaient s'ajouter les rencontres des rues et des places publiques. « J'arrivai à Carthage, écrit-il, et voilà que l'essaim des amours honteux bourdonnait autour de moi. » Les occasions ne manquaient pas, et pourtant il les trouvait alors trop rares. « Je détestais la sécurité et les chemins sans souricières. »

Mais il était de ces âmes prédestinées qui ont des aspirations infinies et que poursuit toujours la « sévère miséricorde » de Dieu les empêchant de se reposer dans la créature. « Mon Dieu, ma miséricorde, de combien de fiel tu as arrosé pour moi cette suavité, et ce faisant, combien tu as été bon ! En effet, je fus aimé, je parvins en cachette au lien de la jouissance, je me liais joyeux, mais par des liens pleins de misères, pour me voir bientôt meurtri par les verges ardentes de la jalousie, des soupçons, des colères, des rixes. » (2)

Son caractère timide et pacifique ne pouvait

---

(1) *Conf.*, III, 2.
(2) *Ibid.*, 1.

pas supporter longtemps ce vagabondage. Il tenait à passer pour « poli et élégant », et il y parvenait. Bien des années plus tard, un évêque donatiste, pour l'inviter à la conciliation, lui rappellera sa douceur et sa modération quand ils étudiaient ensemble à Carthage (1).

En fait, Augustin ne tarda pas à fixer son choix, à se mettre la chaîne que ses parents redoutaient pour lui. Il se liait avec celle qui lui donnera Adéodat, le fils de son péché. « En ce temps-là, écrit-il, j'avais une femme, que je n'avais pas connue dans une union légitime, mais que j'avais rencontrée dans mes amours vagabonds et imprudents. Pourtant, je n'avais qu'elle, et je lui gardais ma foi. Je connus ainsi par mon expérience la distance qui sépare l'union légitime dont le but est de propager la famille, et la liaison d'un amour sensuel où l'enfant naît contre le désir, bien qu'une fois né il oblige à l'aimer. » (2)

Oui, il aimera beaucoup ce fils. Penché sur son berceau, il consolera ses premières larmes, il guettera son premier sourire. Il l'aidera à bégayer ses premiers mots, et quand le moment d'aller à l'école sera venu, il aura grand soin de lui épargner les terreurs du *primus magister*. C'est dans sa douce compagnie, à l'aide de sa jeune intelligence en fleur, qu'il composera son petit traité sur l'éducation.

_____

(1) *Epist.*, 98.
(2) *Conf.*, IV, 2.

Esprit ouvert et curieux, mais orgueilleux ; ignorant du christianisme et par suite incapable de le distinguer de ses contrefaçons, Augustin fut une proie facile et presque fatale pour le manichéisme.

Le fondateur de la secte s'appelait Manichée, Manès ou Mânî. Né à Caroub, en Perse, vers l'an 240, il fut mis à mort par l'ordre du roi Varanès I. Il imagina d'établir une religion en fondant l'Evangile du Christ avec les doctrines de Zoroastre et l'ascétisme bouddhique. On dit qu'il peignait avec talent et que ses tableaux contribuèrent beaucoup à propager ses idées religieuses. Le manichéisme se répandit dans la Perse, dans l'Inde, au Thibet, en Chine et au Turkestan, où il était encore florissant au XIe siècle. En Occident, il avait envahi le sud de l'Italie et l'Afrique, prenant partout la teinte des pays où il passait.

Le dualisme persan se trouve au fond de la doctrine. A côté de Dieu, principe du bien, et de son lumineux royaume, il y a le principe du mal, le diable, roi des ténèbres et de la matière. Les deux principes sont éternels et indépendants l'un de l'autre. C'est leur contact en un certain point du temps et de l'espace qui a produit ce monde, avec ses évolutions, son mélange de bien et de mal. Le royaume des ténèbres a arraché à Dieu quelques parcelles lumineuses, qui se trouvent emprisonnées dans la matière, et qu'il s'agit de délivrer.

Au sein de la divinité manichéenne, il y a une trinité, mais qui n'a guère de commun avec le dogme chrétien que les seuls vocables. Le Père habite une lumière invisible à nos yeux, mais pourtant matérielle. Le Fils a sa puissance localisée dans le soleil et sa sagesse dans la lune. L'Esprit-Saint remplit l'atmosphère.

Au dessous de cette trinité se trouve tout un monde de personnages plus ou moins divins, mâles et femelles, dont les aventures peu édifiantes ont causé, et pour son malheur, notre monde sublunaire. Certains d'entre eux ressemblent fort aux divintés païennes. C'est Atlas qui porte le globe sur ses épaules, le soutenant de ses deux mains. Un génie guerrier tient une lance dans la main droite, et dans l'autre un bouclier ; tandis qu'un être plus bienfaisant pousse les roues du feu, de l'eau et du vent. (1)

La secte comprenait deux catégories très distinctes : Les Elus et les Auditeurs. C'est dans la caste des Elus qu'on choisissait les douze maîtres avec leur chef, les évêques et les prêtres. Elle s'ouvrait aux femmes également et même aux enfants.

La morale des Elus était plutôt sévère et consistait surtout en abstinence. Défense de se marier, de manger de la viande et de boire du vin, même de cultiver les champs et de bâtir des maisons. Ils étaient sûrs d'être sauvés, de se voir transportés, au moment de leur mort, sur des navires aériens, dans le royaume de la lumière.

Les Auditeurs pouvaient se marier, mais ils

----

(1) *Contra Faustum*, XX, 6, 7. XV, 7. *De natura boni*, 44.

devaient éviter d'avoir des enfants, d'emprisonner dans la matière, des âmes, des parcelles divines. Il leur était permis de manger la viande, de construire des maisons et de cultiver la terre, à condition d'apporter aux Elus les légumes et les fruits dont ils se nourrissaient. Leurs âmes seraient aussi sauvées, surtout si elles avaient la chance de passer dans quelque légume qu'un Elu sanctificrait en le mangeant. (1)

Ces doctrines et ces pratiques étaient consignées dans de gros livres ornés d'enluminures et somptueusement reliés, qu'on faisait briller aux yeux éblouis des aspirants. L'un d'eux portait un titre spécialement séduisant, il s'appelait *Thesaurus*, le trésor. Un autre renfermait l'*Epître fondamentale* de Manichée. Elle débutait par ces mots écrits en grosses lettres : « Manichée, apôtre de Jésus-Christ par la providence de Dieu le Père ».

Manichée s'y faisait passer pour le Saint-Esprit en personne, pour ce Paraclet que le Christ avait promis et qui devait enseigner toute vérité. Il prétendait apporter cette révélation parfaite, cette vision directe de Dieu que saint Paul faisait entrevoir dana sa *Première Epître aux Corinthiens*. Sa religion se présentait comme la science universelle, la compréhension totale des choses divines et humaines. (2)

---

(1) *De Hœresibus*, 46 et cf. *Epist.*, 236.
(2) *Contra Epistolam Manichœi*, 6, 8. — *De Actibus cum Felice*, I, 9. — *Contra Faustum*, XV, 6, 2. — *De Utilitate credendi*.

Avec de telles prétentions, les manichéens devaient nécessairement regarder les catholiques de très haut. Ils leur reprochaient spécialement de croire à l'inspiration divine du Vieux Testament, de voir, dans le Dieu qui s'y manifeste, le Créateur et le Père de Jésus-Christ. Pour eux, il n'y avait de livres inspirés que ceux de la Loi Nouvelle, et encore ils avaient soin d'y pratiquer de larges éliminations.

Ce qui leur gagna tout d'abord les sympathies d'Augustin, ce fut leur promesse de science et d'autonomie intellectuelle. « Ils allaient criant partout : Vérité, Vérité... Ils promettaient de me conduire à Dieu par la seule raison, et de m'affranchir de toute erreur. Ils accusaient l'Eglise catholique de nous terroriser par la superstition, de nous imposer de croire avant d'avoir compris. Comment ne me serais-je pas laissé séduire par de telles promesses, moi, jeune homme, avide de vérité ; moi qui, orgueilleux et bavard, avais rejeté la religion de mes parents, comme on rejette des contes de vieilles femmes ? » (1)

Le problème du mal qui le tourmentait déjà, trouvait dans le dualisme manichéen, une solution facile et en apparence satisfaisante. Il ne lui déplaisait pas non plus de considérer son âme comme une parcelle de Dieu, et de rejeter sur le principe du mal localisé dans le corps, la responsabilité gênante de ses faiblesses morales. « Il me semblait que ce n'était pas nous qui péchions,

____

(1) *Conf.*, III, 10

mais je ne sais quelle nature existant en nous, et mon orgueil était ravi de se trouver sans faute. (1)

Cette conception panthéistique des choses n'était pas sans charme pour sa sensibilité et son imagination poétique. Il était heureux de saluer dans tous les êtres vivants, dans les oiseaux, dans les arbres, dans les fleurs, des frères et des sœurs, capables de le comprendre et d'en être compris. Il s'attristait de voir le figuier pleurer des larmes de lait quand un corbeau lui arrachait un fruit.

De plus, il retrouvait là tous les noms bénis qu'il avait appris à prononcer sur les genoux de sa mère, en particulier le doux nom de Jésus que les manichéens avaient soin de faire sonner bien fort. « Voyant briller partout ce délicieux vocable, ils en ont paré leur Manichée, ils en ont enduit les bords de leur coupe, comme d'un miel empoisonné. » (2)

Il se fit inscrire au nombre des Auditeurs, il assistait aux prières et aux conférences, fléchissait le genou devant les Elus pour obtenir leur bénédiction. Il ne dut pas leur apporter beaucoup de fruits ni de légumes, car il n'était pas riche, mais il leur offrait son ardeur et son enthousiasme de néophyte.

Prosélyte jusqu'au fond de l'âme, il s'empressa de mettre sa jeune éloquence au service de la secte. Des altercations avec de jeunes catholiques moins bavards ou plus ignorants, lui va-

---

(1) *De libero arbitrio*, I, 2, 4 ; *Conf.*, V, 18.

(2) *C. Faust.*, XIII, 17 ; *Conf.*, III, 10.

laient des triomphes qu'il venait raconter à ses maîtres, plein d'orgueil et de reconnaissance.

Ces petites victoires dont il était si friand, l'attachaient de plus en plus au manichéisme et à ses partisans. « Leurs discours m'excitaient à la controverse, et mes succès dans les disputes augmentaient chaque jour mon amour pour eux. Leurs paroles devenaient ainsi pour moi autant de vérités, non parce que je les savais telles, mais parce que je le désirais. »

De leur côté, les manichéens avaient tout intérêt à le ménager et à l'entourer de bienveillance. Ils avaient là un brillant sujet qu'il fallait cultiver ; par la vivacité de son eprit et son talent oratoire, il pouvait devenir pour le parti une gloire et un solide soutien. En lui prodiguant les témoignages d'amitié, ils le prenaient par l'irrésistible penchant de son cœur. « C'était là comme une corde qu'ils me jetaient plusieurs fois autour du cou. » (1).

---

(1) *De duabus animabus*, 11.

CHAPITRE V

———

Le Professeur d'Eloquence

L'espérance de Monique. — Les douceurs de l'amitié. — Du manichéisme au scepticisme.

A la fin de l'année scolaire 374, Augustin revenait à Thagaste pour y fonder une école de grammaire. Il avait achevé ses études de rhétorique, il était âgé de vingt ans.

Il ne parla sans doute pas à sa mère de sa liaison, de la femme aimée qu'il laissait à Carthage. Mais, habituée à lire dans le regard et jusqu'au cœur de son enfant, Monique ne fut pas sans soupçonner quelque chose, elle sentit qu'il avait laissé là-bas une part de son affection.

Une chose qu'elle remarqua bien vite, et à sa grande douleur, c'est qu'Augustin avait complètement tourné le dos au catholicisme. Non seulement il ne mettait plus les pieds à la basilique, mais il se vantait d'appartenir à une secte que les catholiques détestaient à l'égal des païens.

Avec son esprit de prosélytisme, son habileté

dans la discussion et sa réputation de savant, il devenait pour les fidèles de Thagaste, un scandale et un danger public. Monique le sentait plus que n'importe qui. Depuis la mort de son mari, survenue deux ans auparavant, elle avait fait de grands progrès dans la vie chrétienne.

De tout temps, elle faisait l'édification de la petite ville, au point de susciter l'admiration et aussi une secrète jalousie. Tout imprégné des mœurs païennes, Patrice était un mari peu scrupuleux, et de plus très porté à la colère. Malgré tout, à force de patience et de douceur, Monique assura toujours la paix du ménage. Elle réussit même à triompher des préventions de sa belle-mère, montée contre elle par des servantes mal intentionnées.

Certaines voisines qui avaient pourtant des maris plus commodes portaient parfois sur le visage les traces des coups. Devant leurs plaintes et leurs récriminations, Monique leur disait de s'en prendre à elles-mêmes et à leur langue, puis, pour adoucir la leçon, elle ajoutait en souriant : « Le contrat de mariage qu'on a lu devant vous doit toujours vous rappeler que vous êtes des servantes. »

Pour sa part, elle ne l'oublia jamais, elle servait Patrice avec d'autant plus de zèle qu'elle espérait par là le gagner au Christ. Elle accomplissait à la perfection cet apostolat domestique recommandé par saint Pierre aux premières femmes chrétiennes. (1)

______

(1) I. *Ep.*, III, 1-5.

Ce qui la rendait belle et aimable, ce ne furent point les cheveux artistement tressés, ni l'ajustement des habits, ni les ornements d'or, mais les vertus chrétiennes épanouies au fond de l'âme et rayonnant gracieusement au dehors. Voilà sa prédication, toute son apologie du christianisme.

Patrice ne semble pas avoir eu contre la religion chrétienne des objections philosophiques. Une religion qui rendait sa femme si délicate et si bonne devait être la vraie. Déjà catéchumène depuis quelque temps, il demanda lui-même le baptême et le reçut avant de mourir. (1)

Après la mort de son mari, Monique s'était mise au nombre des pieuses veuves de Thagaste. Portant un costume spécial, soumises à certaines obligations, elles tenaient le milieu entre les simples chrétiennes et les vierges consacrées.

Deux fois par jour, le matin et le soir, elle prenait part aux réunions à l'église, offrant au prêtre le pain et le vin pour la consécration eucharistique. Elle ne venait point pour caqueter avec les femmes, mais pour écouter la parole de Dieu et faire ses prières. Ses aumônes étaient nécessairement limitées ; quant à la charité à l'égard des chrétiens, elle ne connaissait pas de bornes. (2)

La question religieuse devenue sa grande, presque son unique préoccupation, constituait un abîme entre son âme et l'âme de son fils. Après avoir essayé vainement tous les moyens pour le

____

(1) *Conf.*, IX, 19-22.
(2) *Ibid.*, V, 17.

ramener, elle finit par lui interdire de manger à sa table et de coucher sous son toit. Il sacrifia sa tendresse filiale à ses convictions manichéennes et quitta la maison de sa mère.

Il reçut l'hospitalité chez Romanien, le plus riche et le plus influent des propriétaires de la contrée. Ce patricien de province avait les allures d'un grand seigneur. Pour se faire acclamer du peuple, il lui offrait des spectacles et des jeux, voire des combats d'ours.

Il aimait également à faire le mécène. Augustin avait déjà bénéficié de ses libéralités. C'est grâce à lui, qu'à la mort de son père, il put continuer ses études à Carthage. Sous son patronat et avec sa faveur il était sûr de recruter des élèves pour sa jeune école.

Romanien, de son côté, trouvait là un précepteur tout désigné pour son fils Licentius, et pour lui-même un compagnon aimable et instructif. Sceptique et frivole, il n'était guère capable de s'intéresser à fond aux problèmes religieux. Endoctriné par son jeune ami, il adhéra au manichéisme, mais par complaisance et par pose, bien plus que par conviction. (1)

Malgré les charmes de cette somptueuse résidence, le tendre cœur d'Augustin se reportait souvent, avec angoisse, vers le toit maternel. Monique elle-même ne pouvait pas tolérer longtemps cette séparation. Elle avait bien un autre fils et une fille, mais sa pensée et son affection

____

(1) *Contra Academicos*, **II**, 3.

erraient à la suite de son enfant prodigue. Ce fils
tant aimé était mort à ses yeux, et elle pleurait
sur lui comme les autres mères ne pleurent pas
sur les cercueils de leurs enfants. Ces pleurs cependant n'étaient ni désespérés, ni stériles, ils
étaient accompagnés de prières, remplis de foi
et d'espérance.

Elle semait maintenant dans les larmes, plus
tard, elle récolterait dans la joie ; et Dieu, pour
l'encourager, faisait déjà briller à ses yeux l'espoir de la moisson future. Une nuit, elle eut un
songe consolant qu'elle s'empressa d'apprendre
à Augustin.

C'est lui-même qui nous le raconte, tout heureux de voir la main divine panser doucement
la blessure qu'il avait infligée au cœur de sa
mère. « Elle vit, debout sur une règle de bois,
et s'avançant vers elle, un beau jeune homme,
joyeux et souriant, tandis qu'elle-même était
brisée de tristesse. Il lui demanda la raison de
son chagrin et de ses larmes quotidiennes, non
pas pour apprendre, comme cela arrive d'habitude, mais afin d'instruire. Elle répondit qu'elle
se lamentait sur ma perte. Alors, pour la rassurer, il lui dit de regarder attentivement et qu'elle
verrait que, là où elle était, je me trouvais moi-
même. Dès qu'elle fit attention, elle m'aperçut
près d'elle sur la même règle de bois. »

Augustin ne douta pas de la réalité du songe
ni de son caractère surnaturel, il se contentait
de l'interpréter au profit du manichéisme. Après
avoir gagné à la secte plusieurs de ses amis, il
y convertirait sa mère et ainsi, suivant le mys-

térieux présage, ils se retrouveraient ensemble et dans la même voie.

Mais Monique reprit vivement et avec insistance : « On ne m'a pas dit : là où il se trouve, vous serez vous-même. On m'a dit : là où vous êtes, là il sera. » Réconfortée par cette promesse, elle le reçut de nouveau dans sa maison, lui permit de manger à sa table et de coucher sous son toit. Dieu ne lui avait-il pas accordé la conversion de son mari, pourquoi lui refuserait-il celle de son fils, de celui qui pourrait, par ses talents, rendre tant de service à l'Eglise d'Afrique ? (1)

Comptant beaucoup sur la grâce divine, elle savait recourir à l'intervention des hommes. Elle alla trouver un évêque réputé pour sa sainteté et pour sa science, le priant de se mettre en relation avec son fils, de réfuter ses erreurs.

Celui-ci l'accueillit avec bonté, mais lui fit entendre fort sagement que le jeune homme était encore trop épris de cette hérésie pour en écouter la réfutation, et il ajouta : « Laissez-le et contentez-vous de prier le Seigneur pour lui. La simple lecture lui fera découvrir l'erreur et l'impiété de pareille doctrine. »

Cependant, Monique insitait de plus en plus et pleurait amèrement, elle reçut alors la réponse restée célèbre : « Allez, dit l'évêque, et vivez toujours ainsi ; il n'est pas possible que le fils de telles larmes périsse. » (2)

Ni ses cours de grammaire, ni ses assiduités

-----

(1) *Conf.*, III, 19.
(2) *Ibid.*, 21.

auprès de son mécène, ni non plus son ardeur à propager le manichéisme n'empêchaient Augustin de cultiver l'amitié. « Quand je commençai à enseigner dans mon pays natal, je me fis un ami qui m'était très cher : nous avions les mêmes goûts, il était de mon âge, comme moi dans la fleur de l'adolescence. Enfant, il avait grandi à côté de moi, nous allions ensemble à l'école, nous avions joué ensemble... Je ne pouvais pas me séparer de lui. » Naturellement, il commença par faire à son ami le plus beau cadeau qu'il imaginait alors : il l'enrôla dans la secte de Manichée.

Cette relation « suave au delà de toutes les suavités » allait être brusquement rompue pour toujours.

Le jeune homme tomba gravement malade. Brûlé par la fièvre et couvert d'une sueur mortelle, il demeura longtemps sans connaissance. Augustin était là, près de son lit, incapable de le quitter un instant.

Dès qu'il le vit reprendre ses sens, en bon manichéen qu'il était, toujours prêt à railler les choses catholiques, il chercha à le plaisanter sur le baptême qu'on lui avait administré pendant son délire. Le malade le regarda avec indignation et lui signifia qu'il ne devait plus parler ainsi s'il voulait continuer à être son ami.

Stupéfait et troublé par cette réponse, Augustin consentit à se taire, se réservant d'y revenir plus tard, quand la santé serait recouvrée. La santé ne revint pas. La fièvre le reprit quelques jours après et la mort l'enleva soudainement en l'absence de l'ami intime.

Ce deuil fit une blessure cruelle dans cette âme sensible et frémissante. Le chapitre des *Confessions* qui l'analyse est bien connu. Les ressemblances frappantes qu'il a avec les passages parallèles des poètes modernes prouveraient, s'il en était besoin, qu'il a touché aux éternelles profondeurs du cœur humain.

Toutes les choses qui lui parlaient de son ami disparu, devenaient des épines qui le meurtrissaient. Elles portaient le deuil des joies passées, ces joies qu'elles chantaient jadis en promettant leur retour. « Mon pays devenait pour moi un supplice, et la maison paternelle un tourment extraordinaire. Tous les objets témoins de nos relations me tourmentaient atrocement ; ils me rappelaient son absence. Mes yeux le cherchaient partout, et il ne se présentait pas. Je reprochais amèrement à toutes choses de ne pas l'avoir, de ne pouvoir me dire comme autrefois pendant sa vie, quand il était absent : il reviendra. Les larmes seulement, m'étaient douces, elles avaient remplacé mon ami dans les délices de mon âme. »

La mort lui apparaissait désormais plus haïssable et plus terrible : n'allait-elle pas dévorer le monde entier, puisqu'elle avait osé toucher à celui-là ? Horace avait bien raison, en parlant de son cher Virgile, de l'appeler *dimidium animæ meæ*, la moitié de son âme.

Lorsque le poète anglais Tennyson voudra chanter la perte de cet ami intime qu'il a rendu célèbre, du « frère de son amour », il trouvera les mêmes sentiments et presque les mêmes expressions. Lui aussi connut à cette occasion la volupté des larmes. Ce deuil répandait sur toutes choses comme un voile qui voulait cacher à ses yeux la joie et même l'espérance. « Il me semblait qu'il n'y aurait plus de printemps, que la nature avait perdu son ancienne fécondité. Les rues étaient pleines de fumée et de gelée noire ; aux portes, c'était un insipide bavardage. » (1)

Incapable de supporter plus longtemps ce cadre familier de Thagaste qui le blessait au lieu de le réjouir, Augustin partit pour Carthage, emportant « son cœur déchiré et saignant. » (2) Romanien se montra généreux et fit les frais de l'installation. Une salle fut louée sur la place publique et l'on annonça solennellement la nouvelle école de rhétorique.

Tout près, des peintres exposaient leurs tableaux, les jardiniers étalaient leurs légumes, les sorciers proposaient leurs enchantements. Le jeune professeur ouvrait sa boutique, il était commerçant à sa manière, il se faisait « vendeur de paroles ». Le gouvernement ne se mêlait guère de l'enseignement, il l'abandonnait à l'initiative privée des parents et des professeurs.

Ce ne fut pas sans quelque inquiétude que le jeune maître vit venir sa bruyante clientèle. Il

____

(1) « I dream'd there would be spring no more,
    That nature's ancient power was lost :
    The streets were black with smoke and frost,
    They chatter'd trifles at the door. »
                In Memoriam, LXIX.
(2) *Conf.*, IV, 7-13.

connaissait trop bien l'humeur tapageuse des étudiants carthaginois. Ces *eversores*, ces démolisseurs auxquels il n'aimait pas se mêler au temps de ses études, il lui faudrait les subir maintenant comme professeur. (1)

Une page des *Confessions* nous ouvre une petite échappée sur ces réunions scolaires. Augustin est assis sur une estrade et les élèves sont devant lui. Le local est accessible au public. Au beau milieu du cours, un jeune homme entre, salue, s'asseoit, écoute. Le rhéteur tonnait ce jour-là contre les entraînements malsains du cirque. C'était précisément la grande passion du nouveau venu. Frappé par cette coïncidence, il prit la leçon pour lui et se corrigea.

Ce jeune homme s'appelait Alype. Augustin l'avait eu pour élève à Thagaste ; mais, brouillé avec son père, il n'osait plus compter sur lui. Cet incident rapprocha les deux amis que rien ne pourra désormais séparer. Doux et chaste, il avait été séduit par les manichéens à cause de l'apparente pureté de leurs mœurs. « Il m'aimait beaucoup, parce que je lui paraissais bon et savant, et moi, je l'aimais pour sa **grande** vertu. » (2)

A côté d'Alype, l'intime d'Augustin, « le frère de son cœur », allait prendre place celui

------

(1) *Conf.*, **V**, 14.

(2) *Ibid.*, **VI**, 11-12. — Etudiant à Rome, quelques années plus tard, Alype sera repris par sa passion du cirque et y succombera après une lutte merveilleusement décrite par Augustin. *Conf.*, **V**, 13.

qu'il appellera son « ami très doux » ; il se nommait Nébride et appartenait à une riche famille des environs de Carthage.

Parmi ces élèves choisis que lui recrutait l'amitié bien plus que la volonté des parents, le maître trouvait ses délices. « Ce qui me charmait dans leur commerce, écrit-il, c'était la conversation, le rire, les égards de la bienveillance mutuelle ; la lecture en commun de livres suaves ; la camaraderie tantôt gaie, tantôt grave ; de petits différends sans aigreur, tels qu'on en a avec soi-même ; de ces dissentiments très rares qui assaisonnent l'accord habituel ; l'étude faite ensemble, où chacun enseigne et apprend tour à tour ; le regret de ceux qui manquent au rendez-vous ; l'accueil joyeux de ceux qui arrivent : ces signes, et d'autres du même genre, jaillissant de cœurs qui s'entr'aiment, et qui s'expriment par le langage, par les yeux, par ces mille petites complaisances, chaleur où se fondent plusieurs âmes pour n'en faire qu'une. » (1)

Une chose revenait souvent dans ces aimables causeries : la question du beau. « Je disais à mes amis : Aimons-nous autre chose que le beau ? Qu'est-ce donc que le beau ? Qu'est-ce qui nous attire et nous attache dans les objets que nous aimons ? Car s'ils n'avaient aucun éclat, aucune splendeur, ils ne nous charmeraient point. » La beauté des corps, concluait-on, provient de l'harmonie interne des parties, de leur adaptation en vue de l'ensemble.

---

(1) *Conf.*, IV, 13.

Sous l'inspiration de ces idées qui jaillissaient spontanément de son âme d'artiste, Augustin rédigea, tout d'un jet, son premier ouvrage ; il le dédia solennellement à Hiérius, l'un des grands orateurs de Rome. « J'écrivis sur le *Beau* et l'*Harmonieux*, deux livres, sinon trois. Tu en sais le nombre, mon Dieu. Pour moi, je ne m'en souviens pas, car je ne les ai plus. Ils ont été égarés, je ne sais comment. » Cet essai, qui eût été intéressant comme document psychologique, devait être fort incomplet. L'auteur, à cette époque, ne voyait rien au delà des beautés corporelles. S'inspirant des théories manichéennes, il concevait Dieu et les âmes, ses parcelles, sous la forme d'un corps lumineux et subtil que des yeux moins grossiers auraient pu contempler. (1)

Premier autrefois à l'école du rhéteur, le jeune professeur voulait maintenant se distinguer parmi ses collègues et par là attirer des élèves. Il résolut de prendre part à un concours de poésie. Un aruspice se présenta pour lui porter bonheur et prédire son succès, mais, pour cela, il fallait offrir une victime. Fidèle à une prescription manichéenne qui défendait de tuer les animaux,

---

(1) *Conf.*, IV, 20-25. **M.** Alfaric voit très clair, trop clair peut-être dans ce souvenir un peu confus d'Augustin. Ce traité aurait été comme l'expression publique de sa foi manichéenne ; il aurait contenu non pas trois, mais deux livres, et l'on insinue que l'auteur ne fut pas étranger à sa disparition : « On comprend qu'il en ait de bonne heure perdu la trace. » *Op. cit.*, p. 225 et 223, note 2.

il répondit avec indignation : « Je ne sacrifierais pas une mouche quand même il s'agirait de gagner une couronne d'or. »

La victoire fut remportée sans le secours du devin. Le proconsul lui-même le couronna en public et l'entretint avec bonté, cherchant en vain à le guérir de sa passion pour les astrologues et les nécromanciens. (1)

Ce goût étrange pour l'occultisme n'empêchait pas Augustin d'avoir un esprit exigeant et subtil qui allait peu à peu mais sûrement le détacher du manichéisme.

Dès l'âge de vingt ans, il avait lu et compris les fameuses *Catégories* d'Aristote, réputées pourtant si difficiles. Ce commerce avec l'impitoyable logicien de la Grèce avait développé son besoin de clarté et de précision dans les idées. (2)

Les astronomes furent également mis à l'épreuve, et l'accord de leurs conclusions avec les faits de l'expérience apporta à cette intelligence avide de vérité une vraie satisfaction, presque un éblouissement. « Ils prédisent longtemps d'avance quelle année, quel mois, quel jour, à quelle heure, le soleil ou la lune va s'éclipser, et dans quelle partie, et les choses arrivent comme elles ont été prédites. » Il constatait du même coup, et avec une amère déception, que la cosmographie manichéenne n'était qu'un tissu d'erreurs (3).

---

(1) *Conf.*, IV, 3-5.
(2) *Ibid.*, 28.
(3) *Ibid.*, V, 3-7.

La solution dualiste apportée au problème du mal ne résistait pas non plus à l'examen, elle ne faisait que reculer le point obscur. Si Dieu, le principe du bien, ne manquait de rien et n'avait pas à craindre, pourquoi est-il entré en lutte avec le principe du mal, avec le diable ? Pourquoi se laisser prendre certaines parties de lui-même pour les voir emprisonner dans la matière ? N'est-ce pas là impuissance ou cruauté ? (1)

La réputation des Elus eux-mêmes avait fortement baissé dans l'esprit du jeune Auditeur. Un jour, sur une place bien connue de Carthage, il avait vu plusieurs d'entre eux interpeller je ne sais quelles femmes, avec des gestes obscènes, qui l'avaient révolté. Il alla porter plainte, mais les coupables restèrent sans la moindre punition. Pour se venger, ils auraient pu dénoncer les réunions de la secte que les lois interdisaient. (2)

Les bizarreries et les contradictions de leurs pratiques ne pouvaient échapper longtemps à un esprit si fin et si caustique. La prescription qui défendait de tuer les animaux ne comprenait pas les petites bêtes. Mais où fixer la limite ? De la puce qui vous gêne, vous passerez à la mouche, puis à la souris, et insensiblement vous parviendrez jusqu'à l'éléphant.

Si l'on doit s'abstenir du vin sous prétexte que c'est le fiel du diable, peut-on décemment savou-

----

(1) *Contra Fortunatum* 17 ; *Conf.*, VII, 3.
(2) *De moribus manichæorum*, 68-69.

rer les grappes de raisin, y voir des parcelles divines ? (1)

Les manichéens célébraient solennellement la mort de leur fondateur, tandis que la fête de Pâques passait presque inaperçue. C'était là, aux yeux d'Augustin, une anomalie et un scandale. Il se rappelait avec regret ces joies paschales qui avaient réjoui son enfance à Thagaste. Et puis, n'était-ce pas placer le disciple au-dessus du Maître ?

C'est que, répondait-on, la mort de Manichée avait été réelle, au lieu que le Christ n'ayant pas eu, dans leur pensée, de corps véritable, n'avait pu avoir qu'une mort et une résurrection apparentes. Mais la difficulté ne faisait que changer d'aspect. S'il a été indigne de Jésus de prendre un vrai corps, comment l'Esprit-Saint a-t-il pu s'incarner dans la personne de Manichée. (2)

Toutes ces objections embarrassaient les docteurs de la secte ; ils avaient là devant eux un terrible élève. Pour avoir la paix, ils lui parlèrent de leur grand évêque, Faustus, alors absent d'Afrique, comme d'un génie extraordinaire, qui lui donnerait complète satisfaction. « Prends patience, il arrivera et résoudra toutes tes difficultés et de plus grandes encore. » (3) Les précieux volumes tant vénérés qu'on exhibait de temps à autre continuaient à le captiver. « Je pensais,

____

(1) *De mor. manich.*, 64 et 55.
(2) *C. Epist. Manich.*, 9.
(3) *Conf.*, V. 10.

déclare-t-il, que ces livres cachaient quelque chose de grand qu'on me révélerait un jour.» (1)

Après environ neuf années d'attente et d'espoir, Faustus finit par arriver. Augustin s'empressa d'assister à ses conférences. Doué d'une parole agréable et facile, Faustus se faisait écouter avec plaisir.

Cependant, il ne suffisait pas de l'entendre en public, il s'agissait de l'entretenir en particulier et d'examiner à fond les points discutés. Avec les meilleures dispositions, Augustin dut constater que ce docteur tant réputé avait un bagage scientifique fort léger : quelques discours de Cicéron, deux ou trois livres de Sénèque. Son plus grand mérite fut d'avouer son ignorance.

En d'autres circonstances, le jeune disciple aurait eu à se reprocher ses exigences intellectuelles, à se rappeler le rôle de la foi en matière religieuse. Mais, en l'attirant au manichéisme, ne lui avait-on pas promis de l'amener à toute vérité, de l'affranchir de toute erreur, par la seule raison ? Voilà surtout ce qui explique sa déception. « Ce Faustus, dit-il, qui fut pour beaucoup d'autres un piège de mort, contribua, sans le savoir et sans le vouloir, à desserrer celui où j'avais été pris. C'est que ta main, ô mon Dieu, dans le secret de ta providence, n'abandonnait pas mon âme. C'est que, jour et nuit, ma mère t'offrait en sacrifice pour moi, et le sang de son cœur et les larmes de ses yeux. » (2)

____

(1) *De Beat. Vit.*, 4.
(2) *Conf.*, **V**. 10-13.

Une fois détaché de ses convictions manichéennes, privé des sympathies et des succès qu'elles lui procuraient, le séjour de Carthage devenait pour lui beaucoup moins enchanteur. Il était de ces natures impressionnables et mobiles qui teintent toutes choses des couleurs de leurs sentiments.

Au surplus, ses amis le faisaient regarder vers Rome. N'était-ce point là-bas le chemin du grand succès et de la fortune ? Ils l'y suivraient eux-mêmes, continueraient à jouir de son amitié et à bénéficier de son savoir, ils entreraient dans le rayonnement de sa gloire. Augustin ne restait pas indifférent devant ces brillantes perspectives. Cependant, la raison qui allait déterminer son départ doit être cherchée ailleurs.

Les mœurs tapageuses des étudiants lui étaient devenues insupportables. Avec sa voix musicale et prenante, sa nature vibrante et communicative, il charmait un petit auditoire rangé et sympathique ; mais il était totalement incapable d'imposer son autorité et le moindre tumulte le déconcertait. Au reste, le grand danger venait du dehors. De temps à autre, des bandes d'étudiants étrangers à son cours survenaient comme une tempête, envahissaient la salle et renversaient tout. C'était là une coutume immémoriale, contre laquelle les autorités ne pouvaient rien.

A Rome, les professeurs avaient la bonne fortune d'être protégés par les lois et par la police contre l'humeur frondeuse de la gent écolière. Une constitution portée par Valentinien Ier réglementait les écoles. Les étudiants doivent se présenter munis de papiers en bonne et due forme, indiquer le nom de leur pays et celui de leurs parents, l'adresse de leur hôte et celle des professeurs dont ils suivent les cours. Ils doivent éviter les sociétés dangereuses, ne pas trop fréquenter les spectacles et les festins ; bref, ils se conduiront « comme le veut la dignité des choses libérales » ; autrement ils seront battus de verges et renvoyés chez eux. Chaque année, le préfet de la ville adressera à l'empereur un rapport sur les élèves les plus distingués, afin qu'il puisse choisir parmi eux ses employés. (1)

Augustin avait hâte de se mettre à l'abri sous cette législation. Mais comment obtenir le consentement de sa mère, venue le rejoindre à Carthage ? Il usa de détours et de faux-fuyants que les *Confessions* racontent avec angoisse. « Comme elle s'attachait à moi de toutes ses forces, afin de me ramener, ou de partir avec moi, je la trompai. Je prétextai que je voulais tenir compagnie à un ami, en attendant que le vent lui permît de naviguer. Je mentis à ma mère, à une telle mère, et je m'embarquai. »

Le vent avait gonflé les voiles ; le fils prodigue voyait disparaître à l'horizon les côtes d'Afrique. Mais comment oublier celle qu'il venait de tromper et qui se désolait là-bas, dans l'oratoire de Saint-Cyprien, mêlant dans ses prières pleines de larmes les mouvements d'indignation et les élans de l'espérance ? (2)

---

(1) *Code théodosien*, XIV, 9, 1.
(2) *Conf.*, V, 14-15.

Lui-même se trouvait alors dans un profond abattement. Il commençait à désespérer de découvrir cette vérité, après laquelle il soupirait depuis neuf ans. « Souvent, dit-il, il me semblait qu'elle était inaccessible, et les grands flots de mes pensées me portaient vers l'Académie. » (1) C'était une école de philosophie qui faisait profession de scepticisme.

Il s'était livré au manichéisme avec trop de légèreté et de précipitation ; il allait tomber dans l'excès contraire. « Je refusais de donner mon assentiment à quoi que ce soit par crainte du précipice. » Mais, observe-t-il, la corde qui le tenait ainsi suspendu ne faisait que l'étrangler. (2)

C'était un malade qui ne veut plus confier sa guérison à personne, parce que des médecins l'ont trompé. Heureusement pour lui, Monique était là, pleine de confiance dans le grand médecin qui guérit les malades et ressuscite les morts. Comme la veuve de Naïm, elle conjurait Jésus de dire la parole puissante : « Jeune homme, je te dis : lève-toi. »

___

(1) *De Util. cred.*, 20.
(2) *Conf.*, VI, 6.

CHAPITRE VI

L'Aube de la Vérité

*Devant saint Ambroise. — A l'école des néo-pla-
toniciens. — Le « visage » des Ecritures.*

Juvénal a composé une satire qui n'a rien
perdu de son actualité. Elle est intitulée : *Littera-
torum egestas ;* la misère des gens de lettres. Ru-
brenus, qui écrit dans sa mansarde des vers sublimes, est réduit à hypothéquer le succès futur
de son *Atrée* pour acquérir un manteau et un
meuble grossier.

L'historien pâlit sur ses documents, il enfle un
volume de mille pages qui le ruine en papier,
sans lui rapporter autant que le métier d'athlète
ou de cocher.

Les plus à plaindre sont encore les professeurs.
Qu'ils soient prêts à répondre à toutes les questions, qu'ils sachent quelle fut la nourrice d'Anchise, le nom de la belle-mère d'Anchemolus,
combien Aceste vécut d'années, combien il

donna d'outres de vin aux Phrygiens ; mais, pour la rétribution, qu'ils ne rivalisent point avec le maître d'hôtel ou le cuisinier. Encore, pour obtenir ce maigre salaire, leur faudra-t-il souvent recourir au tribun. « Rien ne coûte moins à un père que son fils. » (1)

Quand Augustin fut installé à Rome et qu'il eût commencé ses cours, il put s'apercevoir, à ses dépens, que le poète n'avait dit que la vérité. Les élèves étaient plus disciplinés qu'à Carthage, mais ils avaient un autre défaut. Ils s'entendaient tous à un moment donné, et quittaient brusquement le professeur, afin de n'avoir pas à le payer (2).

Certes, il était loin d'être attaché à l'argent ; il ne laissait pas, cependant, d'en sentir le besoin. La chose la plus dure et la plus humiliante pour le jeune « intellectuel », c'est le sentiment de son indigence et de ses nécessités au point de vue matériel. Sorti des « gras pâturages » de Saint-Sulpice et obligé de pourvoir à son entretien en se faisant répétiteur au pair, Ernest Renan écrivait mélancoliquement : « Ah ! vive l'amateur qui peut penser à son aise, sans s'inquiéter de son pain matériel. Tous les philosophes devraient naître avec trois mille francs de rente à Paris et deux mille en province, ni plus, ni moins. » (3)

Augustin était encore plus à plaindre ; il n'é-

---

(1) *Satires*, VII.
(2) *Conf.*, V, 22.
(3) *Lettres intimes*, p. 336.

tait guère plus riche, et il n'était pas seul. Il avait une femme et un fils qui commençait à grandir. Pour comble de malheur, il fut, pendant quelque temps, sérieusement malade. Romanien ne pouvait plus être aussi généreux, il se trouvait engagé dans un procès qui menaçait de le ruiner.

Une occasion se présenta tout à coup qui pouvait tirer d'embarras l'infortuné professeur, et même lui procurer une belle situation. Le préfet de Rome, Symmaque, avait été chargé de choisir un professeur d'éloquence pour la ville impériale, qui était alors Milan. L'ancien proconsul d'Afrique serait peut-être heureux de favoriser un enfant de ce pays. Lui-même, du reste, habitué à être le premier, à remporter les prix, ne reculait pas devant la concurrence. Il se mit sur les rangs et obtint la préférence, malgré son accent d'outre-mer qui faisait rire les Italiens (1).

Augustin arriva à Milan en 384, âgé de trente ans. Il était accompagné de son cher Alype, le « frère de son cœur » qui sera le témoin discret de ses luttes morales et de sa conversion. « Je le trouvai à Rome, écrit-il, et il s'attacha à moi par un lien très fort. Afin de n'être pas séparé de moi, il me suivit à Milan ; il y pratiquait le droit plutôt pour obéir au désir de ses parents que par un attrait personnel. »

« Nébride lui aussi, l' « ami très doux et très tendre » allait bientôt arriver. « Il avait quitté son pays, voisin de Carthage ; il avait aban-

____

(1) *Conf.*, V, 23, cf., *De Ordine*, II, 45.

donné la belle résidence de ses parents, laissé la maison paternelle sans être accompagné de sa mère. S'il vint à Milan, ce fut dans le seul but de vivre avec moi, de chercher ardemment la vérité et la sagesse. » (1)

Monique ne pouvait pas vivre loin de ce fils dont la conversion était devenue son unique souci. Dès qu'elle apprit sa nouvelle situation, elle s'embarqua pour le rejoindre, amenant probablement avec elle son autre fils, Navigius. Sa fille était peut-être déjà religieuse, elle deviendra plus tard supérieure d'un couvent.

Assurée par le ciel qu'elle parviendrait à bon port, elle encourageait les matelots au cours d'une affreuse tempête qui commençait à les effrayer. Quand elle rencontra Augustin, elle eut la joie de constater que leurs âmes s'approchaient l'une de l'autre. Il n'était pas encore catholique, mais il n'était plus manichéen.

Enhardie par l'attitude humble et inquiète de son fils, elle lui communiqua quelque chose de sa foi et de son espérance. « Très calme et pleine de confiance, elle me répondit qu'elle croyait dans le Christ, qu'avant d'émigrer de cette vie, elle me verrait fidèle catholique. A moi, elle disait cela ; mais, devant toi, mon Dieu, source de miséricordes, elle multipliait ses prières et ses larmes, afin de hâter le secours qui illuminerait mes ténèbres. » (2)

---

(1) *Conf.*, VI, 16-17.
(2) *Ibid.*, VI, 1.

Devenue la résidence ordinaire de l'Empereur, depuis le temps de Dioclétien, Milan était, après Rome, la première ville de l'Occident. Le poète Ausone est plein d'admiration pour les hommes illustres qui s'y donnaient rendez-vous, pour ses édifices publics aussi, en particulier le cirque et le théâtre.

Augustin eut bientôt l'occasion d'y parler en public, devant une immense multitude. En janvier 385, il dut célébrer le général franc Bauto, qui venait d'être nommé consul. C'était le père de la future impératrice Eudoxie, que rendra célèbre sa lutte avec saint Jean Chrysostome (1).

Le thème était assez ingrat. Bauto avait rendu service comme chef de la milice, et surtout par ses campagnes contre les Barbares en Occident et en Orient, mais ses services auraient pu devenir dangereux. En pénétrant à la cour, dans l'armée, au sein des familles romaines, les Barbares devenaient souvent un ennemi intérieur tout prêt à s'unir à celui du dehors. Lorsque Alaric assiégera Rome, 40.000 esclaves iront le rejoindre (2).

Dans une circonstance encore plus solennelle, Augustin eut à prendre la parole. Il nous a laissé lui-même ses impressions à propos de ce discours. Il s'agissait de faire l'éloge du jeune empereur Valentinien II, à peine âgé de seize ans. L'ora-

----

(1) *C. Litt. Petil.*, III, 3o.
(2) *Zosime*, V, 42.

teur fut obligé de se rabattre sur les gloires paternelles, et là était la difficulté.

Valentinien Ier n'était pas sans mérites. Il défendit vigoureusement l'Empire contre les invasions qui surgissaient de tous côtés, en particulier il protégea la Gaule contre les Allemands, en faisant construire des forteresses tout le long du Rhin. A l'intérieur, on lui devait plusieurs mesures d'ordre et de bienfaisance, entre autres la loi sur les écoles.

Malheureusement, toutes ces qualités avaient été éclipsées par un monstrueux défaut : il punissait tous les délits sans le moindre discernement et avec une cruauté inouïe. Le jeune fils d'un proconsul avait été condamné à mort pour avoir copié une série de formules magiques.

Un orateur distingué avait eu la mauvaise idée de solliciter un peu d'avancement par l'entremise de Théodose, chef de la cavalerie. L'Empereur répondit en agrémentant sa férocité d'un horrible jeu de mots : « il veut qu'on le déplace ; déplacez-lui la tête. »

Sa chambre à coucher était gardée par deux ourses énormes. L'une s'appelait *Miette d'Or* et l'autre *Innocence*. Des serviteurs étaient chargés de les approvisionner de chair humaine. *Innocence* mérita, en raison de ses bons services, d'être rendue à la liberté des forêts. (1)

Un pareil héros était peu fait pour inspirer celui dont la caractéristique sera toujours une

---

(1) Ammien Marcellin, XXVIII, 1 et XXIX, 3.

incomparable douceur. Il mentirait beaucoup dans ce panégyrique et les auditeurs l'applaudiraient en le sachant fort bien. Sans doute c'était la loi du genre et personne ne songerait à le blâmer ; cela répugnait néanmoins à sa délicatesse.

Tandis qu'il se rendait au lieu de la cérémonie, il était rempli d'anxiété. Etait-ce là le bonheur qu'il cherchait par tous les moyens et pour lequel il se donnait tant de mal ? « Traversant un faubourg de Milan, je remarquai, dit-il, un pauvre mendiant déjà rassasié, je crois, jovial et joyeux. Je soupirai et je montrai aux amis qui m'accompagnaient combien nous étions insensés et misérables. »

Son discours, si laborieusement composé, avec ses mensonges, lui procurerait de la gloire et de la joie ; mais ce bonheur serait-il plus véritable que le bonheur de l'ivrogne acheté par quelques pièces de monnaie ? Et de plus, ce triomphe oratoire risquait de lui tourner la tête. « Cette nuit-là même, le mendiant aurait digéré son ivresse ; moi, j'avais dormi et je m'étais levé avec la mienne ; je devais dormir encore et me lever, voyez combien de jours. » (1) Décidément, ce n'était pas ce poste d'orateur officiel qui allait lui apporter la satisfaction de ses désirs et le repos de son âme inquiète.

Le personnage le plus en vue à Milan était alors Ambroise. Fils d'un préfet de la Gaule, il avait été lui-même consulaire de la Ligurie et de

____

(1) *Conf.*, **VI**, 9-10.

l'Emilie. Venu à Milan, pour y mettre l'ordre, il fut acclamé évêque par le peuple, avant même d'avoir reçu le baptême.

Il commença par donner aux pauvres et à l'Eglise ses grandes richesses. Son influence sur le jeune Empereur et aussi ses qualités d'administrateur lui valurent une autorité dont il usa pour le bien de l'Empire et de l'Eglise catholique. Malgré l'opposition du préfet Symmaque, le dernier soutien du paganisme à Rome, il empêcha de rétablir à la curie la statue de la Victoire, si choquante pour les membres chrétiens de cette assemblée.

En 386, il était en lutte avec l'impératrice Justine, qui voulait le forcer à céder sa cathédrale aux Ariens.

Les soldats entouraient la basilique et les officiers avaient déjà posé sur la façade les panonceaux de l'Empereur. L'évêque s'y était enfermé avec son peuple, résolu à mourir plutôt que de céder. Pour occuper les fidèles, il fit chanter les psaumes en deux chœurs, usage qui se répandit ensuite dans l'Occident. « Ma mère était là, dit Augustin, la première à prendre part à cette angoisse, à ces veillées, elle vivait de la prière. Pour moi, je n'étais pas réchauffé par la chaleur de l'Esprit-Saint ; l'étonnement et le trouble de la cité m'étonnaient cependant ».

Dieu allait intervenir lui-même, soutenir Ambroise et les catholiques et aussi calmer la colère impériale. Les corps des martyrs Gervais et Protais furent miraculeusement découverts, et, pendant qu'on les transférait solennellement à la basilique, un aveugle recouvra la vue en les touchant. Augustin fut peut-être témoin du miracle, il en entendit certainement parler, mais ne se convertit pas. « L'odeur de tes parfums, ô mon Dieu, était parvenue jusqu'à moi, et néanmoins je ne courais pas après toi. » (1)

C'est en curieux et plutôt pour juger que pour être instruit, qu'il assista d'abord aux prédications d'Ambroise ; il voulait savoir s'il méritait sa réputation d'orateur. Sa parole lui parut plus érudite, mais moins souriante et moins charmeuse que celle du manichéen Faustus.

C'était là, semblait-il, un homme heureux selon le monde, populaire et influent. Une chose devait lui peser beaucoup : le célibat.

Malgré ces dispositions peu favorables, l'auditeur se sentait peu à peu éclairé sur cette religion catholique qu'il s'était habitué à ne plus apercevoir qu'à travers les attaques des manichéens. Il voyait disparaître les contradictions entre les deux Testaments : les prétendus scandales de la Bible pouvaient s'expliquer ; devant ses yeux éblouis, resplendissait l'aimable « visage » des Ecritures.

Affranchi pour toujours des doctrines de Manichée, Augustin ne pouvait pas rester chez les sceptiques de l'Académie, car eux non plus n'avaient pas le nom salutaire du Christ. « Je résolus de rester catéchumène dans l'Eglise catholique, où j'avais été placé par mes parents, en

---

(1) *Conf.*, IX, 15-16.

attendant qu'une lumière certaine vînt diriger ma course. » (1)

Une page émue et haletante des *Confessions* montre combien il soupirait alors après la vérité religieuse. « Je pensais au long espace de temps écoulé depuis ma dix-neuvième année, où je me passionnai pour la Sagesse. Voici que j'avais trente ans, et je me débattais toujours dans la même fange, avide de jouir de ces biens présents qui me fuyaient, et me dissipaient. Je m'étais dit : Demain, je trouverai, demain l'évidence va se faire ; voilà Faustus qui arrive et qui m'expliquera tout. O grands hommes de l'Académie, point de certitude pour guider la pratique de la vie ! Au contraire, cherchons plus diligemment et ne désespérons pas. Déjà, les Ecritures ne sont plus absurdes, elles peuvent s'interpréter honnêtement. Que je fixe mes pieds à cet endroit même où, enfant, j'ai été mis par mes parents, en attendant que la vérité se manifeste. Où et quand chercher ? Ambroise est là, et les livres ne manquent pas. Une grande espérance s'est levée : la foi catholique n'enseigne pas ce que je pensais, je l'accusais à tort. Ses docteurs défendent d'attribuer à Dieu une figure humaine. Et j'hésite à frapper pour que les autres vérités se montrent ? Les heures de la matinée sont aux élèves. Que faire des autres heures ? Pourquoi ne pas les employer à cette recherche ? Mais quand irai-je saluer les amis dont la

---

(1) *Conf.*, V, 23-25 et VI, 4-8.

protection m'est nécessaire ? Quand est-ce que je préparerai ces marchandises que je vends aux écoliers ? Et le temps de réparer mes forces, de reposer mon esprit las d'inquiétudes ? Périssent toutes ces choses vaines et vides ! Que je me livre à la seule recherche de la vérité ; la vie est misérable et la mort est incertaine. » (1)

A Milan, comme à Thagaste, Monique était assidue à l'église, fidèle aux bonnes œuvres. Un jour, suivant l'usage de l'Afrique, elle se présentait à la chapelle des Martyrs, avec son panier de provisions. Quand on lui dit que cette coutume avait été prohibée par l'évêque de Milan, elle obéit avec une docilité qui surprit Augustin lui-même. C'est qu'avant tout elle voulait être bien vue d'Ambroise, afin de l'intéresser à la conversion de son fils.

Une autre question troublait sa conscience délicate. Devait-elle jeûner le samedi, comme elle le faisait en Afrique, ou bien valait-il mieux se conformer à l'usage milanais ? Augustin alla aux renseignements et rapporta une réponse dont il se souviendra plus tard en pareille circonstance. « Quand je suis ici, avait dit l'évêque, je ne jeûne pas ; quand je suis à Rome, je jeûne ; observez les usages locaux et vous éviterez tout scandale. » (2)

Ambroise était plein d'admiration pour sa nouvelle paroissienne. « Quand il me voyait, dit

---

(1) *Conf.*, VI, 18.
(2) *Ep.*, 36, 32.

Augustin, il s'exclamait, en me félicitant d'avoir une telle mère ; il ignorait quel fils elle avait en moi qui doutais de toutes choses, désespérant de trouver la route de la vie. » (1)

Ce dernier mot est à retenir. Le grand évêque de Milan ne connut guère le fils de Monique. Il l'éclaira sans le savoir par ses prédications : le baptisera de sa main, mais ne crut point devoir l'admettre dans son intimité. Il le reçut en père et en évêque, non pas en ami. (2)

Administrateur et homme d'action, surchargé d'affaires, Ambroise était peu fait pour comprendre ce professeur intellectuel et sentimental, passablement timide et aussi quelque peu aigri par ses déceptions passées. Pour le mettre à l'aise et lui permettre de s'ouvrir entièrement, il eût fallu un peu plus de cette qualité de cœur qui s'appelle la condescendance.

« Si quelqu'un n'a pas le courage de demander notre amitié, effarouché qu'il est par nos titres et pas nos dignités, il faut descendre jusqu'à lui offrir complaisamment, humblement, ce qu'il n'ose pas demander. » (3) Quand l'évêque d'Hippone écrira ces lignes, il pensera peut-être

------

(1) *Conf.*, VI, 2.

(2) « *Suscipit me paterne ille homo Dei et peregrinationem meam satis episcopaliter dilexit.* » On a voulu voir dans ce mot « *satis episcopaliter* » une malice de saint Augustin, il est vrai qu'on ne prête qu'aux riches. En réalité, il fait allusion au texte de saint Paul qui recommande à l'évêque d'être hospitalier. I, *Tim.*, III, 2.

(3) *De div. quæst.*, qu. LXXI, 6.

aux heures qu'il passa inquiet et hésitant à la porte de saint Ambroise. « Je ne pouvais pas lui dire ce que je voulais, ni comme je voulais ; j'étais séparé de ses oreilles, de ses lèvres, par la foule des gens d'affaires auxquels il prodiguait ses services. » (1)

Dans ses méditations solitaires de Cassiciacum, arrêté par certaines difficultés, il pensera à celui qui aurait pu les résoudre et auquel il n'a pas su s'ouvrir. « Ce que je regrette, c'est de n'avoir pas réussi à lui révéler mon amour pour lui et pour la Sagesse. Car, certainement, il aurait eu pitié de ma soif, il m'aurait donné à boire abondamment. » (2)

Ces lumières qu'Augustin aurait pu trouver auprès de l'évêque de Milan, il les trouva de fait dans certains livres néo-platoniciens, très probablement dans les *Ennéades* de Plotin.

Plotin était né à Lycopolis, en Egypte, en l'an 204 de notre ère. Il étudia la philosophie, à Alexandrie, sous Ammonius Saccas, le Socrate de l'école néo-platonicienne. Il enseigna à Rome, dans un cercle intime d'amis appartenant aux hautes classes de la société. C'était un sage, doublé d'un homme de bien, qui avait l'estime et la confiance de tous. Certains parents lui confiaient en mourant les enfants qu'ils laissaient orphelins. Plotin prenait grand soin de leur éducation et administrait scrupuleusement leur

---

(1) *Conf.*, **VI**, 3.
(2) *Soliloq.*, **II**, 26.

fortune. « En attendant qu'ils deviennent philosophes, avait-il coutume de dire, ils ont besoin de toucher leurs revenus. » (1)

Essentiellement éclectique, il avait emprunté à toutes les écoles, sauf à celle d'Epicure qu'il détestait. Platon était son principal inspirateur ; il le reproduisait si bien qu'en le lisant, Augustin semblera entendre le maître lui-même. « Cette grande voix de Platon, écrira-t-il, la plus pure et la plus éclatante qu'il y ait dans la philosophie, s'est retrouvée dans la bouche de Plotin. » (2)

Les néo-platoniciens admettaient une sorte de trinité. Au sommet de toutes choses se trouve l'*Un*, appelé aussi la *Puissance*, le *Bien*. De ce premier principe découle un second, nommé l'*Esprit*, qui, à son tour, produit un troisième, l'*Ame du monde*.

Ces doctrines hautement spiritualistes n'étaient pas sans ressemblance avec le christianisme. L'un de leurs adeptes fut ravi en lisant les débuts de l'*Evangile* selon saint Jean. Il était d'avis qu'il fallait graver ces paroles en lettres d'or sur les murailles des églises (3). En fait, nombre de néo-platoniciens finirent par se faire chrétiens.

Pour Plotin, la philosophie n'était pas seulement une vue spéculative des choses, une

---

(1) *Vita Porphyrii*, 2-9.
(2) *C. Acad.*, III, 41.
(3) *De Civ. Dei*, X, 29.

« Weltanschauung », comme disent les Allemands. C'était plutôt une mystique, une manière de s'élever jusqu'à la divinité pour s'unir à elle.

Le premier pas consiste à se dégager du monde des corps, à passer dans celui des âmes. On s'élève ensuite jusqu'à l'*Esprit*, qui renferme les idées des choses visibles. L'idéal serait de s'unir à l'*Un*, source ineffable de tous les êtres.

D'après Porphyre, son ami et son biographe, Plotin aurait eu quatre de ces sortes d'extases au cours des cinq ans qu'ils vécurent ensemble (1).

Ce philosophe, avec son mysticisme et ses goûts esthétiques, avait tout ce qu'il fallait pour enthousiasmer le jeune homme qui s'enflammait jadis en lisant l'*Hortensius* de Cicéron.

D'ailleurs, l'influence néo-platonicienne n'allait pas seulement exciter son amour de la Sagesse, elle dissipait peu à peu les nuages amoncelés dans son intelligence par le panthéisme matérialiste des manichéens.

Il commençait enfin à s'élever au-dessus des corps, au-dessus de l'esprit humain lui-même, à concevoir la divinité immatérielle et infinie. « Averti par ces livres de revenir en moi-même, guidé par toi, mon Dieu, je rentrai dans la chambre intérieure de mon âme, je l'ai pu, car tu étais venu à mon secours. Je rentrai et je vis de l'œil de mon âme, au-dessus de mon esprit, l'immuable lumière...

---

(1) *Vita Porphyrii*, 23.

» Et je dis : Est-ce que la vérité n'est rien du tout puisqu'elle n'est pas étendue dans les espaces finis ou infinis ? Et tu a crié de loin : Bien au contraire, je suis celui qui suis. Et j'entendis comme on entend dans le cœur ; impossible d'en douter, j'aurais plutôt douté de mon existence que de cette vérité qui se révèle par les créatures... Et j'étais ravi, mon Dieu, de t'aimer véritablement et non plus un fantôme au lieu de toi. » (1)

Sa conception de l'âme et de Dieu se purifiait, il était également mis sur la voie où il trouverait la solution au problème du mal. Les créatures ne sont jamais mauvaises, elles sont tout simplement différentes, inégales et limitées. C'est précisément de cette variété et de ces différences que provient la beauté et l'harmonie de l'ensemble.

Les corps les plus infimes, la vipère et le vermisseau ont leur raison d'être, et contribuent à la splendeur du monde ; tout comme les astres qui brillent au firmament, la lune, le soleil et les étoiles, ils chantent la gloire du Créateur. Il n'y a qu'un mal véritable : le péché ; ce n'est pas une substance, mais la perversion de la volonté libre qui se détourne de Dieu (2).

Dans son ascension lente et pénible vers la lumière, Augustin rencontra un réel secours chez les disciples de Platon ; il leur restera tou-

----

(1) *Conf.*, VII, 16 et 20.
(2) *Ibid.*, VII, 17-24.

jours reconnaissant et sympathique. Cependant, ils risquaient de lui communiquer un peu de cet orgueil intellectuel qui les empêcha souvent de comprendre le christianisme et d'y adhérer. « Voilà que je voulais déjà passer pour sage ; au lieu de pleurer ma misère, je commençais à m'enfler de ma science. » (1)

Plotin était un philosophe et un mystique assez plein de lui-même ; conscient de sa supériorité, il ne se souciait guère d'éclairer ni de moraliser le peuple. Invité un jour à prendre part à une fête religieuse populaire, il répondit dédaigneusement : « C'est à vos dieux de venir à moi ; pour ma part, je ne vais pas à eux. » (2).

Cette attitude hautaine et dédaigneuse est le contraire de l'Evangile et de l'ascétisme qui en découle. « Les ascensions des grands contemplateurs orthodoxes les font plus tendres pour le petit, plus tendres pour le pauvre, plus intelligents de ses besoins. » (3)

Racontant la halte qu'il fit auprès des néoplatoniciens, l'infatigable chercheur nous dit qu'il ressemblait alors au voyageur égaré entrevoyant de loin sa patrie, sans voir encore la route qui pourra l'y amener. « C'est autre chose, écrit-il, de contempler du haut d'un pic sauvage la patrie de la paix, ignorant le chemin pour y parvenir, et autre chose de connaître cette route

______

(1) *Conf.*, **VII**, 26.
(2) *Vita Porphyrii*, 10.
(3) *Rusbrock l'admirable* (œuvres choisies) traduit par Ernest Hello. *Introd.*, p. XII.

que l'empereur céleste a aplanie lui-même afin de nous y conduire en toute sécurité. » (1)

Ce chemin unique, c'est le Verbe, mais le Verbe incarné, dont ne parlent pas les livres platoniciens. C'est le Christ doux et humble de cœur qui appelle à lui, pour les guérir, tous ceux qui ont conscience des ténèbres de leur esprit et de leurs misères morales.

Augustin avait appris tout enfant le nom de ce médiateur parfait, placé entre Dieu et les hommes ; il en conservait depuis la saveur sur les lèvres et dans le cœur ; et cependant il hésitait à se livrer à lui. « Je ressemblais, dit-il, à ces malades qui refusent de se confier à un bon médecin, parce qu'ils en ont rencontré de mauvais. Pour guérir, j'avais besoin de croire, et, par crainte d'être trompé, je résistais, ô mon Dieu, aux médicaments de la foi que tes mains ont préparés et répandus sur les misères du genre humain. » (2)

Eclairé par les prédications d'Ambroise, affranchi de ses préventions manichéennes, averti de ne point s'arrêter à la lettre qui tue, mais de pénétrer jusqu'à l'esprit qui vivifie, il s'empressa d'ouvrir le livre des Ecritures. « Je saisis donc avidement les vénérables écrits de ton Esprit, mon Dieu, et avant tout l'apôtre Paul. Et je voyais s'évanouir ces difficultés où il me semblait autrefois qu'il se contredisait lui-même, qu'il

---

(1) *Conf.*, VII, 27 et cf. *De Trinitate*, IV, 15-20.
(2) *Conf.*, VI, 5-8.

n'était pas d'accord avec la Loi et les Prophètes. Et je vis que ces écrits n'avaient qu'un visage, et je commençais à exulter avec appréhension. » (1).

Cette âme prédestinée, longtemps captive et enténébrée commençait à chanter l'hymne de la délivrance. Après de nombreuses erreurs et de pénibles tàtonnements, elle voyait luire enfin l'aube de la vérité. Elle exultait déjà, mais sa joie n'était pas complète. Après avoir dépassé les impies qui ne savent pas remonter à Dieu au moyen des créatures, allait-elle misérablement se ranger au nombre de ceux qui refusent la lumière parce que leurs œuvres sont mauvaises ? « J'avais rencontré la perle précieuse ; restait à vendre mes biens pour l'acquérir, et j'hésitais. » (2).

------

(1) *Conf.*, VII, 25-27.
(2) *Ibid.*, VIII, 3.

CHAPITRE VII

La Guérison du Cœur

La contagion de l'exemple. — Les deux volontés.
Le triomphe de la grâce.

Comme beaucoup d' « intellectuels » et d'idéa-
listes, Augustin éprouvait parfois des retours
subits vers ces réalités sensibles dont il avait un
sentiment très vif. Tandis qu'il s'excitait à poursuivre la vérité et la Sagesse, au prix de tous les
labeurs et de tous les sacrifices, il entendait une
voix secrète murmurer au fond de son âme :
« Ne te hâte pas trop : le monde présent a bien
ses charmes et ses douceurs. Il ne faut pas s'en
détacher à la légère, car il serait honteux d'y
revenir. Il m'est désormais facile d'obtenir une
situation honorable. Que me faudra-t-il de plus ?
Grâce au nombre de mes amis puissants, je puis,
sans viser trop haut, compter sur une place de
gouverneur. Je prendrai une femme qui ait

quelque argent, pour ne pas augmenter mes
charges, et je bornerai là mes désirs ( ) »

Un projet moins vulgaire fut caressé pendant
quelque temps et faillit même se réaliser. D'accord avec une dizaine d'amis qui s'étaient groupés autour de lui, il rêva de fonder une sorte de
communauté philosophique. Ils mettraient leurs
biens en commun, en renonçant à tout droit de
propriété personnelle. Chacun recevrait suivant
ses besoins et s'abandonnerait totalement aux
prévenances de l'amitié.

Deux membres choisis à tour de rôle pour un
an seraient comme les magistrats de la communauté et prendraient soin de son administration.
Tous les autres, débarrassés des soucis matériels,
s'adonneraient tout entiers à la philosophie.

Romanien qui venait d'arriver à Milan pour
ses affaires s'enflamma pour ce beau plan, et
comme il était de beaucoup le plus riche, sa
voix étant fort écoutée. Il était ravi de devenir
le mécène de cette petite société de sages. Son
nom figurerait avec honneur sur des ouvrages
d'abord en commun et qui passeraient à la pos-
térité.

Par malheur, on avait négligé un petit détail
qui a tout fait perdre. La plupart des amis étaient
mariés et les autres comptaient bien en faire
autant. Ils ne furent pas assez riches pour discuter
si les femmes permettraient ce régime. Devant
cette difficulté, le projet échappa des mains, il

— Conf. VI, 14.

tomba misérablement à terre, comme un vase brisé dont on jette les morceaux (1).

Le mariage préoccupait grandement Augustin lui-même. Il s'en faisait l'ardent apôtre auprès de son cher Alype. C'était là, affirmait-il, un fruit savoureux dont il est impossible de se passer après y avoir sérieusement goûté. Cet état, du reste, n'a pas empêché quantité de personnages illustres de cultiver la sagesse, de servir Dieu et d'aimer leurs amis. Saint Paul, au surplus, ne le défendait pas.

Ebranlé par cette éloquence, Alype allait mettre les pieds dans « ces doux pièges » placés sur son chemin. Lui aussi prit le parti de se marier, non par goût, mais par curiosité, et comme pour faire des expériences. Il lui tardait de connaître cette chose, sans laquelle la vie semblait un supplice à celui qu'il estimait et qu'il aimait (2).

Monique, elle-même, songeait sérieusement à marier son fils, afin de hâter par là sa conversion. Comme d'habitude, elle consulta Dieu, mais cette fois, elle ne reçut point une réponse claire et consolante. Il y avait, dans sa prière, trop d'ambition maternelle, trop de calculs humains.

Malgré ses grandes vertus, elle ne pouvait pas se résigner à prendre pour sa bru la mère d'Adéodat, qui n'était peut-être qu'une simple affranchie. Les amis, eux aussi, jaloux de la gloire de leur maître bien-aimé, répugnaient fort

----

(1) *Conf.*, VI, 24.
(2) *Ibid.*, 21-22.

à cette mésalliance. Augustin eut la faiblesse de céder.

Il nous a dit lui-même, en une phrase brûlante, avec quel déchirement il se sépara de celle qu'il avait choisie, dont il avait un fils, et à laquelle il était resté fidèle pendant dix ans. « Comme elle était un empêchement à mon mariage, on l'arracha de mon flanc, celle dont j'avais l'habitude de partager la vie, et mon cœur, déchiré et blessé là où il était uni au sien, saignait. »

Pouvait-elle, de son côté, sans un cruel brisement de l'âme, dire adieu à ces deux êtres qui avaient toute son affection et qui faisaient toute sa vie ? Ce fut, néanmoins, semble-t-il, sans révolte et sans récriminations. Elle se retirait en Afrique, promettant à Dieu de ne point connaître un autre homme. En entrant au couvent, en se vouant à l'idéal chrétien, elle ne faisait que devancer celui qui luttait encore, mais dont elle connaissait les aspirations secrètes et les désirs profonds. Il obtenait, entre temps, grâce aux soins actifs de sa mère, une fiancée très riche sans doute et de bonne famille, qui lui plaisait beaucoup. Malheureusement, elle était trop jeune ; il n'eut pas le courage de l'attendre. « Je recherchai, non certes une épouse, mais une autre femme qui entretiendrait, qui prolongerait, qui augmenterait la maladie de mon âme. » (1)

____

(1) *Conf.*, VI, 23 et 25.

Avec sa nature ardente, Augustin ne pouvait pas se contenter de convictions chancelantes et de vertus médiocres, il devait monter très haut dans la Cité de Dieu, ou bien descendre très bas dans la Cité du Monde. En un moment critique de découragement, il faillit se ranger parmi ce petit troupeau, reluisant et dodu, qu'Horace dépeignait si joliment à son ami Tibulle (1). « Discutant avec mes amis, Alype et Nébride, sur les biens et les maux, j'aurais donné, dans mon cœur, la palme à Epicure, si je n'avais pas été retenu par la croyance à l'immortalité de l'âme et aux sanctions de l'au-delà. » (2)

A ce moment où tout semblait perdu, la lutte allait reprendre, intense et tragique, non pour une simple conversion, mais pour la perfection de la vie chrétienne. Les idées avaient éclairé l'intelligence, il fallait maintenant des faits pour entraîner la volonté.

Exaspéré de voir les âmes pénétrer de toutes parts dans l'Eglise catholique, tandis que lui-même restait misérablement à la porte, il résolut d'aller trouver un prêtre de Milan, dont il avait entendu dire le plus grand bien. Il s'appelait Simplicien.

Simplicien n'avait rien d'un génie, c'était un homme de bon conseil, humble et condescendant. Nourri depuis son enfance dans la religion

------

(1) « *Me pinguem et nitidum bene curata cute vises,*
Cum ridere voles Epicuri de grege porcum. »
Ep., I, 4.

(2) *Conf.*, VI, 26.

catholique, il pouvait en parler d'expérience, et il le faisait avec beaucoup de tact. Ambroise lui-même ne dédaignait pas de recourir à ses directions, il l'appelait même son père dans la foi.

Le bon vieillard comprit du premier coup les dispositions et les besoins de son visiteur. Celui-ci, heureux de trouver un homme capable de l'écouter avec patience et sympathie, raconta ses errements chez les manichéens, les secours intellectuels qu'il puisa dans les livres néo-platoniciens lus dans la traduction de Victorin.

Ce dernier nom fut pour Simplicien un trait de lumière. Il avait connu intimement cet homme, il travailla même à le convertir. Pour une âme déjà convaincue de la vérité du catholicisme, mais hésitant à faire le dernier pas, la meilleure apologie n'était-ce pas le simple récit de cette conversion ?

Originaire d'Afrique, Victorin professa l'éloquence à Rome avec tant d'éclat qu'il mérita d'avoir sa statue en plein Forum. Lui aussi avait tardé longtemps à professer publiquement une religion qu'il partageait au fond du cœur ; il n'allait pas aux réunions du culte ; quand on lui en faisait le reproche, il répondait avec humeur : « Ce sont donc les murailles qui font les chrétiens ? »

Craignant toutefois de voir le Christ le renier devant son Père, pour ne l'avoir pas confessé devant les hommes, il se ravisa et dit brusquement un jour à son ami : « Allons à l'église ; je veux devenir chrétien. » Et, devant les fidèles étonnés et ravis, au grand désespoir des païens, il prononça le *Credo* de cette voix puissante que les Romains avaient tant de fois applaudie.

Ce petit mot : « Allons à l'église », accentué à dessein, répété peut-être par Simplicien, auquel il avait été adressé, remuait Augustin jusqu'au fond de l'âme. « Je brûlais, dit-il, du désir de l'imiter. » Cette admiration fut encore augmentée par la fin du récit. Quand Julien l'Apostat interdit aux chrétiens de professer les lettres, Victorin ferma son école plutôt que de renoncer au Christ.

Ce n'était point l'ambition ou la cupidité qui empêchait Augustin de se convertir, mais bien cette chaîne qu'il s'était forgée lui-même, en suivant les désirs de la chair, et dans laquelle il gémissait si douloureusement. « Ma volonté perverse avait engendré le désir sensuel, en obéissant à ce désir, j'en ai fait une habitude ; l'habitude non combattue est devenue une nécessité. Voilà comme autant d'anneaux qui, s'entrelaçant, ont constitué ce que j'appelle la chaîne de mon dur esclavage. » (1).

Personne peut-être n'a plus senti dans son âme cette lutte entre la chair et l'esprit dont parle saint Paul, et personne aussi ne l'a mieux décrite. « J'étais doucement appesanti par le fardeau du siècle, comme on l'est par le sommeil. Les pensées qui m'élevaient vers toi, mon Dieu, ressemblaient aux efforts d'un homme qui veut se lever, mais que la torpeur domine et qui

______

(1) *Conf.*, VIII, 4, 5 et 10.

s'endort à nouveau... J'étais parfaitement convaincu par la vérité, je ne pouvais répondre sinon ces paroles lentes et somnolentes : tout de suite, voilà, tout de suite ; attends un peu ! » (1)

L'exemple de Victorin se convertissant au Christ l'avait ébranlé ; d'autres exemples, plus admirables encore et plus contagieux pour une telle âme, allaient le bouleverser complètement, hâter le dénoûment du drame qui se jouait dans son cœur.

Un jour qu'il était seul à la maison avec son ami Alype, il reçut la visite d'un compatriote, nommé Ponticien. C'était l'un des hauts dignitaires de la cour, chrétien fervent, très assidu à l'église. Tandis que l'on causait familièrement, le visiteur prit machinalement le livre qui se trouvait sur la table de jeu ; puis, étonné et ravi, il regarda Augustin en souriant : le livre n'était autre que les *Epîtres* de saint Paul.

Encouragé par ce fait, Ponticien se mit à parler d'Antoine, le célèbre moine égyptien, dont la réputation commençait à se répandre dans toute l'Eglise. Du reste, pour sentir les parfums de la vie monastique, il n'était pas nécessaire d'aller en Egypte, il y avait un monastère d'hommes tout près de Milan, sous la direction paternelle d'Ambroise.

Les deux amis écoutaient en silence, admirant ces merveilles dont ils ne connaissaient rien. L'intérêt devint encore plus pathétique lorsque

------

(1) *Conf.*, VIII, 12.

les deux amis l'entendirent raconter un fait dont il avait été lui-même témoin. La chose s'était passée à Trèves, cette Rome d'au delà des Alpes, célèbre par son cirque.

Une après-midi, pendant que l'Empereur assistait aux jeux, il était allé avec trois officiers, se promener dans les jardins avoisinant la ville. Deux d'entre eux pénétrèrent par hasard dans une cabane de moines et y trouvèrent *La Vie* de saint Antoine. L'un d'eux ne pouvait plus détacher les yeux de ce livre.

Le spectacle de cette existence tranquille et pure, toute illuminée et embaumée par l'amitié divine, le dégoûta profondément de la vie de cour, en apparence si brillante, et en réalité remplie de servitude et d'anxiété. Quand les flots tumultueux de son cœur furent un peu calmés, il regarda son compagnon et lui dit : « J'ai rompu avec tout ce qui faisait notre espérance ; j'ai résolu de servir Dieu ; je commence dès maintenant, en cet endroit même. Si tu ne veux pas suivre mon exemple, du moins ne t'y oppose pas. »

Les deux amis se faisaient moines, après avoir pris congé de leurs compagnons qui rentrèrent au palais, les yeux en larmes. En apprenant la nouvelle, leurs fiancées résolurent de les imiter et consacrèrent à Dieu leur virginité.

Plus convaincants que toutes les prédications et toutes les apologies, ces faits, ainsi que des flèches ardentes, transperçaient le cœur d'Augustin. Dieu s'en servait, comme il s'était servi des sermons d'Ambroise et des livres platoniciens pour ramener à lui son fils prodigue. « Je m'étais placé derrière mon dos pour ne pas m'apercevoir ; et voici, Seigneur, que tu me plaçais devant ma face, pour que je puisse voir combien j'étais laid, combien contrefait, souillé, maculé, ulcéreux. Et je voyais, et je m'étais en horreur, et impossible de me fuir. »

Ces deux hommes renonçant du premier coup et sur place à toutes leurs ambitions, à leurs fiancées, pour se livrer totalement au Christ, se posaient obstinément devant lui, reproche cinglant pour ses lâches hésitations. Il les aimait et, plus il les aimait, plus il se sentait **exécrable** par comparaison.

Douze ans s'étaient passés depuis sa lecture de l'*Hortensius* et la demi-prière qu'il avait faite pour demander la chasteté. Est-ce que ces **deux** officiers avaient exigé, pour se convertir, de si longs délais et tant de discussions ?

Lorsque Ponticien rentra au palais, heureux de son apostolat, il ne se rendait sans doute pas compte de la tempête qu'il venait de soulever dans l'âme de son ami. L'esprit avait trouvé la lumière, la raison n'opposait plus de difficultés ; la résistance venait d'une autre portion de l'être, de la sensibilité insoumise. « Elle résistait, elle regimbait, mais ne s'excusait pas ; il ne restait plus qu'une trépidation muette ; elle redoutait comme la mort de s'opposer au flot de cette coutume honteusement mortelle. »

Après avoir longtemps erré, loin de Dieu et de lui-même, il venait décidément de rentrer dans « sa maison intérieure, dans la chambre de son âme, dans son cœur », et là, il livrait la plus grande des batailles, celle où on lutte contre soi-même. « Portant le trouble dans mon esprit, sur mon visage, je me précipitai sur Alype, en criant : Que souffrons-nous ? Qu'est ceci ? Qu'avons-nous entendu ? Les ignorants se lèvent et ravissent le ciel ; et nous, avec nos doctrines sans cœur, voilà où nous nous vautrons, dans la chair et le sang ! » (1)

Rendu humble par le sentiment de sa faiblesse et de son impuissance, Augustin priait avec plus d'instance ; on le voyait plus souvent à l'église. Le Père céleste allait achever par sa grâce le travail qu'il avait commencé par de nombreux intermédiaires humains ; il allait enfin attirer complètement à lui « le fils des larmes ».

Il serait attiré, mais non violenté, et voilà pourquoi elle continuait, cette lutte intérieure qu'il a décrite avec une saisissante vivacité : « J'étais malade et je me tourmentais, m'accusant moi-même très amèrement ; je me tournais et me retournais dans mon lien, attendant qu'il fût rompu totalement ; il ne me tenait plus que par un fil, mais il me retenait tout de même. Et tu me pressais, Seigneur, au plus intime de moi-même, dans ta sévère miséricorde ; tu me flagellais par le fouet double de la honte et de la crainte, de peur de me voir lâcher tout, de ne pas rompre ce lien si ténu qui me retenait, qui se consoliderait de nouveau, et m'enchaînerait plus fortement. »

____

(1) *Conf.*, VIII, 14-20.

C'était toujours le dormeur alangui par le sommeil qui se répétait à lui-même des paroles paresseuses : « Allons, *c'est le moment, voilà l'heure !* » Il approchait de plus en plus de la résolution finale, il ne restait plus qu'un pas à faire, mais combien coûteux ! « Ce point du temps où j'allais devenir autre, plus il approchait, plus il me faisait peur ; il ne reculait pas, il n'avançait pas, il restait suspendu. »

Pour cette âme à l'imagination vive et à la sensibilité frémissante, les tentations de la chair revêtaient une forme presque tangible. « Elles me retenaient, ces bagatelles de bagatelles, ces vanités de vanités, mes anciennes amies. Elles secouaient mon vêtement de chair, et murmuraient à mon oreille : « Tu nous quittes ? à par-
» tir de ce moment, nous ne serons plus jamais
» avec toi ; dès maintenant, ceci et cela te sera
» interdit pour toujours... Crois-tu que tu pour-
» ras t'en passer ? »

Cependant, ces voix de la tentation allaient s'affaiblissant ; elles ne résistaient plus ouvertement et en face ; elles ne venaient plus barrer la route. Chuchotant par derrière pour attirer l'attention et obtenir un regard, elles retardaient néanmoins la marche du Prodigue vers la maison paternelle.

De ce côté où il avait tourné son visage, où il tremblait de s'avancer, il vit venir à lui la chasteté chrétienne, belle et attrayante, les mains pleines de promesses et de bénédictions. « La chasteté m'apparaissait sereine et modestement souriante, honnêtement caressante, elle m'invitait à venir sans hésiter, elle étendait, pour m'accueillir et m'embrasser, des mains pieuses, pleines de gerbes de bons exemples. Tant d'enfants et de jeunes filles ; une jeunesse nombreuse et tous les âges, des veuves graves, des vierges vénérables ; et en tous, cette continence apparaissait point du tout stérile, mais mère féconde des nombreux enfants de bonheur que tu lui donnes, Seigneur.

» Elle me raillait avec une ironie engageante et semblait me dire : Tu ne pourras pas ce que ceux-ci et celles-là ont pu ! Ceux-ci et celles-là, le peuvent-ils par eux-mêmes, ou n'est-ce pas grâce au Seigneur, leur Dieu, qui m'a donnée à eux ? Pourquoi te confiner en toi-même, chancelant ? Jette-toi en lui ; ne crains rien, il ne se retirera pas pour te laisser tomber ; jette-toi en lui en toute sécurité, il t'accueillera, et te guérira. » (1)

Les deux amours qui ont créé deux cités, celle d'en haut et celle d'en bas, se disputaient l'âme d'Augustin. L'orage soulevé dans son cœur par les paroles de Ponticien ne faisait qu'augmenter. Sentant sa poitrine oppressée et ses paupières humides, il sortit dans le jardin et s'assit sur un banc. Son cher Alype, le « frère de son cœur », était à ses côtés, anxieux et muet.

Cette présence elle-même finit par le gêner, et il s'éloigna brusquement. Etendu sous un figuier, il laissa libre cours à ses larmes et proférait douloureusement ces paroles entrecoupées : « Jus-

______

(1) *Conf.*, VIII, 25-28.

ques à quand, jusques à quand ces délais : demain, demain ! pourquoi pas tout de suite ? pourquoi pas dès maintenant en finir avec ma bassesse ? »

Au milieu de son trouble, il entendit soudain comme une voix d'enfant ou de jeune fille, qui disait en chantant : « *Tolle lege, tolle lege* ; prends et lis, prends et lis. » Que pouvait être cette voix ? Etait-ce un refrain en usage dans quelque jeu ? C'était peut-être une voix céleste qui l'avertissait d'ouvrir les *Epîtres* de saint Paul.

Cette pensée lui rappelait la conversion de saint Antoine, dont il venait d'entendre le récit. Antoine entendit lire un jour le texte suivant de l'Evangile : « Va, vends tes biens, donne le prix aux pauvres et tu auras un trésor dans le ciel ; alors viens et suis-moi. » Averti intérieurement de s'appliquer ces paroles, il abandonna tout et devint moine.

Ce souvenir aidant, Augustin fut convaincu que la voix mystérieuse venait du ciel, qu'elle s'adressait à lui. Il courut prendre le livre qui était resté sur le banc à côté d'Alype. Il l'ouvrit au hasard et lut ces mots de l'*Epître aux Romains :* « Revêtez-vous de Notre Seigneur Jésus-Christ, ne suivez pas la convoitise de la chair. » (1)

Ce fut l'appel définitif de Dieu, la grâce de la conversion totale. « Je ne voulus pas lire plus loin, c'était inutile. En finissant cette phrase, je

---

(1) XIII, 13-14.

sentis se répandre dans mon cœur comme une lumière sereine qui dissipa toutes les ténèbres de mon hésitation. »

Après avoir marqué le passage, il ferma le livre ; puis, d'un air calme et joyeux, il fit confidence à Alype du changement opéré dans son âme. Celui-ci avait eu sa crise également et s'était décidé dans le même sens. Il demanda à voir le texte révélateur et prit pour lui-même les paroles qui suivent : « Reçois celui qui est faible dans la foi. » Convertis le même jour et au même endroit, les deux amis allaient s'affermir mutuellement dans leur foi reconquise ; ils la prêcheront tous deux avec amour, ils la défendront jusqu'à la mort.

Leur premier soin fut d'annoncer à Monique l'heureuse nouvelle, de lui présenter le fruit de ses prières et de ses larmes. « Nous courons trouver ma mère, nous lui apprenons la chose, elle se réjouit. Nous lui racontons comment tout s'est passé, elle exulte et triomphe. Elle te bénissait, mon Dieu, toi qui peux nous accorder plus que nous ne pouvons demander et comprendre. Tu lui avais donné beaucoup plus qu'elle n'avait coutume de t'implorer à mon sujet par ses pleurs et ses gémissements. Tu m'avais converti à toi. Je me tenais debout sur cette règle de bois où, tant d'années auparavant, elle m'avait vu par ta révélation. » (1)

Apprenant un jour que cet enfant chéri qu'il

______

(1) *Conf.*, VIII, 28-29.

avait tant pleuré, vivait toujours, Jacob s'écria :
« C'est assez pour moi, si mon fils Joseph est
encore en vie ; que je m'en aille et que je le voie
avant de mourir. » (1) Monique, **elle aussi**, était
au comble de ses désirs ; sa tristesse s'était changée en joie, en une joie inespérée et surabon-
dante.   Avant de mourir, elle voyait revivre
l'âme de son fils, elle le verrait à côté d'elle,
s'élevant purifié et radieux dans la Cité de Dieu.
L'Eglise elle-même comptera ce jour parmi les
joies et les triomphes de son calendrier ; elle ne
célèbre que deux conversions, celle de saint Paul
et celle de saint Augustin.

(1) *Genèse*, XLV, 27-28.

TROISIÈME PARTIE

Le Recueillement de l'Ame

« Deus semper idem, noverim me, noverim te. »
« O Dieu toujours le même, que je me con-
naisse, que je te connaisse. »
SOLILOQUES, II, 1.

CHAPITRE VIII

Un Cénacle de l'Amitié

*Cassiciacum. — L'intimité du maître et des élèves.
— La présence de Monique. — La pensée
des absents. — Les « soliloques ».*

Lorsque le pélerin de Dante a commencé de
gravir le mont de la Purification, il goûte déjà
la paix, le « doux fruit » de la liberté. Son ascension lui paraît plus légère que sa marche d'autrefois sur un chemin uni. Surpris et charmé, il

s'adresse à l'ange qui le conduit : « Dis-moi, maître, quel est donc ce poids dont j'ai été soulagé, puisque je marche sans ressentir presque aucune fatigue ? » (1)

Tels étaient les sentiments d'Augustin au lendemain de sa conversion. Les liens qui l'avaient emprisonné si longtemps, s'étaient rompus en un clin d'œil. Entièrement conquis par le Christ Jésus, il sentait combien son joug est doux et son fardeau léger.

Les bagatelles qui le sollicitaient jadis et qu'il craignait de perdre, il les repoussait maintenant avec joie ; c'est que l'amour divin suave au-dessus de toutes suavités, les avait remplacées dans son cœur. « Voilà que mon âme était affranchie des soucis rongeurs de l'ambition et de la cupidité, de l'aiguillon des désirs fangeux ; et j'exultais comme un enfant devant toi, ma Lumière et ma Richesse et mon Salut, mon Seigneur et mon Dieu. » (2)

Dans ses longs errements à travers les créatures, son âme s'était dissipée, dispersée et, suivant son énergique expression, comme réduite en morceaux (3). Il avait besoin de se recueillir. Dieu, après l'avoir converti, allait le conduire dans la solitude et lui parler au cœur.

------

(1) Ond'io : Maestro, di, qual cosa greve
    Levata s'è da me, che nulla quasi
    Per me fatica andando si receve ? ».
                    Purgatoire, XII, 118, sq.
(2) *Conf.*, IX, 1.
(3) « *Colligens me a dispersione, in qua frustatim discissus sum* ». *Conf.*, II, 1.

La scène mémorable du jardin de Milan, que l'Eglise catholique célèbre presque à l'égal du bouleversement de Paul sur la route de Damas, eut lieu vers la fin de juillet 386.

Beaucoup de catholiques milanais auraient désiré voir Augustin quitter brusquement sa chaire de professeur d'éloquence, et faire en public une bruyante profession de sa foi chrétienne. Personnellement, il ne fut pas de cet avis, il n'aimait pas l'ostentation et les éclats.

Les vacances étaient proches, et il trouverait dans le mauvais état de sa santé une excuse toute naturelle pour donner sa démission. Ses poumons semblaient gravement atteints et ne lui permettaient plus un débit tant soit peu clair et prolongé. Il prévint les autorités de la ville de chercher pour leurs étudiants « un autre vendeur de paroles. » (1)

Augustin comptait parmi ses amis de Milan un riche professeur de grammaire nommé Verecundus. Sur le point de se convertir, ce professeur regrettait fort que son état d'homme marié ne lui permît pas de suivre l'idéal évangélique. Plein de générosité à l'égard de son ami, il mit à sa disposition la campagne de Cassiciacum, tant qu'il resterait dans le pays.

Cassiciacum était probablement situé à l'endroit où se trouve actuellement le village lombard de Casciago et d'où la vue s'étend jusqu'au Monte-Rosa. C'est là que le nouveau converti s'installait avec sa petite colonie africaine.

------

(1) *Conf.*, IX, 3-5 et 13.

Dans le groupe figurait son frère Navigius et deux de ses cousins, Rusticus et Lastidianus. Ces deux derniers ne prendront guère part aux discussions philosophiques, ils étaient peu instruits, n'ayant pas même étudié la grammaire.

Deux compatriotes, le jeune fils de Romanien, Licentius, et Trygetius seront souvent aux prises et failliront parfois gâter la tranquillité de l'ordre. Trygetius avait été soldat, et, en sa qualité de vétéran, il était passionné pour l'histoire. Esprit positif et un peu lent, il évoluait avec peine dans le monde des idées. Licentius, au contraire, était un adolescent à l'intelligence vive et subtile, poète même à ses heures.

Dans ce cercle d'amis, Alype avait une place à part. Augustin était loin de le considérer comme un simple élève. C'était le compagnon fidèle, l'intime, le « frère de son cœur ». Il aimait à le taquiner à cause de sa petite taille, mais au fond il avait pour lui une secrète admiration en raison de la bonté, de la pureté de son âme.

Nébride, ce jeune homme intelligent et chercheur, qui avait accompli tant de sacrifices pour suivre son cher maître, cet ami « très doux et très tendre » ne vivait pas habituellement à Cassiciacum. Il restait à Milan pour tenir compagnie au généreux Verecundus et l'aider dans ses cours.

Au milieu du groupe amical et studieux, plus près du cœur du maître, se trouvait Adéodat, le « fils du péché ». C'est avec une tendresse émue que le père nous le présente. « Par l'âge, il était le plus petit de tous, mais son esprit, si l'amour ne m'aveugle, promettait quelque chose de grand ». (1)

Monique était le centre de la bande joyeuse et fraternelle. Elle prodiguait à tous les soins délicats de ses mains et l'affection maternelle de son cœur.

Ces réunions studieuses, auxquelles nous allons assister, ne ressemblaient guère à celles qui ont lieu dans nos écoles, grandes ou petites. Ce qui les rappelle le mieux dans les temps modernes, ce sont peut-être les causeries aimables et élevées que présidait le sympathique Newman au milieu de ses amis et disciples d'Oxford (2).

Quand le temps était beau, l'on s'asseyait en rond à l'ombre d'un grand arbre. S'il était impossible de sortir, la réunion se faisait dans la salle de bain. Tous les jours, Augustin lisait et commentait un livre de Virgile, le doux poète qui avait charmé son enfance et auquel il reviendra encore avec amour dans sa vieillesse.

Parfois nous le voyons interrompre une leçon pour aller s'occuper de la ferme qu'il gérait au nom du propriétaire. Un jour tout le monde s'est levé plus tôt que d'habitude afin d'aider aux travaux des champs.

Le maître voulait avant tout inspirer à ses jeunes disciples ce qui remplissait son cœur, l'amour de la Sagesse. Voilà pourquoi il aimait à leur citer l'*Hortensius* de Cicéron ; ce traité qui l'avait

---

(1) *De Beat. Vit.*, 6.
(2) Newman, *Loss an gain*.

enthousiasmé à l'âge de dix-neuf ans, ne les laisserait pas indifférents eux-mêmes.

Il n'était pas seul à prendre la parole. Afin de ménager sa gorge et sa poitrine, et aussi pour intéresser les élèves, il donnait à ses cours l'allure de causeries familières, de simples entretiens. Ces dialogues élaborés en commun, toujours naturels, parfois très élevés, souvent entrecoupés de rires clairs, ne seront pas emportés par le vent. Fidèlement recueillis par un sténographe, retouchés et mis en ordre, ils iront réjouir les amis absents, accompagnés de chauds témoignages d'affection. Ils sont parvenus jusqu'à nous respirant encore la fraîcheur de la campagne qui les vit naître.

N'y cherchons pas de développements serrés, ni de doctrine suivie, encore moins les pensées intimes et profondes qui occupaient alors l'âme d'Augustin. Ils ont plus de valeur pour l'historien que pour le philosophe ; on y voit, prise sur le vif, une vie gaie et studieuse présidée par l'amitié sous le regard aimant de Monique.

C'était surtout une gymnastique intellectuelle, des exercices destinés à former l'esprit des jeunes gens, sans les ennuyer. Augustin laissait parfois la discussion s'égarer longtemps avant d'intervenir. Un jour il sent le besoin de mettre en garde contre le *Tuscum jurgium*, cette « querelle toscane » dont il trouve un exemple dans les *Eglogues* de Virgile. Damétas demande à Ménalque : « Dis-moi, en quel endroit de la terre l'espace du firmament n'a-t-il que trois coudées d'étendue ? » Et Ménalque de répondre par une question du même genre : « Dans quelle contrée naissent des fleurs sur lesquelles sont inscrites des noms de rois ? » (1)

Le 13 novembre, les disciples fêtaient l'anniversaire de leur maître. Le dîner avait été plus soigné que d'habitude et tout le monde était à la joie. On en prit occasion pour discuter sur le bonheur. Le dialogue fut poursuivi pendant trois jours et intitulé *La Vie Heureuse*.

Le bouillant Licentius trouva que l'entretien traînait un peu et manquait son but. Sans doute, observe-t-il, on est heureux quand on a tout ce qu'on désire, mais quelles choses peut-on désirer ? Augustin réprime aimablement cette question indiscrète. « Lorsque tu daigneras m'inviter à dîner, le jour de ton anniversaire, je me contenterai des mets qui seront servis. Fais de même aujourd'hui, s'il te plaît, et ne demande pas des choses qu'on n'a peut-être pas préparées. » L'adolescent rougit modestement et garda le silence (2).

Le bonheur consiste à connaître Dieu et à le posséder, mais comment y parvenir ? Et voilà que le plus petit de tous, Adéodat, élève la voix. Ses paroles ont été conservées ; elles ont la blanche fraîcheur des lis. « Celui-là, dit-il, possède Dieu, qui a le cœur pur. » Monique a tressailli de joie en entendant ces mots de son petit-fils (3).

Le dialogue intitulé l'*Ordre* doit son origine à un incident tout à fait banal. Augustin avait

---

(1) *C. Acad.*, III, 1, cf. *Virgile ; Eglog.* 3, v. 105-106.
(2) *De Beata. Vit.*, 10.
(3) *Ibid.*, 12 et 33.

coutume de passer en prière et en méditation une partie de la nuit, tantôt la première et tantôt la seconde. Or, un soir, tandis qu'il médite, son attention est attirée par le bruit irrégulier de l'eau qui coule dans un caniveau, derrière la salle de bain. Il en cherche la raison sans la découvrir.

Au même instant, Licentius frappe son lit avec un bâton pour chasser des souris qui l'importunent. Et le maître de l'interroger : « N'as-tu pas remarqué le bruit du caniveau ? » — « Oh ! répond l'élève, il y a longtemps que je l'observe. Désireux de savoir à mon réveil s'il fait beau temps, je prête l'oreille au bruit de ce courant d'eau, craignant qu'il n'ait été grossi par la pluie. » Trygétius lui-même a fait signe qu'il ne dort pas. Là-dessus l'entretien s'engage sur l'ordre intime des choses et la finalité qui règne dans le monde (1).

Le lendemain matin, tout le monde est mis au courant des observations de la nuit et le dialogue se poursuit dans la salle de bain. Tout à coup l'on se lève pour assister à un combat de coqs livré dans la cour. La page qui le décrit fait évoluer sous nos yeux les deux combattants. « Les têtes sont tendues en avant, le plumage gonflé, les coups sont vigoureux, la parade habile. Tout est harmonieux dans les mouvements de ces animaux sans raison que dirige une intelligence supérieure. Voici le vainqueur : la voix triomphale, il réunit ses membres comme en un empire et

____

(1) *De Ordine*, I, 6.

en signe d'orgueilleuse domination. Voyez le vaincu : les plumes détachées de son cou pendent ; tout est honteux dans sa voix et dans son attitude, et tout cela, par sa conformité aux lois de la nature, a je ne sais quoi d'harmonieux et de beau. » (1)

Augustin avait pour Licentius une prédilection marquée et des attentions spéciales. Les générosités du père n'y étaient sans doute pas pour rien, mais les qualités du jeune homme y avaient aussi leur part : bien doué, gai et impulsif, c'était un peu Augustin lui-même dans sa prime jeunesse.

Les philosophes lui paraissaient trop graves et trop austères, il se plaisait mieux dans la compagnie des poètes. Semblable aux papillons qui voltigent de fleur en fleur en les frôlant à peine, aux agneaux qui gambadent sur l'herbe au lieu de la brouter, il était souvent distrait pendant les discussions. Il prêtait l'oreille aux oiseaux qui chantaient sur les branches, ou bien il écoutait les Muses, ces autres oiseaux qui chantaient dans son âme de jeune poète.

Plein d'indulgence et de finesse, le maître savait le rappeler de ses distractions. « Donnons la parole à Licentius. Préoccupé par je ne sais quoi, il est fort loin de notre conversation. Il lira, je crois, nos écrits, avec autant de plaisir que les absents. Allons, Licentius, reviens à nous et sois tout entier au sujet. C'est à toi que je m'adresse. »

____

(1) *De Ord.*, I. 25.

On traitait ce jour-là une question bien obscure :
l'origne de l'âme (1).

Le jeune élève aimait beaucoup poser des questions, faire soudainement des réflexions inatten-
dues, parfois légèrement impertinentes. Ce qui
lui coûtait, c'était de réfléchir, de préciser ses
notions et de les exprimer en quelques mots. « Je
déteste, dit-il un jour, d'avoir à définir. » (2)

Augustin profitait de cette répugnance pour le
taquiner aimablement. C'est vers lui qu'il se
tourne au moment solennel où il s'agit de définir
l'ordre. « Je le voyais, au silence, sur le visage,
dans les yeux, dans l'immobilité des membres :
tous étaient émus par la grandeur du sujet, tous
brûlaient d'entendre. Allons, dis-je, Licentius,
recueille toutes tes forces, aiguise la pointe de
ton esprit et donne-nous une définition de l'ordre.
— A ces mots, se voyant mis en demeure de
définir, il frissonna comme s'il avait reçu une
douche d'eau froide. Il me regarda d'un air
troublé, et comme il arrive en pareil cas, dans
son émotion il y eut un sourire. » (3)

Au cours d'une discussion sur l'immobilité de
l'esprit malgré les déplacements du corps, Licentius a formulé une objection. Augustin le regarde
en souriant et dit : « Voilà que tu nous obliges
à définir le mouvement ; fais-le si tu en es capable. » Et l'élève de répliquer avec humeur : « Je
vous laisse volontiers ce privilège, car ma ques-

____

(1) *De Ord.*, II, 17.
(2) *Ibid.*, II, 4.
(3) *Ibid.*, I, 28.

tion reste. Et pour qu'on ne me demande plus si j'ai envie de définir, je préviendrai quand je serai en état de le faire. »

Au même instant, un serviteur arrive et fait signe que le dîner est prêt. Toujours à l'affût de leçons de choses, le maître ne manque pas de profiter de ce menu fait. « Ce serviteur, dit-il, ne nous force pas à définir le mouvement, mais, par ses yeux, il nous invite à montrer ce que c'est. Marchons donc, passons de cet endroit dans un autre ; se mouvoir, si je ne me trompe, n'est pas autre chose. Là-dessus tout le monde de rire et nous voilà partis. » (1)

Le repas était frugal et court, « la fin, nous dit-on, était près du commencement ». Licentius trouvait tout de même le moyen de sortir au beau milieu, tourmenté par une poésie qu'il avait en tête. Augustin le rencontre au sortir de table et le sermonne un peu sur sa passion désordonnée pour la versification. Celui-ci rougit un peu et courut se désaltérer, car il avait soif. « Et puis, ajoute le maître, il était heureux de m'esquiver ; j'avais peut-être à lui dire autre chose et des choses plus dures. » (2)

Ces choses plus dures, il arriva à Licentius de les provoquer un jour. Discutant sur l'ordre, lui et son émule Trygétius, ils aboutirent à une question trop grande et trop délicate pour eux, la question de la divinité du Christ. Trygétius eut l'imprudence de prononcer cette phrase : « Le

____

(1) *De Ord.*, II, 18.
(2) *C. Acad.*, III, 7.

Christ est Dieu, cependant c'est au Père que ce nom appartient en propre. » Convaincu d'erreur et honteux de son affirmation, il voulut la retirer et la faire disparaître. Mais Licentius triomphait et entendait conserver le bulletin de sa victoire.

Augustin qui se réjouissait déjà de voir ses deux disciples s'élever jusqu'à la divinité, fut attristé profondément par cette rivalité et ces jalousies mesquines. Cette vérité religieuse qu'il avait cherchée lui-même avec tant d'anxiété et de larmes, d'où dépend l'orientation de la vie et le salut de l'âme, peut-elle devenir une simple pâture pour la vanité et l'orgueil ? « De grâce, n'augmentez pas mes misères. J'ai bien assez de mes blessures, de ces blessures que je supplie Dieu de guérir par des larmes presque quotidiennes, tout en me reconnaissant indigne d'une guérison si rapide. »

Emus par ces paroles de leur maître bien-aimé, les deux jeunes gens s'empressèrent de demander pardon, acceptant comme punition pour leur querelle, de la voir enregistrer par le sténographe, et passer dans la rédaction définitive (1).

Comme les dialogues de Platon et de Cicéron, ceux de Cassiciacum adressent parfois un petit compliment à celui qui les préside. Un jour qu'Augustin a été particulièrement éloquent, Alype s'écrie au nom de tous : « Tu viens de placer devant nos yeux une grande image de la vie, avec autant de plénitude que de brièveté.

____

(1) *De Ord.*, I, 29-30.

Tous les jours nous buvions tes enseignements, mais aujourd'hui, nous avons été plus avides et plus ravis que jamais. »

Un peu confus de pareils éloges, le maître fait remarquer à son ami que s'il a développé ces grands principes, ce n'est pas pour lui qui les connaît parfaitement, mais à cause des adolescents qui sont là. Et puis, il s'empresse de retourner le compliment : « Ces règles de vie qui te charment toujours, Alype, tu les suis facilement. Tu y entres de tout l'élan de ton admirable nature. Je t'enseigne la théorie et tu m'apprends la pratique. » (1)

Monique assistait souvent aux causeries philosophiques de son fils et de ses amis, mêlant sa note pieuse et grave aux tons parfois subtils et ergoteurs des jeunes gens.

La voici apparaître au milieu d'un entretien sur l'ordre. Au courant du sujet traité, elle demande où en est la discussion. Le sténographe note son arrivée et sa question. « Que faites-vous là, dit-elle, avez-vous jamais lu dans vos livres que des femmes aient pris part à ce genre de conversation ? »

Augustin répond d'abord qu'il se soucie peu de ce que diront les hommes. On a vu du reste, chez les anciens, des femmes philosopher, et personne n'en est plus capable que sa mère. N'aime-t-elle pas la Sagesse plus que lui-même, et pourtant il connaît son affection pour lui. N'est-elle pas arri-

____

(1) *De Ord.*, II, 28.

vée à cet idéal rêvé par les sages, à ne plus craindre aucun incident fâcheux, pas même la mort. Et Monique d'interrompre ces éloges en disant avec amour et modestie : « Mon fils, tu n'as jamais si bien menti. » (1)

Entendant les jeunes philosophes parler des sceptiques de l'Académie, elle s'écrie : « Que sont-ils donc, ces académiciens et qu'est-ce qu'ils veulent ? »

Elle ne tarde pas à être renseignée sur leur compte et à les juger. « Oui, dit-elle, se levant pour partir, ces gens-là sont épileptiques. » Là-dessus on lève la séance, au milieu d'un éclat de rire. (2)

Une autre fois, comme on soulevait des questions un peu difficiles, Augustin s'empressa de rassurer sa mère. Qu'elle n'ait pas peur de pénétrer dans la forêt des idées. La culture philosophique lui manque, mais les « yeux de la foi » y suppléeront et aussi la pureté de son âme. « Grâce à votre esprit que je découvre tous les jours, grâce à votre âme étrangère aux bagatelles, dégagée de la matière et s'élevant toujours davantage, ces choses vous seront faciles, tout comme elles sont difficiles pour des esprits très lents et pour ceux qui mènent une vie très misérable. »

Qu'elle ne se préoccupe pas non plus de la qualité de son latin. La perfection du langage est chose toute relative. Lui-même a beaucoup de

____

(1) *De Ord.*, I, 31-32.
(2) *De Beat. Vit.* 16.

peine à se faire à la prononciation des Italiens qui se moquent de son accent d'Afrique. Peut-être trouverait-on des solécismes dans ses phrases, on en a bien découvert dans celles de Cicéron ; et la vieille langue de Rome ne semble-t-elle pas barbare aux contemporains ? « Vous avez dédaigné ces choses qui sont puériles et ne vous regardent pas... Vous avez retenu l'âme de la grammaire, abandonnant le corps aux érudits. »

Ces problèmes obscurs qui touchent à la religion, longuement énumérés, ne doivent pas l'inquiéter. Qu'elle se contente de conserver jalousement le trésor de la foi que lui-même a eu tant de peine à reconquérir. « Je vous exhorte, autant qu'un fils peut l'oser, autant que vous me le permettez, à continuer cette vie, cette conduite avec fermeté et vigilance. »(1)

La conclusion de ces dialogues est que, finalement, la pratique l'emporte sur la spéculation. Pour parvenir à cette vie heureuse placée dans l'autre monde, il faut vivre bien dans celui-ci. Telle est la grâce à demander à Dieu par la prière, et qui le pourrait plus sûrement que Monique elle-même ? « Afin que ces vœux soient pieusement accomplis, c'est à vous surtout, ma mère, que nous confions ce soin. C'est à vos prières, je le crois fermement et j'en suis sûr, que je dois cet esprit qui me fait préférer à tout la recherche de la Vérité, sans autre pensée, sans autre désir, sans autre amour. Vous nous obtien-

____

(1) *De Ord.*, II, 45-46.

drez ce grand bien dont vous m'avez mérité le désir. » (1)

En terminant le dialogue de la *Vie heureuse*, Augustin faisait une vague allusion à la Trinité. Il eut la joie de provoquer chez sa mère une prière et une belle élévation de l'âme. Se rappelant les derniers mots d'une hymne de saint Ambroise, elle chanta joyeusement :

Réchauffe-nous dans la prière, ô Trinité.
Fove precantes Trinitas

Et puis elle ajouta : « Voilà sans aucun doute la vie heureuse, la vie parfaite, vers laquelle nous nous hâtons, et voici le chemin qui y conduit : la foi solide, l'espérance joyeuse et l'ardente charité. » (2)

A Cassiciacum on n'oubliait pas les amis absents. Le plus regretté de tous, c'était le cher Nébride resté à Milan, au poste du dévouement. Des lettres allaient le consoler, le tenir au courant des études communes, et ces lettres sont véritablement des conversations à distance. « J'ai lu ta lettre à la chandelle, lui écrit Augustin, j'avais soupé, je venais de me mettre au lit, mais je ne dormais pas encore. Assis sur ma couche, je méditais longuement, je m'entretenais ainsi, Augustin avec Augustin : Nébride a-t-il raison de

---

(1) *De Ord.* II, 52.
(2) *De Beat. Vit.*, 35. L'hymne commence par ces mots: *Deus creator omnium.*

me dire heureux ?... Comment m'eût-il appelé s'il avait lu les *Soliloques* ? »

Après ce colloque intime, il a prié comme à l'ordinaire et puis il s'est endormi. Au réveil, il a pris la plume pour rédiger sa réponse. « Il m'a plu de t'écrire ces choses. Je suis charmé quand tu me dis de ne rien te cacher. Je jouis de te faire ainsi plaisir. » Pensant alors au professeur de grammaire, il saupoudre sa lettre de barbarismes en le priant de les corriger et surtout de répondre : « Donne-moi le plaisir de te lire un peu plus longuement, car je ne saurais t'exprimer combien ce plaisir est grand. » (1)

Le dialogue de la *Vie heureuse* est dédié à un proconsul riche et éloquent nommé Théodore. C'était un chrétien instruit et un ami de Platon. Augustin associe son nom à celui d'Ambroise et aimait à s'entretenir avec lui à Milan. Sur le point d'arriver au port après de nombreux naufrages, il supplie cet ami de venir à son aide. « Je t'en prie, par ta vertu, par ton humanité, par les liens et le commerce qui unissent les âmes, tends-moi la main. Je veux dire : aime-moi et crois à mon affection pour toi. Avec ton secours je parviendrai facilement à cette vie heureuse où tu dois avoir atteint. Pour te montrer comment je m'efforce d'y conduire mes intimes, pour te faire connaître mon âme, je ne vois rien de mieux que de t'offrir le premier et le plus religieux de nos entretiens. » (2)

____

(1) *Epist.*, 3.
(2) *De Beat. Vit.*, 5.

Le traité de l'*Ordre* est adressé à Zénobius, à cet ami dont Augustin déplorait l'absence. Il était de ces âmes pures très aptes à recevoir les semences divines. « Ces livres, mon cher Zénobius, te révéleront, j'espère, cet ordre que la raison réclame, qu'elle promet aux chercheurs et aux bons. Ils te feront voir aussi la vie que nous menons ici, nous, tes chers amis, le fruit que nous recueillons de nos loisirs studieux ; ton nom nous les rendra plus doux, surtout si tu règles ta vie sur l'ordre qu'on y décrit. » (1)

En rédigeant son ouvrage *Contre les Académiciens* en compagnie d'Alype, Augustin avait en vue son bienfaiteur Romanien. Autrefois il l'entraîna dans le manichéisme, il s'agissait maintenant de l'amener à la vérité et d'abord de le réveiller de son indifférence et de son demi-scepticisme.

C'est à lui que ces dialogues sont dédiés ; ils trouveront le chemin de son cœur, car il y verra les pensées de son fils Licentius déjà poète et philosophe. Dans une préface habile et pressante, Augustin lui rappelle délicatement les nombreux bienfaits dont il l'a comblé à Thagaste et à Carthage, et il cherche le moyen de payer sa dette.

Tous les jours il prie pour Romanien et il l'invite à unir ses prières aux siennes. Avec un peu de bonne volonté et l'application d'une si haute intelligence, pourrait-il manquer d'arriver au vrai ? « Il ne le permettra pas, celui à qui je

---

(1) *De Ord.*, I, 4 et *Epist.*, 2.

me suis donné tout entier et que je commence à connaître. » (1)

Lorsqu'on lit de près les écrits de Cassiciacum, l'on découvre deux hommes dans leur auteur. A côté du lettré qui lit Virgile et Cicéron, à côté du philosophe ami des néo-platoniciens, il y a le converti, le pénitent qui médite et prie en pleurant.

Ces écrits perdent souvent leur forme dialoguée. Au milieu du silence attentif des élèves, le maître parle seul, lentement, pour ne pas se fatiguer et aussi afin de permettre au sténographe de suivre. Alors le ton s'élève, les développements sont plus suivis et plus complets. Cela se remarque principalement dans le livre *Contre les Académiciens*.

Frappés de la diversité et de la contradiction des doctrines, désespérant d'échapper à l'erreur, de renfermer toute la vérité dans leurs affirmations, ces philosophes se sont réfugiés dans le doute, comme en un port plein de sécurité. Augustin s'attache à les réfuter, car ils ont failli l'arrêter dans sa marche vers la lumière.

D'abord il a laissé le jeune Licentius et le vétéran Trygétius s'escrimer tout à leur aise, mais dès qu'il voit Alype revenu de Milan, il le prévient que le ton va changer. « Or çà, Alype, écoute ; comme tu le sais, ce n'est point pour le plaisir de discuter que j'ai entrepris ces dialogues. Ces deux adolescents ont préludé en jouant ; jus-

---

(1) *C. Acad.*, I, 4 et II, 2 à 5.

qu'ici la philosophie badinait agréablement avec nous. Mettons désormais de côté ces enfantillages. Il s'agit en effet de notre vie, de notre conduite, de notre âme. » (1)

L'erreur suppose la vérité, comme les ténèbres supposent la lumière. Les philosophes ne se contredisent pas toujours, il y a bien des choses qui s'imposent à tous les esprits. Après avoir donné à ses élèves un aperçu sur les différentes écoles, Augustin s'arrête avec une complaisance marquée devant Platon et son grand disciple Plotin.

Il espère rencontrer chez les platoniciens des choses en harmonie avec les doctrines chrétiennes, mais son guide sera désormais Jésus-Christ. « Pour moi, dit-il, j'ai la certiude qu'il faut s'attacher, coûte que coûte, à l'autorité du Christ. » (2)

La grande partie des journées de Cassiciacum était consacrée aux disciples. Le soir venu et les élèves congédiés, Augustin se mettait en la présence de Dieu, dans le sanctuaire de son âme. Une moitié de la nuit, tantôt la première et tantôt la seconde, se passait en méditation et en prière. L'ouvrage inachevé des *Soliloques* nous a conservé les échos de cette vie intérieure.

Ils s'ouvrent par une longue et touchante litanie qui rappelle à Dieu ses principales perfections, ses titres à notre reconnaissance et à notre

---

(1) *C. Acad.*, II, 22.
(2) *Ibid.*, III, 43.

amour. Comme saint Paul sur la route de Damas, le converti de Milan s'offre entièrement à la volonté divine. « Je n'aime plus que toi seul, mon Dieu, je ne cherche que toi, disposé à te suivre, à te servir toi seul. »

Trop longtemps il a été errant et fugitif loin de la maison paternelle, le voici de retour. Que le Père plein de clémence accueille son fils prodigue. « Montre-moi le chemin, donne la force d'y marcher. S'il faut la foi, donne la foi ; s'il faut la vertu, donne la vertu ; s'il faut la science, donne la science. Augmente en moi la foi, l'espérance et la charité. O bonté admirable et sans pareille que la tienne ! » (1)

Discutant avec lui-même, avec sa raison, il examine quelles choses captivent encore son cœur. Il avait dit adieu aux richesses et aux honneurs, mais non pas à l'amitié. « Pourquoi recherches-tu la compagnie de ces hommes que tu aimes ? » La réponse est toute prête : « Pour que tous ensemble, dans la concorde, nous cherchions nos âmes et Dieu. »

Il avait découvert la perle précieuse, il venait de tout vendre pour l'acquérir ; il cherchait maintenant à la communiquer à ses amis. « Il n'y a que la Sagesse, dit-il, que j'aime pour elle-même. J'aime aussi d'autres choses, mais à cause d'elle : la vie, la tranquillité, des amis. Mon amour pour cette beauté n'est point jaloux ; je voudrais, au contraire, voir beaucoup d'autres la désirer avec

----

(1) *Soliloq.*, I, 1-5.

moi, avec moi soupirer après elle, la posséder,
en jouir avec moi. Ils me seront d'autant plus
chers que cette bien-aimée nous sera plus commune. » (1)

Dès sa plus tendre enfance, Augustin avait
senti son cœur se fondre dans l'amitié. Dans les
années troubles de sa première jeunesse, son
affection avait quelque chose de passionné et de
sensuel, il s'éprenait trop de la beauté physique,
il dépassait « la borne lumineuse de l'amitié ».
Calmé par la grâce et guéri, son cœur ne demande plus aux sens que les « indices de la bienveillance », la révélation de l'âme. Il aime ses amis
avec autant de chaleur et de tendresse, mais il
s'attache à eux comme il le prêchera plus tard :
« Parce que Dieu y est, ou pour qu'il y soit. »

Dans le cours de son dialogue intime entre sa
raison et lui-même, il s'entend brusquement
poser cette question : R. « Et la femme ? Ne
t'arrive-t-il pas de te complaire en une femme
qui serait belle, douce, pudique, lettrée, du moins
facile à instruire ; elle t'apporterait, non pas des
richesses dont tu ne veux plus, mais de quoi
assurer tes loisirs sans te causer aucun trouble ? »
— A. « Fais-la aussi belle que tu voudras, donne-
lui toutes les qualités ; j'ai résolu de fuir le
mariage plus que tout le reste. »

C'était là présumer de ses forces. Quelques
jours après, l'image si brillamment parée venait
se poser devant ses yeux, réveiller de vieux sou-

------

(1) *Soliloq.*, I, 17, 20, 22.

venirs, et la raison de reprendre impitoyable : « Le médecin intime te fait voir par là ce qu'il a guéri en toi, ce qui reste encore à guérir. » A. « Tais-toi, de grâce, tais-toi. Pourquoi creuser si profondément, pourquoi descendre si à fond, pourquoi me tourmenter ainsi ? Je n'en puis plus à force de pleurer ; plus de promesse ni de présomption, ne m'interroge plus là-dessus. » Il se contentera de se remettre avec humilité et confiance entre les mains de Dieu (1).

Ces pages émues et haletantes des *Soliloques* devraient faire réfléchir ceux qui mettent en doute la valeur historique des *Confessions* (2).

---

(1) *Soliloq.*, I, 17, 25, 26.

(2) L'opposition prétendue entre les *Confessions* et les écrits de Cassiciacum a toute une littérature. Cf. Louis de Mondadon : *Les premières impressions catholiques de saint Augustin ; Etudes* t. CXIX, p. 443-444. Voir aussi Gibb and Montgomery, *The Confessions of Augustine, Introd.*, LX-LXIV, où se trouve finement réfutée la théorie extrême de L. Gourdon, *Essai sur la conversion de saint Augustin*, Cahors, 1900. Montgomery consacre un chapitre de son ouvrage déjà cité à résoudre ce problème de psychologie religieuse. J'ai été heureux de constater que nos vues concordent tout à fait. *Op. cit* p. 32-66.

D'après M. Prosper Alfaric, le drame moral raconté dans les *Confessions* n'aurait guère existé que dans l'imagination d'Augustin et dans ses intentions apologétiques. Les récits du prêtre Simplicien, ceux de l'officier Ponticien, l'épisode du jardin sont pourtant des faits matériels dont il est difficile de nier l'objectivité et l'influence, surtout quand on a dit d'Augustin qu' « il ne sait pas mentir. » Ne pouvant pas les réduire directement, on usera d'un moyen détourné. « Des détails aussi évidemment fictifs que l'apparition des passions et celle de la chasteté donnent lieu de craindre que d'autres

Les psaumes de David offraient au pénitent des
expressions choisies pour traduire les sentiments
de son âme. « Avec quels accents, mon Dieu, ai-je

---

en apparence plus naturels, ne soient pas plus exacts. »
Op. cit. p. 392.

M. Alfaric a soumis les écrits de Cassiciacum à une critique étrange. Augustin y parle beaucoup du secours
divin qu'il demande avec prières et larmes, en particulier
dans les *Soliloques*. Impossible de le nier, mais ne serait-
ce pas là du néo-platonisme ? « La doctrine augusti-
nienne de la grâce s'ébauche ici d'une façon très nette.
Elle se rattache directement aux conceptions néo-platoni-
ciennes. *Ennéades*, V, 3, 17. » *Ibid.*, p. 433, note 1. Par
malheur, le texte dont il s'agit contient des citations
implicites de 4 livres du Nouveau Testament. *Soliloques*, I, 3.

Dans le même passage, Augustin parle de la foi, de
l'espérance et de la charité, et il prie Dieu d'augmenter
en lui ces 3 vertus. Il est vrai, mais le texte ne serait-il
pas suffisamment détaché de ce qui précède et de ce qui
suit pour qu'on puisse le dire « inséré après coup. » ?
Quant à la prière, ne pourrait-on pas l'attribuer à Monique, p. 434, note 3. Des exemples de la même méthode
se retrouvent p. 502, 503, 506. C'est vraiment abuser de
l' « interpolationskritik ».

L'Eglise est loin d'apparaître au converti de Cassiciacum tout simplement « comme une grande école où se
forme le peuple ». Elle s'impose au penseur qui y subor-
donne sa philosophie. *C. Acad.*, III, 43. *De Ord.*, II, 16,
26, 27. Pour lui, Jésus-Christ n'est pas seulement « le
Platon des foules » ; il est aussi, il est surtout, le médecin céleste auquel il a confié totalement, avec l'illumina-
tion de son esprit, la guérison de son cœur.

Le problème a été repris tout récemment et résolu avec
une érudition pénétrante. Charles Boyer. *Christianisme
et Néo-Platonisme dans la Formation de saint Augustin.*
Beauchesne, 1920. Le lecteur pourra constater que nos
conclusions sont sensiblement les mêmes.

chanté les psaumes de David, ces cantiques fidèles, ces sons pieux qui chassent l'esprit d'orgueil, lorsque, novice dans ton amour, je me trouvais dans cette villa... Comme mon âme vibrait dans ces chants, comme elle s'y enflammait ; je brûlais d'aller les chanter à tout l'univers contre l'orgueil du genre humain. »

Augustin n'était pas encore le docteur de l'Eglise ni le maître de l'ascétisme chrétien, mais il avait dès lors les qualités qui le préparent : une profonde humilité d'esprit et une admirable droiture de volonté.

CHAPITRE IX

Joies et Douleurs

*Le baptême. — L'extase d'Ostie. — La mort
de Monique.*

Au commencement du carême 387, Augustin
et ses amis quittaient la campagne de Cassiciacum pour rentrer à Milan. Avec son fils Adéodat
et l'inséparable Alype, il se faisait inscrire au
nombre de ceux qui devaient recevoir le baptême
pour les fêtes de Pâques. On publiait la liste des
candidats et les fidèles étaient priés de signaler
ceux d'entre eux qu'ils jugeraient indignes.

Ces heureux catéchumènes appelés *compétents*
ou encore *élus*, étaient réunis souvent pendant le
carême en vue de la grande cérémonie. Rangés
dans l'une des basiliques, les hommes d'un côté,
les femmes de l'autre, ils recevaient des exorcis-
mes, des impositions de mains et surtout des catéchismes ; on les initiait peu à peu aux croyances
et aux pratiques de la vie chrétienne.

Le livre des Evangiles était placé devant leurs yeux, tandis qu'un prêtre en expliquait la nature et l'importance. La prière dominicale, le *Pater*, était l'objet de commentaires détaillés. Le *Credo* devait être appris par cœur, et au jour marqué, les *élus* le récitaient tout haut devant les fidèles assemblés.

On peut voir une expression artistique de cette première initiation dans la scène du Don de la loi qu'on rencontre si souvent dans les monuments chrétiens des premiers siècles. Le Christ est assis sur un trône glorieux, au sommet d'une montagne d'où sortent les quatre fleuves du Paradis. Autour de lui se trouvent les apôtres. Saint Pierre, leur chef, reçoit des mains du Sauveur un livre, l'emblème de la loi chrétienne. Au-dessus de ce groupe, apparaissent dans l'azur du ciel, les quatre animaux symboliques, avec les quatre livres des Evangiles.

Parmi les candidats milanais de cette année, le fils de Monique était sans doute le plus en vue ; on se rappelait encore le jeune et brillant orateur qui avait prononcé l'éloge du consul Bauto et le panégyrique de l'Empereur. Il était également l'un des mieux disposés ; nous le savons par les écrits de Cassiciacum, par les *Soliloques* en particulier. Alype s'était déjà essayé à la pénitence en marchant pieds nus sur le sol glacial de l'Italie du Nord. (1)

Les cérémonies du baptême eurent lieu à la

----

(1) *Conf.*, IX, 14.

Vigile solennelle de Pâques. Pendant les longues lectures instituées pour la circonstance, Augustin voyait passer devant son âme avide des Ecritures, les plus belles pages de l'Ancien Testament. La Création, le Déluge, la Tentation d'Abraham, le Passage de la mer Rouge, la Vision d'Ezechiel, l'Histoire de Jonas, celle de Nabuchodonosor.

Entre ces lectures grandioses et suggestives, les voûtes de la basilique retentissaient du chant joyeux des cantiques et des psaumes. L'auteur des *Soliloques* dut pleurer abondamment lorsqu'il entendit le psaume final qui annonçait le baptême : *Sicut cervus desiderat ad fontes...*

> « Comme le cerf soupire après les sources d'eaux,
> Ainsi mon âme soupire après toi, ô Dieu.
> Mon âme a soif de Dieu, du Dieu vivant :
> « Quand irai-je et apparaîtrai-je devant la face
> [de Dieu ? » (1)

L'heure tant désirée était enfin venue. L'évêque et ses clercs se dirigeaient avec les *élus* vers le baptistère, édifice octogonal situé non loin de la basilique.

Quand vint son tour, Augustin se dépouilla de ses vêtements. Le visage tourné vers l'Occident, il renonça par trois fois au démon et à ses œuvres, au monde et à ses voluptés. Debout dans la piscine baptismale, le regard dirigé vers l'Orient, vers la lumière, il confessa la foi du Christ en répondant aux trois questions posées : *Credo.*

---

(1) *Ps.* 42 (Vulgate, 41), 1-4.

Alors on fit couler l'eau sainte sur sa tête, sur ses épaules, sur sa poitrine, tandis qu'Ambroise prononçait les paroles sacramentelles : « Je te baptise au nom du Père et du Fils et du Saint-Esprit. »

Sorti de la piscine, il fut aidé par son parrain à revêtir les habits blancs, et l'évêque prononçait la formule suivante : « Reçois le vêtement blanc et porte-le sans tache devant le tribunal du Christ. »

Le baptême était immédiatement suivi de la confirmation et la cérémonie se terminait par l'imposition des mains et l'invocation à l'Esprit septiforme.

La procession se reformait ensuite pour rentrer à la basilique. Éclatants de blancheur et tenant à la main un cierge allumé, les néophytes marchaient en tête, chantant les joyeuses paroles du psalmiste : « J'irai à l'autel de Dieu, au Dieu qui est ma joie et mon allégresse. »

Quand tout le monde avait pris sa place, on entonnait le *Gloria in excelsis Deo* et la messe de Pâques, commencée avant les cérémonies du baptême, continuait.

Augustin allait y assister jusqu'au bout pour la première fois.

Confiné auparavant avec les catéchumènes dans un endroit spécial, il devait s'en aller au moment de l'offertoire, laissant après lui ses amis catholiques et sa mère elle-même.

Le jour de Pâques, c'étaient les parents des nouveaux baptisés, leurs parrains aussi et leurs marraines qui offraient le pain et le vin du sacrifice. Ce ne fut pas sans émotion, ni non plus sans attirer l'attention sympathique des fidèles, que Monique se présenta avec son offrande.

Augustin venait d'être baptisé et confirmé ; ce matin-là même, il faisait sa première communion. Le prêtre déposa, sur sa main ouverte, le morceau de pain consacré en disant : *Corpus Christi.* Le communiant répondit : *Amen.* Il trempa ensuite ses lèvres dans le précieux calice que lui présenta le diacre.

La communion eucharistique scellait l'union des chrétiens avec le Christ et leur union entre eux. Cette douce vérité avait son expression sensible dans le baiser de paix. En le donnant et en le recevant, l'âme tendre d'Augustin dut chanter avec amour le psaume : *Ecce quam bonum et quam jucundum habitare fratres in unum.*

Voilà qu'il était rentré au bercail, dans ce *loco pascuœ* si gracieusement décrit par saint Ambroise. C'est le Christ lui-même qui nourrit et réconforte son troupeau. Les bons pâturages, ce sont les divins sacrements. On y cueille la fleur nouvelle qui a répandu la bonne odeur de la résurrection. On y cueille le lis de l'éternelle splendeur, on y cueille cette rose qu'est le sang du Seigneur. Ces bons pâturages, ce sont encore les Ecritures, sources intarissables de lumière et de force (1).

L'Eglise pouvait tressaillir de joie en ouvrant ses portes à cette brebis si longtemps errante, si

---

(1) *In Psalm.* 118 ; *Sermo,* 14, 2-3.

fatiguée, si haletante aussi après les fontaines de vie. Le bon Pasteur l'avait ramenée sur ses épaules ; plein de joie, il convoquait ses amis et ses voisins en leur disant : « Réjouissez-vous avec moi, car j'ai retrouvé la brebis qui était perdue. »

Les nouveaux baptisés portaient leurs habits blancs durant l'octave pascale. Outre l'office du matin et celui du soir auxquels ils assistaient chaque jour, ils avaient des réunions spéciales où se complétait leur initiation. C'était le moment de leur révéler les mystères eucharistiques auxquels ils avaient déjà participé (1).

Ce fut pour Augustin une octave de grande joie spirituelle. « Ces jours-là, dit-il, je ne pouvais pas me rassasier, ô mon Dieu, de l'admirable douceur que je sentais en méditant la profondeur de tes jugements dans le salut du genre humain. Comme je pleurais au milieu des hymnes et des cantiques, profondément remué par les chants mélodieux de ton église ! Ces voix pénétraient dans mes oreilles, et la vérité s'infiltrait dans mon cœur, et le sentiment de la piété s'enflammait, et mes larmes coulaient, et elles me faisaient du bien. » (2)

Ces chants sacrés venaient de prendre leur vol

---

(1) Pour les détails historiques qui précèdent, voir Mgr Duchesne, *Origines du culte chrétien*, ch. IX, *L'initiation chrétienne*. F. Probst, *Liturgie des vierten Iahrhunderts*, II Kap. *die mailändische Messe. Diction. d'archéol. chrét.*, art. *Ambrosien* (rit).

(2) *Conf.*, IX, 14.

dans la basilique milanaise ; ils allaient bientôt retentir dans toutes les églises occidentales. Les ennemis d'Ambroise l'accusaient de séduire le peuple par ses cantiques. « On me reproche, écrivait-il, de tromper le peuple par l'enchantement de mes hymnes. Je l'avoue volontiers. C'est là un grand lyrisme ; il n'en est pas de plus puissant. Quoi de plus fort, en effet, que la confession de la Trinité, chantée chaque jour par la bouche de tout un peuple ? » (1)

C'était l'origine des chants religieux populaires, de ces cantiques dont les renégats, comme Renan, retrouvent encore les échos au plus profond de leur sensibilité.

L'une des plus poétiques, des plus suggestives aussi des hymnes qui sont sûrement de saint Ambroise, commence par ces mots : *Æterne rerum conditor*. On pourrait l'appeler la prière du matin.

L'aube blanchissante a chassé les ténèbres de la nuit, ramenant la douce lumière avec la joie et la sécurité. Le brigand a caché son poignard, le matelot voit revenir le calme de l'océan, le malade se prend à espérer.

Le messager du jour, la trompette du soleil, le coq interpelle le paresseux et l'empêche de se rendormir. C'est le moment de secouer la torpeur du corps et de l'âme, d'offrir à Dieu, au créateur du jour et de la nuit, les prémices matinales du sentiment et de la voix.

---

(1) *Sermo contra Auxentium*, 34.

Une des strophes toucha particulièrement l'âme pénitente d'Augustin. Elle s'inspire de la scène émouvante où l'apôtre Pierre, dans la cour de Caïphe, rencontre le regard de Jésus, après son triple reniement :

> « Jésus, regarde ceux qui tombent,
> Corrige-nous par ce regard
> Qui fait disparaître les fautes,
> Couler les larmes du pardon » (1).

Le baptême de l'ancien professeur d'éloquence avait été une fête pour l'Eglise de Milan, spécialement pour son grand évêque. Cette fête eut son épilogue dans la maison de Monique, dans son cœur. « Le fils des larmes » devenait le fils de la joie ; une fois de plus, l'allégresse avait jailli du plus profond de l'amertume dans une âme humaine.

Pendant ces jours de joyeux *Alleluia*, Navigius devait se sentir un peu négligé au foyer maternel. Comme le frère de l'Enfant Prodigue, il avait peut-être quelque peine à comprendre les prédilections de sa mère pour cet Augustin qui l'avait tant fait pleurer.

Monique eût sans doute répondu comme le père de la parabole, comme le Père céleste lui-même : « Il fallait bien faire fête, il fallait bien se réjouir : ton frère était mort, et le voilà vivant de nouveau, il était perdu et le voilà retrouvé. »

---

(1) L'hymne se trouve dans le *Bréviaire romain*, partie d'automne, à l'office de *Laudes*. Augustin y fait allusion dans ses *Rétractations*, I, 21.

Vers la fin du temps pascal, quand les cérémonies de l'initiation chrétienne furent terminées, Augustin et sa mère se disposèrent à quitter l'Italie pour rentrer en Afrique et revoir leur chère ville de Thagaste. C'est alors qu'eut lieu la fameuse extase connue sous le nom de vision d'Ostie.

Le tableau d'Ary Scheffer qui la représente est justement célèbre. Le peintre nous montre le fils et la mère assis l'un près de l'autre, la main dans la main, les visages tendus en avant et les regards pleins de pensées tournés vers le ciel.

Cette peinture a beau être expressive et éloquente, elle ne saurait remplacer la description qu'Augustin nous a laissée lui-même dans l'une des plus belles pages des *Confessions*.

C'était à Ostie du Tibre. Tous deux se reposaient un peu des fatigues d'un long voyage, et prenaient des forces pour la prochaine traversée. Loin de la foule, accoudés à une fenêtre donnant sur le jardin, ils causaient. « Nous causions avec une grande douceur. Oubliant les choses passées, tendus vers les choses à venir, nous cherchions, en présence de la vérité qui est toi-même, mon Dieu, ce que serait la vie éternelle des saints, cette vie que l'œil de l'homme n'a point vue, que son oreille n'a point entendue, que son esprit n'a pu comprendre. Nous aspirions des lèvres du cœur aux courants de la fontaine, de cette fontaine de vie qui est auprès de toi, pour nous en imbiber de notre mieux, et ainsi nous faire quelque idée de cette chose si grande. Or, notre entretien nous avait amenés à cette conclusion que le plaisir des sens charnels, si grand qu'il soit, dans n'importe quelle splendeur de lumière corporelle, auprès de la joie de cette vie-là, non seulement ne supportait pas la comparaison, mais ne méritait même pas un souvenir.

« Nous y élevant alors avec plus d'amour, nous avons parcouru graduellement toutes les choses corporelles, et jusqu'au firmament lui-même d'où le soleil, la lune et les étoiles brillent sur la terre. Et nous montions encore dans nos pensées intimes, en racontant, en admirant tes œuvres. Nous parvînmes à nos âmes et nous les avons dépassées, afin d'atteindre cette région de l'abondance inépuisable où tu rassasies Israël de l'aliment de vérité, où la vie est la Sagesse, source de toutes les choses qui sont, qui ont été, qui seront. Elle-même n'a pas été faite, mais elle est comme elle fut, comme elle sera toujours, ou plutôt, en elle, point de passé ni de futur, elle est tout simplement, car elle est éternelle : avoir été et devoir être, ce n'est pas de l'éternité.

« Et tandis que nous en parlions, tandis que nous y aspirions, nous y avons touché un instant par un élan de tout le cœur, et nous avons soupiré ; puis laissant là, attachées, les prémices de l'esprit, nous sommes revenus au bruit de nos lèvres, là où la parole commence et finit. Et quoi de semblable à ton Verbe, Notre Seigneur qui subsiste toujours en lui-même sans jamais vieillir, et qui renouvelle toutes choses ? » (1)

---

(1) *Conf.*, **IX**, 23-24.

Comme autrefois saint Paul, Augustin s'était élevé jusque dans le ciel, la main dans la main de sa mère, son esprit uni à son esprit, son cœur à son cœur, dans une extase commune. Il devait, quant à lui, rester longtemps encore sur la terre pour aider les âmes à accomplir cette bienheureuse ascension.

Monique, elle, sentait sa mission terminée. Comme Siméon, voyant l'accomplissement de ses désirs, et des promesses de Dieu, elle chantait son *Nunc dimittis*.

« Mon fils, dit-elle, pour ma part, rien ne me charme plus dans cette vie. Je ne vois pas ce que j'y fais désormais, ni pourquoi j'y reste, voilà déjà évanouie l'espérance de ce monde. Une seule chose me faisait désirer de vivre encore quelque temps ici-bas. Je désirais te voir chrétien catholique avant de mourir. Dieu me l'a accordé avec surabondance. Je te vois mépriser les joies terrestres pour être son serviteur. Que fais-je ici-bas ? » (1)

En effet, Augustin allait bientôt fermer les yeux à sa mère, et lui donner, dans cet acte suprême, un touchant témoignage de tendresse filiale. Cinq ou six jours après la contemplation d'Ostie, Monique tombait gravement malade.

Revenue à elle-même, après un long délire, on l'entendit s'écrier tout à coup : « Enterrez ce corps où vous voudrez, ne vous en inquiétez pas. Je vous demande seulement de vous souve-

---

(1) *Conf.*, IX, 26.

nir de moi à l'autel du Seigneur là où vous serez. »
Reprise bientôt par la fièvre, elle cessa pour
toujours de parler.

Ces derniers mots étaient fort surprenants de
sa part. On se rappelait avec quel soin elle avait
préparé à Thagaste le lieu de sa sépulture, combien elle avait désiré être ensevelie auprès de
celui dont elle partagea la vie et qu'elle réussit à
convertir au Christ. Et voilà que, sur le point
de mourir, elle renonçait à cette dernière consolation. Totalement soumise à la grâce divine,
dans cette école intime du cœur, *in schola
pectoris*, elle s'était graduellement détachée de
tout désir terrestre.

Après avoir pieusement recueilli son dernier
soupir, Augustin rédigea lui-même l'acte funèbre qu'on aurait pu graver sur la tombe. « Au
neuvième jour de sa maladie, dans la cinquante-
sixième année de son âge, dans la trente-troisième
de mon âge à moi, cette âme religieuse et pieuse
fut déliée de son corps. » (1)

Le fervent néophyte fit une grande violence à
son cœur pour comprimer sa douleur et refouler
ses larmes. Il craignait de ressembler aux païens
qui n'ont pas d'espérance au delà du tombeau.
« Je lui fermai les yeux, dit-il, et la tristesse
immense qui gonflait ma poitrine montait en
larmes. Mon âme imposait violemment à mes
yeux de dessécher leur fontaine, et dans cette
lutte je souffrais horriblement. »

----

(1) *Conf.*, IX, 27, 28 et cf. 21.

Le jeune Adéodat n'avait pas eu le même courage. Lorsque sa grand'mère rendit l'âme, il poussa un gémissement. Son père lui imposa silence. « Et ainsi, continue-t-il, ce quelque chose de moi-même qui éclatait en sanglots, de la voix juvénile de son cœur, était réprimé lui-même et se taisait. »

A cette grande douleur se mêlait néanmoins une consolation très douce, et comme un baume suave qui se répandait sur la plaie largement ouverte. Quelque temps avant de mourir, voyant son fils plein d'assiduité et de tendresse, Monique lui avait rendu un doux témoignage. « Amoureusement, dit-il, elle m'appelait pieux ; avec un grand sentiment d'affection, elle affirmait n'avoir jamais entendu sortir de ma bouche un mot dur ou peu respectueux à son égard. »

C'était là sans doute une grande joie pour ce fils enclin à ne voir dans son passé que ses fautes contre le ciel et contre sa mère. Mais la conscience d'avoir réjoui le cœur maternel ne l'empêchait pas de sentir cruellement la disparition. « O Dieu qui nous as faits, quelle comparaison entre l'honneur reçu de moi et le service qu'elle m'a rendu ? Me sentir ainsi privé de sa grande consolation, voilà qui blessait mon âme, et, pour ainsi dire, déchirait ma vie qui ne faisait qu'une avec la sienne. »

Augustin avait assisté, les yeux secs, aux funé-railles de sa mère ; les témoins auraient pu le croire insensible, mais Dieu voyait au fond de son âme. « Moi, ô mon Dieu, là où personne ne m'entendait, je grondais la mollesse de mon cœur, je refoulais le flot de mon chagrin, et il s'arrêtait un peu ; mais, de nouveau, il était entraîné par sa violence, non pas jusqu'au jaillissement des larmes, ni jusqu'au changement du visage ; mais moi, je connaissais l'oppression de ma poitrine. »

Malgré ses efforts, il ne réussirait pas à calomnier jusqu'au bout la tendresse de son cœur filial. Il essaya la vertu apaisante du bain, mais il en sortit aussi accablé qu'auparavant.

L'idée lui vint alors de se mettre au lit. Réconforté un peu par un léger sommeil, il se rappela l'hymne ambroisienne qui chante les bienfaits de la nuit pour les membres fatigués et l'âme abattue. Il se mit à fredonner doucement ces versets qui réveillaient en lui les douces émotions ressenties dans la basilique de Milan :

> « Dieu créateur de toutes choses
> Conducteur des cieux, qui revêts
> Le jour d'éclatante lumière,
> Donne à la nuit l'apaisement
> Pour qu'il rende nos membres las
> A leur labeur accoutumé,
> Relève notre âme abattue,
> Calme les angoisses du deuil ».

Ces derniers mots le rappelèrent violemment à la cruelle réalité. La douce image de Monique se représenta devant son regard, et cette fois il lui fut impossible de dominer son émotion. Il laissa couler ses larmes, suivant son expression, « il les étendit comme un lit sous son cœur » afin de s'y reposer, loin de l'orgueil des hommes, sous le regard indulgent de Dieu.

Avec une candeur touchante, il s'excuse d'avoir pleuré l'espace d'un quart d'heure celle qui pleura si longtemps sur lui-même. Nous sommes invités à nous souvenir d'elle près de l'autel du Christ, nous tous ses frères, les enfants de l'Eglise catholique, qui cheminons vers l'éternelle Jérusalem (1).

Durant ce printemps de l'année 387, l'âme recueillie d'Augustin savoura longuement les deux sentiments de la joie et de la douleur, ce pain blanc et ce pain bis dont se nourrissent les hommes et dont Dieu lui-même a coutume de rassasier les saints.

------

(1) *Conf.*, IX, 3o-33. Cette scène émouvante sera reproduite par saint Bernard à l'occasion de la mort de son frère Gérard. Après avoir enterré, les yeux secs, son frère bien aimé, il demandera à ses moines, au cours d'un sermon sur le *Cantique des Cantiques,* la permission de le pleurer devant eux et en la présence de Dieu. *Serm.*, 26, 3-9.

CHAPITRE X

Le Monastère de Thagaste

Une communauté d'amis. — Le miroir des créatures. — Les « délices » des Ecritures.

Après la mort de Monique, Augustin se sentait moins pressé de rentrer en Afrique. Il retourna à Rome où il séjourna plusieurs mois et composa deux ou trois écrits. C'est seulement en juillet ou en août de l'année suivante, 388, qu'il résolut de s'embarquer avec son fils et son ami Alype.

Pendant la traversée, il se rappela le voyage qu'il fit en sens contraire cinq ans plus tôt, triste et presque désespéré. Le souvenir de ces tristesses passées remplissait son âme de joie et faisait monter à ses lèvres les accents lyriques des psaumes qui chantent la délivrance.

Dès lors, peut-être, il conçut le projet d'écrire ses *Confessions*. « Mon Dieu, que je me souvienne d'être reconnaissant envers toi, et que je confesse tes miséricordes à mon égard. Que mes os s'imprègnent de ton amour et qu'ils disent : Seigneur, qui est comme toi ? Tu as rompu mes liens : que je t'offre le sacrifice de la louange. Comment tu les as rompus, je le raconterai, afin que tous ceux qui t'adorent disent : Béni soit le Seigneur dans le ciel et sur la terre, car son nom est grand et admirable. » (1)

En débarquant à Carthage, il alla sans doute s'agenouiller dans cette église de saint Cyprien, où sa mère s'était retirée pour pleurer tandis que lui-même la trompait par un mensonge. La *Carthago Veneris* n'attirait plus ses regards. Le Cirque et l'Odéon, et le temple de Céleste le laissaient indifférent. Ce qui l'intéressait maintenant, c'étaient les basiliques du Christ et les fidèles catholiques.

Ses amis d'autrefois, ses anciens élèves furent heureux de le revoir, ils avaient conservé de lui bon souvenir. L'un d'eux, devenu professeur d'éloquence, lui raconta un rêve qu'il eut à son sujet. Il avait été arrêté par un texte obscur de Cicéron. Or, une nuit, pendant son sommeil, il vit son ancien maître lui apparaître et résoudre la difficulté (2).

Une scène, dont il allait bientôt être témoin, dut le réjouir bien autrement. Dans la famille qui l'hospitalisa, lui et ses compagnons, il y avait un malade. C'était le chef de la maison, ancien avocat de la préfecture. Il avait déjà subi une

---

(1) *Conf.*, VIII, 1.
(2) *De Cura pro mortuis gerenda*, 13.

douloureuse opération, et les médecins voulaient la recommencer le lendemain.

Les prêtres et l'évêque lui-même étaient venus voir le malade, car c'était un excellent chrétien. Tous les assistants se mirent en prière pour obtenir la guérison. Lui-même priait avec tant d'ardeur qu'il en tremblait de tous ses membres. « J'ignore, dit Augustin, ce que faisaient les autres témoins, quant à moi, je ne pouvais que répéter au fond de mon cœur : Seigneur, quelle prière exauceras-tu si tu n'exauces pas celle-ci. »

Après avoir reçu la bénédiction de l'évêque, tout le monde se sépara. Le lendemain, les médecins furent stupéfaits en voyant la plaie cicatrisée. Dieu avait écouté la prière de son serviteur malade (1).

Les trois pèlerins ne s'arrêtèrent pas longtemps dans la grande ville, ils avaient hâte de regagner leur petite patrie de Thagaste. Se rappelant le mot de Jésus aux âmes éprises de perfection, Augustin s'empressa de vendre ses biens et d'en donner le prix aux pauvres.

Plus tard il blâmera certains théologiens de faire de la pauvreté évangélique une condition de salut pour tous les chrétiens, mais en même temps il montrera sa prédilection pour cette vertu, il sera fier de l'avoir mise en pratique. « Moi qui écris ces choses, dira-t-il, j'ai ardemment aimé cette perfection dont parle le Seigneur, et, non de mes propres forces, mais aidé

____

(1) *De Civit. Dei*, XXII, 8.

par sa grâce, je l'ai suivie. Certes, je n'étais pas riche, et cependant je n'ai pas eu moins de mérite. Les Apôtres, nos premiers modèles, n'étaient pas riches non plus. N'est-ce pas renoncer au monde entier que d'abandonner ce qu'on a et jusqu'au désir d'avoir ? » (1)

Tout en aliénant son petit patrimoine, sa maison et ses quelques champs, il en conserva l'usufruit, car nous le voyons s'y installer avec quelques amis, et de temps en temps, voyager pour faire de nouvelles recrues.

Gardons-nous bien d'imaginer ce monastère entouré d'une infranchissable clôture, réglé par une discipline austère et rigide. C'est, à peu de chose près, la continuation de Cassiciacum.

Le généreux propriétaire de cette villa venait de mourir, il était mort en chrétien, et ce fut là pour Augustin une consolation dont il remercie Dieu avec effusion. « Ainsi, mon Dieu, tu as eu pitié non seulement de lui, mais aussi de moi-même. Comment songer à son insigne bonté à mon égard et le savoir hors de ton troupeau sans un cruel tourment. Merci, mon Dieu, je suis tien en effet, tes encouragements et tes consolations le prouvent. Fidèle à tes promesses, tu as accordé à Verecundus, en retour de cette campagne de Cassiciacum, où je me suis reposé à l'ombre contre les ardeurs du siècle, la douceur de ton paradis éternellement verdoyant. » (2)

---

(1) *Epist.*, 157, 39.
(2) *Conf.*, IX, 5.

Au monastère de Thagaste, le grand recruteur de sujets, c'est l'amitié du fondateur. Pour en faire partie, il n'est pas nécessaire d'être baptisé, ni même d'avoir adhéré au christianisme, il suffit de vouloir chercher la vérité avec droiture et sincérité de cœur.

Nous y voyons d'abord Alype en attendant qu'il devienne prêtre, puis évêque de sa ville natale. Près de cet ami de la première heure, que rien ne pourra séparer d'Augustin, il y en avait d'autres. L'un d'entre eux, particulièrement chéri et que nous retrouverons plus tard, s'appelait Severus.

Un troisième avait un caractère tout à fait spécial : il se nommait Evodius et deviendra évêque d'Usala. D'abord soldat, il s'était converti à Milan et reçut le baptême un peu avant Augustin. Il avait psalmodié aux funérailles de Monique.

Esprit subtil et très exigeant, il s'attachait aux difficultés avec une sorte d'obstination. C'est lui probablement qui donna le plus de mal au jeune maître, qui, d'ailleurs, ne s'en plaignait pas. Dans sa compagnie furent élaborés les livres qui étudient la spiritualité de l'âme et la liberté.

Le cher Nébride était rentré dans sa famille, près de Carthage ; il n'était pas encore chrétien, mais sur le point de le devenir. Ayant appris que son ami et maître est souvent dérangé par ses concitoyens, il lui écrit : « N'y a-t-il donc personne pour leur faire connaître tes désirs ? Qu'ils m'écoutent du moins, je leur crierai, je leur attesterai que tu n'as qu'un désir : aimer Dieu, le servir, t'attacher à lui. » Puis il l'invite à venir s'installer dans sa propre maison de campagne (1).

De là, entre les deux amis, un échange de lettres où la grande question est de savoir comment ils pourront se retrouver ensemble. « Bien que tu connaisses mon âme, lui écrit Augustin, tu ne sais pas combien j'ai hâte de jouir de ta présence ; tôt ou tard, Dieu m'accordera cette grande faveur. Tu as raison de te plaindre de l'isolement, de l'exil que tu endures loin de tes intimes : avec eux la vie est très douce. » (2)

Mais comment faire pour être ensemble. Aller le rejoindre là-bas, dans la villa gracieusement offerte ? — Impossible, car il faudrait abandonner les amis qui l'entourent à Thagaste et qui ne pourraient pas le suivre. Il y a bien les chevaux, les chaises à porteurs, d'autres véhicules encore plus commodes, qui lui permettraient d'aller et venir, mais la route est longue et la santé n'est pas bonne. « Et puis, conclut-il, ce n'est pas là être ensemble, ce n'est pas vivre. »

Que Nébride cherche lui-même la solution du problème ; et cette solution est discrètement suggérée. La grande difficulté provient de sa mère qu'il serait dur d'abandonner. Mais son frère Victor n'est-il pas là, qui restera lui tenir compagnie ? C'est là-dessus qu'il veut terminer sa lettre. « Je ne t'écris pas autre chose, dit-il, de peur de détourner ton attention de ce point. » (3)

---

(1) *Epist.*, 5.
(2) *Ibid.*, 9, 1.
(3) *Ibid.*, 9 et 10.

Dans cette correspondance, en effet, on traitait bien des questions. Augustin était professeur par nature, il le restera toujours. Il le sera dans sa chaire d'Hippone, comme il l'est au milieu de ses amis, dans la moindre de ses lettres. Quand il n'a personne devant lui, il trouve le moyen de se dédoubler, de s'entretenir avec sa raison, avec son âme.

Voici qu'il rectifie les idées de Nébride sur la nature de l'imagination ; pour travailler, elle a besoin d'éléments fournis par les sens. « Nous autres, écrit-il, enfants élevés sur les bords de la Méditerranée, avec un petit verre d'eau, nous parvenons à nous représenter les océans. Mais avions-nous la moindre notion des fraises et des cornouilles avant de les avoir goûtées en Italie ? De là vient que les aveugles-nés ne savent que répondre quand on les interroge sur la lumière ou les couleurs. » (1)

Ailleurs, c'est une fine étude de la colère, « ce désir violent de renverser l'obstacle qui empêche le facile exercice de notre activité ». Ce n'est pas seulement contre les personnes que nous nous fâchons. Ne nous arrive-t-il pas de nous irriter contre notre plume, de la froisser, de la briser même ? Les joueurs se fâchent contre leurs dés, le peintre contre son pinceau.

Ces lettres étaient pour Nébride un vrai trésor, une douce image du maître et de l'ami absent. « Je me plais, dit-il, à les conserver comme mes

---

(1) *Epist.*, 7.

yeux. Elles sont grandes, en effet, non par leur étendue mais par les choses qu'elles contiennent. Elles me célébreront tantôt le Christ, tantôt Platon et Plotin. » (1)

La mort vint bientôt interrompre ces entretiens à distance. L'ami « très tendre et très doux » quittait cette vie après s'être converti avec toute sa famille. Augustin lui adresse de touchants adieux, heureux de le saluer et de lui donner rendez-vous dans la patrie des âmes. « Il vit là-haut, mon Nébride, mon doux ami, le tien aussi, Seigneur, ton fils adoptif, il vit là-haut. Car où serait ailleurs la place d'une telle âme ? Il vit là-haut, celui qui m'interrogeait tant, moi pauvre avorton malhabile. Il ne met plus son oreille à mes lèvres ; son esprit boit dans ta fontaine, heureux pour toujours, il s'y rassasie de la sagesse. Je ne pense pas qu'il m'oublie dans son enivrement, puisque toi-même, Seigneur, qui le nourris, tu daignes te souvenir de moi. » (2)

Navigius, lui aussi sans doute, entra dans la communauté dont son frère était l'aimable directeur. Autrement il aurait pu s'opposer à l'aliénation de l'héritage commun. Adéodat y entra certainement. Comme à Cassiciacum, il devait être le plus jeune, le benjamin du petit cercle intime et pieux.

Augustin aimait tendrement ce fils, il était en admiration devant la précocité de son esprit et les qualités de son âme. Peut-être, à l'exemple

---

(1) *Epist.*, 6.
(2) *Conf.*, IX, 6.

du père d'Origène, lui arrivait-il de s'approcher de l'enfant, pendant qu'il dormait, et de baiser respectueusement sa poitrine, plein de vénération pour les faveurs dont Dieu l'avait comblé.

S'il aimait à converser avec tous les compagnons de sa vie cachée, il lui était spécialement agréable de cultiver l'âme de son cher Adéodat. C'est dans sa douce compagnie et avec son aide qu'il a composé son petit traité pédagogique intitulé *Le Maître*.

Le père s'excuse gracieusement auprès du fils de n'avancer que peu à peu, de rester longtemps sur les mots, ces mystérieux signes de la pensée humaine. « Tu me le pardonneras, dit-il, car ce n'est pas là un simple jeu de paroles, il s'agit d'exercer la force et la pénétration de ton esprit, de l'acclimater dans cette région de la vie heureuse, de le rendre capable non seulement d'en supporter la lumière et la chaleur, mais encore de les aimer. »

Le rôle du maître est d'éveiller des germes préexistants au fond de l'âme, et non pas de lui imposer du dehors des notions complètement étrangères. Et quant à l'élève lui-même, il devra écouter le maître intérieur qui instruit sans le bruit des paroles et dont parle l'Evangile quand il a dit aux hommes : « Vous n'avez qu'un père, celui qui est dans les cieux ; et vous n'avez qu'un maître, le Christ. » Et Adéodat de répondre aussitôt : « Avec sa grâce, je l'aimerai d'autant plus ardemment que je le connaîtrai mieux. » (1)

---

(1) *De Magistro*, 21, 31, 46.

Il n'eut guère le temps de réaliser ici-bas ces bons désirs ; il mourut dans la fleur de l'adolescence, âgé de dix-sept ou de dix-huit ans. Recueillons sur les lèvres du père quelques mots discrets d'éloge funèbre. Ils sont prononcés devant le ciel beaucoup plus que devant les hommes. C'est une prière, la prière qui remplit d'un bout à l'autre le livre des *Confessions*, un cri de reconnaissance nuancée de repentir. « Tu l'avais bien fait, mon Dieu... Ce sont tes bontés que je te raconte, Seigneur, créateur de toutes choses et souverainement capable de corriger nos laideurs : car je n'avais dans cet enfant rien autre que le péché. » (1)

Au monastère de Thagaste, Augustin n'oubliait pas son ami Romanien. On se rappelle les exhortations pressantes qu'il lui adressait de Cassiciacum. Il voulait alors le faire sortir de son indifférence, il veut maintenant le convertir au catholicisme ; c'est pour lui qu'il vient de rédiger son traité : *La Véritable Religion*.

Une charmante lettre, écrite au cours d'un voyage, annonce l'envoi du livre. Romanien voudra bien l'excuser de lui écrire sur un méchant morceau de vélin. Les quelques tablettes d'ivoire qui restaient ont été adressées à son oncle pour des affaires pressantes.

Le généreux bienfaiteur se voit félicité pour la prospérité de sa fortune. Il avait sans doute gagné le procès pour lequel il était venu à Rome et à

---

(1) *Conf.*, IX, 14.

Milan. Suit un petit conseil joliment enveloppé dans une réminiscence virgilienne. Défions-nous de la surface trompeuse de l'océan et du calme insidieux des flots. « Planons au-dessus de nos biens terrestres. Ce n'est pas sans raison que la petite abeille a des ailes, autrement elle risquerait de s'engluer dans l'abondance du miel. » (1)

Dans sa manière de présenter la religion véritable, Augustin s'inspire de son expérience personnelle. Pour découvrir le vrai, il faut le chercher avec diligence, humilité et prière. Le recueillement de l'âme n'est pas moins nécessaire. « Ne va pas au dehors, dit-il, rentre en toi-même. C'est dans l'homme intérieur que réside la vérité. » (2) Pour avoir négligé cette condition, il erra lui-même si longtemps à la recherche de Dieu.

L'auteur se garde bien de poser pour le docteur infaillible. La cause qu'il soutient ne doit pas être rendue responsable de ses maladresses. « Souviens-toi de ceci, toi qui connais parfaitement mon âme : les erreurs que peut renfermer mon livre, c'est à moi qu'il faut les attribuer ; ce qu'il contient de vrai et de valable, tout cela doit remonter à Dieu. » (3)

Cette modestie est la marque des ouvrages de Cassiciacum et de Thagaste. Le converti de la

---

(1) *Epist.*, 15.
(2) *De Vera Religione*, 72.
(3) *Ibid.*, 17. Augustin semble avoir réussi à convertir Romanien, car dans une lettre écrite quelques années plus tard il le range parmi les « frères ». *Epist.*, 27-5.

veille n'oublie pas qu'il est encore simple néophyte. Au milieu de ses amis et disciples, il est moins le maître que le frère aîné et le compagnon de route, il cherche avec eux beaucoup plus qu'il ne les enseigne. Il apprend à lire dans ce grand livre de la création où les païens eux-mêmes contemplaient, comme dans un miroir, l'image du Créateur.

Parvenu au dernier livre de son ouvrage intitulé *La Musique*, l'auteur s'excuse d'avoir cheminé si longuement avec les grammairiens et les poètes. Persuadé que les beautés sensibles charment tous les hommes et en particulier les jeunes, il s'en est servi pour conduire graduellement les âmes vers Dieu. « Le chemin est modeste, avoue-t-il, mais le terme du voyage est beau. Conduisant des âmes encore faibles, pas très solide moi-même, j'ai cru qu'il fallait attendre d'avoir des ailes avant de m'engager dans des régions plus sublimes. » (1)

Discutant avec son ami Evodius, cet esprit inquiet et parfois trop exigeant, il sent le besoin de lui inspirer confiance. Dieu vient au secours de ceux qui cherchent avec de bonnes dispositions. « Quand des esprits religieux travaillent à se connaître eux-mêmes et à connaître Dieu, quand ils cherchent avec pureté et diligence, la divine providence ne saurait leur refuser le moyen d'y parvenir. »

Les difficultés qui surgissent ne doivent jamais faire abandonner une vérité certaine. Gardons-

---

(1) *De Musica*, VI, 1.

nous également de nous enfermer dans le monde des choses qui se voient et se touchent. Les corps ne sont pas tout, ils ne sont même que l'infime réalité, et leur valeur ne provient nullement de leur masse. L'abeille est beaucoup plus habile que l'âne et que l'éléphant. L'aigle a un œil tout petit, et cependant, lorsqu'il plane dans les airs si haut que nous le voyons à peine, il découvre le lièvre caché dans le buisson ou le poisson nageant sous les eaux (1).

Evodius croit fermement à l'existence de Dieu, il y croit sur le témoignage des Ecritures, mais il voudrait pouvoir la démontrer, répondre à ceux dont parle le psalmiste, qui disent dans leur cœur : « Il n'y a pas de Dieu. »

Augustin est tout à fait de cet avis. Dans les choses religieuses, la foi est nécessaire, mais ne supprime pas le raisonnement, elle nous invite à mieux comprendre les vérités que nous croyons. C'est le conseil de l'Evangile quand il nous dit : « Cherchez et vous trouverez. » Commençons dès ce monde la vie bienheureuse promise aux croyants. « Or, la vie éternelle, c'est qu'ils te connaissent, toi, le seul vrai Dieu, et celui que tu as envoyé, Jésus-Christ. »

Puis, procédant graduellement du connu à l'inconnu, des effets à la cause, il parcourt l'échelle des créatures, s'élevant peu à peu jusqu'au Créateur, source de tous les êtres visibles et invisibles. (2)

____

(1) *De quantitate animæ*, 24.
(2) *De libero arbitrio*, II, 5-6.

Une chose frappait surtout cet artiste délicat qu'était Augustin : l'harmonie, la musique des choses. Au cours de sa méditation solitaire, dans les bois de Thagaste, il s'arrêtait souvent pour écouter cet oiseau qui se grise de son chant et ne semble être qu'une voix. « Combien nombreuses, s'écrie-t-il, combien suaves sont les vibrations de l'air lorsque le rossignol passe en chantant. » (1)

Ce chanteur ailé n'a pas été à l'école des musiciens, il ignore les intervalles et les silences, il ne sait pas distinguer les sons graves des sons aigus, mais l'ordonnateur du monde a inscrit les lois de la musique dans son frêle gosier. « Dis-moi, ne te semble-t-il pas que le rossignol adapte merveilleusement sa voix à la saison de l'année ? C'est, à mon avis, de tous les chants, le plus mélodieux et le plus suave, le plus en harmonie avec le printemps. » (2)

La création constitue un immense poème où la sagesse divine a tout disposé avec nombre et mesure ; le jour succède à la nuit, les saisons aux saisons, avec toutes les choses bonnes et belles semées sur la terre ou dans le firmament.

Pour comprendre et goûter l'harmonie des choses, il faut les contempler dans leur ensemble. Que penser du lecteur de l'*Enéide* qui s'acharnerait à isoler les phrases, les mots, les syllabes dont il se compose, au lieu d'ouvrir ses

---

(1) *De Ver. Relig.*, 7-9.
(2) *De Musica*, I, 5.

oreilles et son âme aux enchantements du poème ? (1)

Les créatures sont un aide indispensable pour s'élever vers Dieu ; la Sagesse s'y montre affable et souriante. Elles peuvent devenir un obstacle. La grande erreur des païens et leur faute inexcusable, fut de s'y arrêter, de s'y complaire, d'en faire des idoles. « Malheur à ceux qui t'abandonnent, ô Maître, qui s'égarent dans tes œuvres, qui aiment tes images au lieu de toi, qui oublient ce que tu voulais leur signifier, ô Sagesse, lumière très douce de l'âme purifiée ! Tu ne cesses point, en effet, de nous révéler ta nature et tes grandeurs ; tes signes, ce sont les beautés mêmes de la création. » (2)

L'homme est, pour ainsi dire, le prêtre de l'univers, il doit offrir sa voix, son esprit et son cœur aux créatures qui l'entourent et qui le servent, afin qu'elles aussi louent le Créateur et le remercient. « Voilà pourquoi, s'écrie Augustin, en rappelant l'hymne de saint Ambroise, voilà pourquoi ce vers *Deus creator omnium*, qui est très harmonieux pour l'oreille, est encore plus agréable pour l'âme à cause de la vérité qu'il exprime. » (3)

Devenu prêtre et évêque, Augustin se rappel-

---

(1) *De Musica*, VI, 29 et *De Ver. Relig.*, 42-43.

(2) *De libero arbitrio*, II, 42-43.

(3) *De Musica*, VI, 57 et cf. *Conf.*, X, 65. « *Non cessat nec tacet laudes tuas universa creatura tua... nec animalia nec corporalia per os considerantium ea.* »

lera volontiers ses poétiques méditations de la campagne milanaise et du monastère de Thagaste. Adressant à un ami son ouvrage sur la musique, il écrira mélancoliquement : « Depuis que le fardeau épiscopal a été mis sur mes épaules, toutes ces choses charmantes m'ont échappé des mains. » Et malgré tout, il conservera jusqu'à la fin de sa vie ses sentiments d'artiste.

Dans une lettre écrite à saint Jérôme, en 415, il oubliera un instant les controverses pélagiennes pour s'abandonner à ses goûts esthétiques : au risque de réveiller chez le solitaire les vieilles impressions de la vie romaine, il lui fera des élévations sur la musique. « La musique, la science ou plutôt le sens de l'harmonie, a été donnée aux hommes pour les élever vers Dieu. Les choses passagères de ce monde forment un admirable cantique ; si nous pouvions le comprendre parfaitement, notre âme s'abîmerait dans d'ineffables délices. » (2)

Les pages de la *Cité de Dieu* révèlent à chaque instant un poète sensible à toutes les beautés de l'art, à tous les spectacles de la nature, minimes ou grandioses. La petite mouche qui tend ses ailes vibrantes et colorées attire ses regards, tout comme les astres du firmament, les aurores et les crépuscules. L'océan avec ses profondeurs, sa tranquillité aimable et ses sombres tempêtes, avec son manteau multicolore, vert, pourpre ou

---

(1) *Epist.*, 101.
(2) *Ibid.*, 166, 13.

azur, ne trouvera pas d'interprète plus fin et plus éloquent (1).

L'artiste et le musicien apparaîtront souvent dans le prédicateur d'Hippone. Il présentera la vie chrétienne sous l'aspect d'un cantique, chant de joie et d'allégresse, comme celui qui retentit dans les campagnes au temps des moissons et des vendanges. Dans les élans de la ferveur on abandonne les syllabes et les mots, on se livre à la jubilation du cœur (2).

Pour rencontrer, dans l'Eglise du Christ, une âme aussi capable de louer Dieu dans les créatures, il faudra attendre saint François d'Assise et le *Cantique du Soleil.*

Les livres profanes, ceux de Platon et de Plotin, de Cicéron et de Virgile, n'étaient point bannis de la retraite de Thagaste. Cependant, ils passaient de plus en plus au second plan, ils faisaient place aux Saintes Ecritures dans l'esprit et le cœur d'Augustin.

Elles lui apparaissaient sous l'image d'une forêt opaque et mystérieuse, pourvue de gras pâturages et de sources fraîches. Semblable au cerf haletant et altéré qui vient d'échapper aux chasseurs, il voulait y pénétrer, y prendre sa joie et son repos, paître et ruminer à loisir. « Seigneur, s'écriait-il, que les Ecritures soient mes chastes délices. » (3)

------

(1) *De Civ. Dei.* XXII, 24.
(2) *In Psalm.*, 32 ; *Serm.*, 1-8.
(3) *Conf.*, XI, 3.

Il avait erré longtemps autour de ces pâturages spirituels sans avoir le courage d'y entrer. « J'avais faim de cette nourriture intérieure qui est toi-même, mon Dieu, et cette faim, je ne la sentais pas. J'étais sans appétit pour les aliments incorruptibles, non que j'en fusse rassasié, au contraire, mon dégoût était la mesure même de mon inanition. » (1)

Son âme ardente, assoiffée d'amour et de bonheur, avait longtemps hésité entre les deux délectations qui se disputent le cœur de l'homme, celle d'en bas et celle d'en haut. Celle-ci avait fini par expulser l'autre ; « car, dit-il, l'amour des choses temporelles ne saurait être chassé sinon par la suavité des choses éternelles ».

Soutenu par la grâce et par sa bonne volonté, ses bons désirs, il commençait à goûter, à sentir combien le Seigneur est doux. Mais voici que le psalmiste lui révélait une intarissable fontaine où il pourrait se rassasier jusqu'à l'enivrement :

> « Combien est précieuse ta bonté, ô Dieu !
> A l'ombre de tes ailes les fils des hommes se réfugient,
> Ils s'enivrent de l'abondance de ta maison,
> Et tu les abreuves au torrent de tes délices.
> Car auprès de toi est la source de la vie,
> Et dans ta lumière nous voyons la lumière » (2)

Augustin ne se bornera pas à tremper ses lèvres à la source des Ecritures, il y puisera à longs traits, il s'y enivrera au point de perdre le

____

(1) *Conf.*, III, 1. « *Quo inanior, fastidiosior* ».
(2) *Psalm.* 36 (Vulg. 35), 8-11.

goût de tout le reste. « Ce mot enivrement, s'écrie-t-il, me paraît exprimer merveilleusement l'oubli des vanités et des imaginations du siècle. » (1)

Et en effet, ainsi qu'il l'avouait à son ami Romanien, devant les douceurs spirituelles puisées dans les livres saints, les beautés humaines, celles du théâtre, par exemple, et celles de la poésie, devenaient à ses yeux des aliments en peinture, ils excitent l'appétit de l'âme sans pouvoir le satisfaire (2).

Parfois, au souvenir de ses fautes passées, au spectacle des misères de ce monde, il était tenté de s'enfuir au désert. Mais le grand Apôtre lui rappelait le devoir de l'apostolat. « Le Christ est mort pour tous afin que ceux qui vivent ne vivent pas pour eux seuls, mais pour celui qui est mort pour tous. » (3)

Un autre mot de saint Paul l'empêchait de s'abandonner à la nostalgie du ciel, de cette vie bienheureuse des élus dont il avait goûté quelque chose à côté de Monique, lors de l'extase d'Ostie. C'était la phrase touchante adressée aux chers chrétiens de Philippes. « Je suis pressé de deux côtés : j'ai le désir de partir et d'être avec le Christ, ce serait beaucoup meilleur ; mais il est plus nécessaire que je demeure dans la chair avec vous. » (4)

---

(1) *De Musica*, VI, 52.
(2) *De Ver. Relig.*, 100.
(3) *Conf.*, X, 70.
(4) *De Musica*, VI, 50, cf. *Ad. Philip.*, I, 23-24.

Augustin, lui aussi, était nécessaire aux âmes, non seulement au petit groupe d'amis qui l'entouraient à Thagaste, non seulement aux fidèles d'Hippone et de l'Afrique, mais aux générations chrétiennes de l'avenir, qui attendaient les lumières de son intelligence et la charité de son cœur.

QUATRIÈME PARTIE

Le Pasteur d'Hippone

« *Non tantum præesse quam prodesse desidero.* »
« Je desire moins dominer que rendre service. »
Epist., 134, 1.

CHAPITRE XI

De la Prêtrise à l'Episcopat

Un jour de l'année 391, Augustin arrivait à Hippone, colonie romaine située au bord de la Méditerranée, sur l'emplacement actuel de la ville de Bône. Il y venait dans l'espoir de conquérir une âme à la vie monastique ; en réalité, il allait être pris lui-même.

L'évêque de l'endroit, Valère, était fort âgé. De plus, d'origine grecque, il s'exprimait mal en latin et l'instruction des fidèles en souffrait beaucoup. A la suite d'un sermon, il manifesta le désir de choisir un prêtre qui prêcherait à sa place.

En apprenant cette décision, les fidèles se mirent à regarder autour d'eux, habitués qu'ils étaient à prendre une part très active dans le choix du clergé. Augustin se trouvait précisément dans l'auditoire. On savait qu'il avait vendu ses biens et donné le prix aux pauvres, qu'il était instruit, éloquent, libre encore de tout engagement, mais guetté par bien des Eglises d'Afrique.

Les regards se dirigèrent tout naturellement vers lui, et bientôt un murmure d'abord faible, puis grandissant, s'éleva dans la basilique : Augustin prêtre ! Augustin prêtre !

Valère s'empressa de ratifier le choix de son peuple, et l'élu n'osa pas se dérober ; il craignait de résister à la volonté divine elle-même. L'ordination fut faite peu de temps après. Pendant la cérémonie, tout le monde était dans la joie, sauf le héros de la fête qui pleurait abondamment.

Les assistants crurent deviner le motif de ses larmes et s'efforçaient de le consoler. « Sans doute, lui disaient-ils, vous méritez mieux, mais patience : la prêtrise n'est pas si loin de l'épiscopat. » (1)

Dans une lettre confidentielle pleine de vénération et de tendresse, qu'il adressait à son évêque, le nouveau prêtre d'Hippone nous révèle les sentiments intimes de son âme, ses regrets et ses désirs.

____

(1) Possidius, *Vita Augustini*, 4 et *Epist.*, 21, 2.

A son avis, rien de plus facile et de plus agréable que la fonction de diacre, de prêtre ou d'évêque, lorsqu'on se contente de la remplir par manière d'acquit, pour plaire aux hommes et obtenir leurs louanges. Mais c'est là, aux yeux de Dieu, quelque chose de honteux, de triste et de misérable dont il ne veut à aucun prix.

Il s'agit pour lui de se distinguer au service du divin empereur, et voilà pourquoi son futur ministère lui apparaît hérissé d'obstacles et de dangers. C'est que ni son enfance, ni sa jeunesse ne l'y ont préparé. « Moi qui ne savais même pas tenir une rame, me voici brusquement placé au gouvernail. »

Vient alors un aveu candide et intéressant. C'est probablement à cause de ses péchés, de sa présomption surtout, que Dieu l'aura fait sortir de son monastère pour lui confier un poste apostolique. Il arrivait au fervent néophyte et à ses amis de juger parfois sévèrement les matelots et les pilotes chargés de la barque du Christ. Il n'ignorait pas les écueils, les flots et les tempêtes, mais il lui semblait qu'on aurait pu mieux manœuvrer. « Le Seigneur, dit-il, s'est chargé de me tourner en dérision, il a voulu, par l'expérience des faits, me révéler à moi-même. »

Convaincu désormais des difficultés de la tâche, de sa faiblesse et de ses besoins, il supplie l'évêque de lui accorder quelques mois de retraite pour se préparer par l'étude et la méditation des Ecritures. Dans une conclusion émue et pressante, il conjure le vénérable Valère, au nom de la bonté et de la sévérité du Christ, au nom de son amour pour l'Eglise et pour lui-même, de le prendre en pitié, de l'aider par ses prières (1).

La retraite d'Augustin ne fut probablement pas de longue durée. Les fidèles avaient trop hâte d'entendre l'ancien orateur de Carthage et de Milan.

En permettant à un simple prêtre de prêcher en sa présence, l'évêque d'Hippone dérogeait à une coutume assez générale contre laquelle saint Jérôme protestait énergiquement. « Il existe, écrivait-il, dans certains endroits, une détestable coutume. On interdit aux simples prêtres de prêcher devant l'évêque. Est-ce dédain ou jalousie de la part de celui-ci ? Il devrait se réjouir, au contraire, d'avoir choisi au Christ de bons prêtres, et se rappeler qu'un fils intelligent est la gloire de son père. » (2)

Valère venait de choisir un bon prêtre, il avait adopté un fils qui serait véritablement sa gloire. Son grand mérite à lui sera de le comprendre, de n'en être pas jaloux, de ne point entraver son zèle plein d'intelligence et d'initiative.

Dès l'année qui suivit son ordination, nous voyons Augustin prendre conscience de son rôle de réformateur parmi les fidèles et le clergé. Dans une lettre écrite à Aurélius, le nouvel évêque de Carthage, il attire l'attention sur un abus qui faisait alors la honte de l'Eglise d'Afrique.

Il s'agit des banquets profanes et licencieux

------

(1) *Epist.*, 21.
(2) *Ibid*., 52, 7.

qui avaient lieu dans les cimetières en l'honneur des morts et aux sanctuaires des Martyrs, à l'occasion de leurs fêtes. Après des repas copieux et de généreuses libations, on dansait au son des flûtes, ou en s'accompagnant de chansons obscènes.

Le métropolitain de Carthage n'était-il pas tout désigné pour entreprendre cette réforme ? L'exemple venant de haut serait naturellement suivi par les autres évêques.

Après avoir discrètement suggéré cette initiative à son ami, Augustin s'excuse aimablement. « La lettre que tu m'as écrite était si remplie de charité fraternelle, elle m'a inspiré tant de confiance, que j'ose parler avec toi comme je parle avec moi-même. » Suivent quelques conseils judicieux et profonds sur la méthode à employer pour faire disparaître le scandale.

Avant tout, il faudra s'inspirer de saint Paul, agir en esprit de douceur et de mansuétude. La sévérité peut être bonne, quand il s'agit de reprendre des particuliers ; elle ne réussit pas avec la multitude. S'il est nécessaire de recourir aux menaces, qu'on le fasse avec douceur et en se servant des Ecritures, afin que ce soit Dieu et non pas nous-mêmes qu'on craigne dans nos paroles. Les âmes spirituelles se rendront d'abord, puis celles qui leur ressemblent davantage, et la masse finira par céder.

La lettre insiste ensuite sur un défaut dont le clergé lui-même n'est pas toujours exempt. Il prend sa source dans l'orgueil, et s'appelle l'ambition, la jalousie ou encore l'amour excessif des louanges. L'unique moyen de s'en débarrasser, c'est de puiser la crainte et l'amour de Dieu dans la méditation des Livres Saints.

Craignant de paraître intempestif dans ses observations et ses conseils, Augustin s'empresse de se ranger au nombre de ceux qu'il veut corriger. « Toutes ces choses, dit-il, je me les chante à moi-même chaque jour. Dans mes luttes avec cet ennemi, il m'arrive souvent de recevoir des blessures, de me complaire dans les louanges qu'on me donne. »

En terminant, il exprime à son ami le regret de ne pouvoir aller jusqu'à Carthage pour lui présenter de vive voix d'autres confidences. « Je voudrais bien qu'il n'y eût entre mon cœur et le tien que mes lèvres et tes oreilles... Hélas ! les gens d'Hippone redoutent effroyablement mon absence, ils ne me permettent pas d'aller si loin. » (1)

Le nouveau prêtre d'Hippone n'allait pas tarder à supprimer, chez ses fidèles, le désordre qu'il avait signalé à l'évêque de la métropole. Dans une lettre à Alype, devenu évêque de Thagaste, il raconte lui-même comment il en vint à bout. Il prit exactement les moyens qu'il avait suggérés.

Un jour, il choisit pour texte de son sermon le passage suivant de saint Mathieu : « Ne donnez pas aux chiens les choses saintes, ne jetez

---

(1) *Epist.*, 22.

pas vos perles devant les pourceaux. » (1) Au courant des intentions de leur prédicateur, les fidèles ne s'y trompèrent pas. En entendant ces mots ils reconnurent que la bataille allait s'engager.

Et, en effet, l'application ne resta pas douteuse. L'auditoire était prié de chercher lui-même quels étaient ces chiens auxquels il fallait refuser les choses saintes, où étaient les véritables pourceaux devant lesquels il ne convenait pas de placer les perles de l'Eglise.

Aussitôt rentrés chez eux, les auditeurs s'empressèrent de raconter le sermon comme ils l'avaient compris. La curiosité était piquée, on discutait le pour et le contre, les esprits étaient partagés. A la prochaine réunion la basilique était pleine.

Augustin profita de cette affluence pour revenir à la charge. Il fit ce jour-là une grande consommation de textes bibliques. Il cita d'abord la page de l'*Evangile* où Jésus chasse les vendeurs du temple, renversant leurs tables et leurs marchandises, et leur disant avec indignation : « Ma maison est une maison de prière et vous en faites une caverne de voleurs. » (2)

Si le Christ entrait dans les églises des martyrs, aux jours de leurs solennités, que dirait-il, en voyant les poêles à frire et les bouteilles, en entendant le bruit des danses et des chansons ?

------

(1) VII, 6.
(2) *Math.*, XXI, 12-13.

Après l'*Evangile*, ce fut le tour des *Epîtres* de saint Paul. Dans sa première lettre aux Corinthiens, le grand Apôtre insiste sur la manière de se comporter dans les réunions du culte. Il condamne les abus qui s'étaient glissés dans la célébration de l'Eucharistie, les banquets profanes dont on l'accompagnait. « N'avez-vous pas, s'écriait-il, des maisons pour y manger et boire ? Ou méprisez-vous l'église de Dieu ? »

Après avoir lu cette page, le prédicateur la commenta longuement, et termina en s'écriant : « Saint Paul interdisait à ses chrétiens de faire dans les églises des repas honnêtes, et moi je vous demande seulement de limiter à vos maisons le royaume de vos ivrogneries. » (1)

Les fidèles étaient désormais suffisamment instruits, persuadés de l'inconvenance de leur pratique. Restait à les émouvoir, à conquérir le cœur et la volonté.

Augustin excellera toujours à faire vibrer dans les âmes la corde de la sensibilité. Il évoqua devant ses auditeurs déjà convaincus à moitié, la douce figure de Jésus dans l'attitude de sa Passion ; le visage couvert de crachats, la tête couronnée d'épines, tout le corps ensanglanté. Qu'ils aient pitié du Christ, leur Rédempteur, qu'ils aient pitié de lui-même et du vénérable Valère, chargés tous deux de les conduire à la vie éternelle. Ne l'ont-ils pas choisi eux-mêmes,

----

(1) XI, 20-22.

et n'ont-ils pas vu dans cet événement la bonté de Dieu à leur égard ?

L'auditoire avait été pleinement vaincu, le prédicateur voyait couler les larmes. « Ce ne furent pas mes larmes, dit-il, qui provoquèrent celles des auditeurs, mais je l'avoue, en les voyant pleurer, je ne pus m'empêcher de pleurer moi-même. »

Quelques jours après, avait lieu l'une des fêtes qui occasionnaient les désordres. Augustin n'était pas trop rassuré. Il y avait des récalcitrants qui se retranchaient obstinément derrière la coutume, cette chose si sacrée pour le peuple. « Comment ? s'écriaient-ils, est-ce qu'ils n'étaient pas chrétiens, ceux qui permettaient ces réjouissances ? »

Le prédicateur était décidé à livrer une dernière bataille, il tenait en réserve le moyen suprême, *ultima machina*. C'était une menace, mais soigneusement enveloppée dans les paroles de l'Ecriture. Il allait se comparer au guetteur d'Ezéchiel, chargé de veiller sur la maison d'Israël ; pourvu qu'il avertisse, il sauve son âme. Si le peuple d'Hippone s'obstinait, Augustin menacerait de s'en aller en secouant la poussière de ses pieds.

Il n'eut pas besoin de recourir à ce dernier moyen. La victoire était gagnée. Les opposants vinrent le trouver dans la sacristie et firent leur soumission. Ce fut un bonheur pour lui, de remplacer par des compliments les menaces qu'il avait préparées. Entendant les donatistes qui banquetaient à côté, dans leur basilique, il s'arrêta et dit : « Le jour paraît plus resplendissant par le contraste de la nuit, le blanc est plus gracieux quand on le rapproche du noir. » (1)

Il y avait dans la région d'Hippone un groupe de manichéens qui faisait parmi les fidèles une secrète propagande. Ils étaient dirigés par un prêtre nommé Fortunat.

Augustin semblait tout indiqué pour s'opposer à cette propagande et à celui qui en était l'inspirateur. Les donatistes s'unirent aux catholiques pour l'inviter à combattre l'ennemi commun. Toujours prêt, suivant le désir de saint Pierre, à rendre raison de sa foi et à la défendre, il accepta de grand cœur.

Fortunat ne tenait guère à se mesurer avec cet adversaire qu'il avait connu à Carthage. Pressé par ses partisans, il finit tout de même par accepter la lutte.

La conférence contradictoire eut lieu les 28 et 29 août 392, dans une grande salle de la ville, et en présence du peuple. Des sténographes étaient chargés de recueillir les paroles des deux orateurs.

Augustin ouvrit les débats par les mots suivants : « Cette religion que j'ai regardée jadis comme la vérité, je la tiens maintenant pour fausse, à vous de montrer ici devant tous les assistants si j'ai tort ou raison. » La discussion fut courtoise, malgré les manifestations et les

---

(1) *Epist.*, 29.

trépignements du public. Réduit enfin au silence, Fortunat demanda du temps pour consulter ses docteurs avant de se rendre et de se convertir. Il s'en alla et se garda bien de revenir.

Le vieillard Valère et ses fidèles furent fiers ce jour-là de leur prêtre et de leur prédicateur, ils durent se féliciter grandement de l'avoir choisi. Quant à lui, au lieu de triompher bruyamment de son succès, il clôtura la séance par ces simples mots : « *Deo gratias.* » (1)

Avec la permission de son évêque et ses encouragements, il travailla de bonne heure à faire disparaître le schisme qui divisait si douloureusement l'Eglise d'Afrique.

Dans une complainte en vers libres composée en 393, il raconte les origines de la division, et supplie les dissidents de rentrer au bercail. En l'un des couplets, c'est l'Eglise elle-même qui adresse aux schismatiques ces paroles touchantes : « O mes fils, pourquoi quereller votre mère ? Pourquoi m'avez-vous abandonnée ? Lors des persécutions païennes j'ai beaucoup souffert. Plusieurs m'ont délaissée alors, mais ils le faisaient par crainte. Quant à vous, qui vous oblige à me combattre ? Vous prétendez être avec moi ; voyez combien c'est faux : Moi, je m'appelle Catholique, et vous, vous êtes du parti de Donat. » (2)

---

(1) *Acta contra Fortunatum manichœum.*
(2) *Psalmus contra Partem Donati*, v. 262-270.

Après chaque strophe venait un refrain qui invitait tous les amis de la paix à reconnaître la vérité :

> « *Omnes qui gaudetis de pace,*
> *Modo verum judicate.* »

Appris de mémoire et chanté par les enfants sur les routes et dans les campagnes, ce cantique jetait dans l'atmosphère les germes de cette union dont le pasteur d'Hippone allait être le grand apôtre.

Vers la même époque, il écrivait à Maximin, évêque donatiste de Sinitum, une lettre à la fois charitable et courageuse, pour attirer son attention sur le grand mal et sur les moyens de le faire disparaître. Que les deux camps laissent enfin de côté les injures qu'ils ont coutume de se lancer mutuellement, pour songer au rapprochement et à la réunion.

Ce qui retenait souvent le clergé donatiste, les prêtres et les évêques, dans la défiance et l'hostilité, c'était la peur de perdre les avantages d'une situation acquise.

Augustin insiste délicatement sur ce point. Pour sa part, il ne tient nullement aux honneurs ecclésiastiques, il veut seulement sauver les âmes qui lui sont confiées. « La gloire de ce monde passe, dit-il, ainsi que l'ambition. Quand le Christ siégera sur son tribunal, quand l'arbitre des consciences nous jugera, il n'y aura pour nous défendre ni les absides en gradins, ni les ambons recouverts de tentures, ni les cortèges des moniales évoluant tout autour en chantant des cantiques. » (1)

Cette lettre fut bien accueillie, et plus tard elle portera ses fruits. L'évêque de Sinitum rentrera dans l'unité catholique, malgré les fureurs de ses partisans qui feront proclamer par un crieur public la menace suivante : « Si quelqu'un communique avec Maximin, on brûlera sa maison. » (2)

Un événement de cette même année 393, montra clairement combien Augustin était déjà en vue. De nombreux évêques s'étaient réunis à Hippone pour un concile provincial. Leur attention se concentra sur le jeune prêtre, et il fut chargé de faire un exposé de la doctrine chrétienne.

La conférence figure au nombre de ses écrits sous le titre *La Foi et le Symbole*. « Voilà, disait-il en terminant, la foi renfermée en peu de mots dans le Symbole que les nouveaux chrétiens doivent apprendre et retenir. Ces quelques mots sont connus des fidèles ; en les croyant, ils se soumettent à Dieu, en se soumettant ils vivent bien, en vivant bien ils purifient leur cœur, et le cœur purifié leur permet de comprendre ce qu'ils croient. » (3)

Le souci pastoral n'empêchait pas Augustin

---

(1) *Epist.*, 23.
(2) *Ibid.*, 105, 4.
(3) *De fide et Symbolo*, 25.

de penser à ses anciens amis et disciples qui s'attardaient encore dans le paganisme. Il n'oubliait pas en particulier son élève préféré, ce Licentius, que nous avons vu si pétillant sur les pelouses de Cassiciacum.

Le jeune homme continuait ses études à Rome ou à Milan. Mis au courant des inquiétudes que son cher maître avait à son sujet, Licentius lui avait adressé une longue épître en vers. Il rappelait les beaux jours passés là-bas, au milieu des hautes montagnes de l'Italie. A grand renfort de réminiscences poétiques et d'images puisées dans la mythologie, il jurait à son ancien Mentor une inviolable fidélité, il est prêt à le suivre partout, sur un simple geste.

Relevant ces belles déclarations, Augustin répond : « Voici mon commandement. Donne-toi à moi, si toutefois il en est besoin, et puis, donne-toi à mon Maître, notre maître à tous, celui-là même qui t'a donné ton âme. Et que suis-je moi-même, sinon ton serviteur en son nom, ton compagnon dans son service ?... Si tu trouvais à terre un calice en or, tu le donnerais à l'Eglise. L'âme que tu as reçue de Dieu est un calice spirituel, il est en or ; tu le fais servir à tes convoitises, tu y fais boire le diable ! Cesse, je t'en supplie. Puisses-tu sentir ma douleur en écrivant ces lignes ; si tu n'as aucun souci de toi, du moins aie pitié de moi-même. »

Si Licentius veut sentir combien le joug du Christ est doux et son fardeau léger, s'il veut se rendre compte des sacrifices que font les âmes pour correspondre à l'idéal chrétien, qu'il aille en Campanie voir Paulin de Nole (1).

En effet, il eût été difficile de mieux adresser ce jeune patricien d'Afrique, entiché de ses dons intellectuels et de ses richesses.

Elevé à Bordeaux sous le rhéteur et le poète Ausone, Paulin fut nommé consul intérimaire à l'âge de vingt-quatre ans. Rome le vit monter au Capitole, dans le fameux char de triomphe attelé de quatre chevaux blancs.

Devenu chrétien, puis prêtre, il consacra son immense fortune au soulagement de toutes les misères, sans distinction de chrétiens, de juifs ou de païens. Dans la somptueuse demeure de Nole, transformée en hôpital et en monastère, lui d'un côté et sa femme de l'autre, ils recueillaient les personnes désireuses de partager leur vie de prière et de bonnes œuvres.

Par humilité chrétienne, ils signaient leurs lettres communes : *Paulin et Therasia, pêcheurs.* Quand les Vandales viendront saccager la ville et s'emparer de sa personne, Paulin pourra murmurer au fond de son cœur : « Seigneur, ils ne me tourmenteront pas à cause de mon or ou de mon argent, car tu sais bien où j'ai placé toutes mes richesses. » (2)

L'Eglise d'Hippone, surtout depuis le Concile, courait grand risque de perdre celui qu'elle

____

(1) *Epist.*, 26, 4, 5, 6.
(2) Cf. André Baudrillart, *Saint Paulin de Nole*, 2e édit. Lecoffre, 1905.

regardait justement comme son trésor. Des délégations venaient de tous côtés pour s'emparer d'Augustin et l'amener de vive force. Les habitants durent monter la garde autour de sa demeure, et même il fallut le cacher pendant quelque temps.

Valère ne tarda pas à le reconnaître, le seul moyen de conserver ce prêtre à son diocèse, était de le consacrer évêque, d'en faire dès lors son coadjuteur et son successeur pour plus tard. Avec l'autorisation du primat d'Afrique, malgré ses protestations, et aussi, semble-t-il, à l'encontre d'un décret de Nicée, Augustin fut sacré dans le courant de 395.

Peu après son élévation à l'épiscopat, il écrivait à Paulin de Nole. Il demande au saint homme de ne pas tant louer ses écrits, mais de vouloir bien y relever les fautes, d'indiquer les corrections à faire. Puis, le sachant prêtre sans poste fixe et sans charge d'âmes, il le supplie de passer la mer, de venir le rejoindre à Hippone pour l'aider à porter le fardeau qu'on vient de placer sur ses faibles épaules. « Je te prie, et te conjure de venir en Afrique. Elle souffre encore moins de sa grande sécheresse que de son besoin d'hommes tels que toi. »

C'est alors son cher Licentius qui est chaudement recommandé. « Ce fils de Romanien, écrit-il, est aussi le mien ; tu trouveras son nom dans quelques-uns de mes livres. J'ai résolu de le mettre entre tes mains afin qu'il soit consolé, instruit et exhorté, de vive voix s'il vient te

voir, ou bien par lettres ; moins par tes paroles
que par l'exemple de tes vertus. Je voudrais
voir l'ivraie faire place au froment dans le champ
verdoyant de son âme. Qu'au lieu de tenter des
expériences dangereuses, il croie ceux qui les
ont faites. » (1)

Fidèle à la recommandation, Paulin de Nole
s'est empressé d'écrire à Romanien pour se
réjouir avec lui, au nom de l'évêché d'Hippone
et de toute l'Afrique, du sacre d'Augustin. Par
le père qui semble déjà converti, il a vite fait
de parvenir jusqu'au fils.

Puisse Licentius entendre cette trompette du
Seigneur qui retentira désormais dans la voix
de son ancien maître. « Alors véritablement,
dit Paulin, il se verra le pontife du Christ, alors
il se sentira exaucé du Très-Haut, lorsque ce fils
qu'il a dignement engendré dans les lettres,
sera devenu son fils dans le Seigneur. »

S'adressant ensuite directement au jeune
homme, il lui laisse entrevoir combien il serait
doux pour le nouvel évêque d'Hippone de le
compter parmi les jeunes élèves qu'il prépare au
sacerdoce. « Si tu restes uni à Augustin, comme
Timothée était uni au grand Apôtre, compagnon
inséparable dans les routes divines, tu mériteras
toi-même d'arriver à la prêtrise, et de conduire
par l'éloquence les hommes au salut. »

Pour toucher plus sûrement le jeune poète,
Paulin joint à la lettre une longue poésie à son

____

(1) *Epist.*, 27 et 31.

adresse. En souvenir de l'Eucharistie, lien qui unit les chrétiens entre eux en les unissant au Christ, il leur adresse à tous deux, au père et au fils, cinq petits pains bénits par lui et qu'il compare aux biscuits que les soldats emportent en campagne. (1)

Dans ses lettres à Augustin, Paulin n'oublie pas cet usage touchant des Eulogies, mais par déférence et par humilité, il laisse à son illustre ami l'honneur de les bénir. « Je t'ai envoyé un pain en signe de notre union, daigne l'agréer en le bénissant. »

C'est à contre-cœur qu'Augustin était devenu prêtre, et c'est aussi à contre-cœur qu'il devint évêque. Ces fonctions, où d'autres peuvent voir la dignité et les honneurs, lui apparaîtront toujours comme une lourde charge.

Saint Paul lui fait peur quand il craint d'être damné après avoir sauvé les autres. « Sa frayeur, s'écrie Augustin, m'a effrayé moi-même. Que fera l'agneau là où le bélier a tremblé ? L'évêque doit être puissant en doctrine pour tenir tête aux contradicteurs. C'est là une rude tâche, c'est un lourd fardeau, une colline âpre à escalader. » (2)

Du moins, ce poste si périlleux, il ne l'a pas recherché. A l'occasion, il saura le rappeler à ses fidèles du haut de la chaire, avec une fière liberté. « Je suis votre évêque par la grâce de

---

(1) *Inter Epistolas Augustini, Epist.*, 32.
(2) *Serm.*, 178.

Dieu, je vis pour vous et j'espère vivre pour vous jusqu'à la fin, mais je n'ai pas ambitionné cette charge. Au festin du Seigneur je n'ai point choisi un rang élevé. Il a plu au Maître de me dire : Montez plus haut. Je suis venu ici sans autres bagages que les habits que je portais sur moi. Je me croyais en sécurité puisque vous aviez un évêque, car j'évitais soigneusement les villes qui n'en avaient pas. » (1)

Valère mourut dans le courant de l'année 396. Augustin devenait l'unique pasteur d'Hippone ; il était âgé de quarante-deux ans. En pleine possession de son génie, il avait déjà amplement montré ce qu'on pouvait attendre de lui. En racontant ces événements, son premier biographe a pu, sans trop de rhétorique, écrire ces lignes triomphales : « Une lumière ardente venait d'être mise sur le chandelier ; toute la maison allait voir clair. L'Eglise d'Afrique, longtemps humiliée par les donatistes, pouvait enfin lever la tête. » (2)

---

(1) *Serm.*, 355, 2.
(2) Possidius, *Vita Augustini*, 7, 8.

CHAPITRE XII

Le Prédicateur

*La communication des âmes. — A la conquête
du bonheur.*

Augustin prêchait assis dans la chaire ; les
fidèles écoutaient debout, les hommes dans un
côté de la basilique, les femmes dans l'autre.
C'était la coutume en Afrique ; il s'y pliait mais
ne l'aimait pas. « N'y a-t-il pas quelque arro-
gance, écrit-il, à faire rester des frères debout
devant nous, quand nous voyons une femme
assise aux pieds du Maître pour écouter sa
parole ?... Les auditeurs se fatiguent de la
sorte ; lorsqu'ils sont fatigués ils bâillent, et,
instinctivement ils regardent vers la porte. » (1)

Le pasteur d'Hippone n'ennuyait pas son auditoire ; il était heureux de le constater et de le
dire. « Mes frères, je ne sens jamais que vous

---

(1) *De catéchizandis rudibus*, 18.

êtes lassés. Dieu sait pourtant si je crains de vous être à charge. Votre sainte ardeur à venir m'entendre surpasse la passion qui pousse les insensés vers l'amphithéâtre. Auraient-ils le courage de regarder si longtemps s'il fallait rester debout ? » (1) On lui pardonnera de se répéter beaucoup : il le fait à cause des esprits plus lents qui ne savent pas lire ou qui n'en trouvent pas le temps. Lorsque deux voyageurs font route ensemble, n'est-ce pas au plus fort à régler sa marche sur celle du plus faible ? (2)

D'une santé fragile, souffrant de la poitrine et de la gorge, Augustin réclame souvent le silence et l'attention. Son esprit est ardent à servir son cher troupeau, mais les forces physiques n'y répondent pas toujours. C'est la tourterelle gémissante qui cherche un nid pour y déposer ses petits ; il est impatient de répandre dans les âmes les délices spirituelles puisées dans les Ecritures.

Faible et languissant avant le sermon, il s'échauffe en parlant et se fortifie. « J'étais fatigué au moment de monter en chaire, et voilà qu'en vous parlant j'ai pris des forces, tant est grand mon désir de vous faire du bien. Le laboureur oublie sa fatigue en songeant à la moisson. Soyez ma récolte afin que je sois avec vous et que nous soyons tous la récolte de Dieu. » (3)

---

(1) *In Ps.* 147, 21.
(2) *In Ps.* 90, 1.
(3) *Serm.*, 37, 1 et 42, 3.

Une autre fois, les fidèles sont félicités d'être venus nombreux en dépit du froid. « Puisque vous êtes venus, c'est que vous m'aimez. Mais qu'avez-vous aimé ? Si c'est moi, je l'approuve. Je veux être aimé de vous, mais non pour moi-même. Aimez-moi dans le Christ, que notre mutuel amour gémisse vers Dieu, c'est le gémissement de la colombe. » (1)

Toutes les occasions sont mises à profit pour faire appel au cœur de l'auditoire. Dans son commentaire sur l'*Epître* de saint Jean, il s'écrie : « La charité qui remplit cette lettre, fait de moi un débiteur très fidèle, et de vous des créanciers très doux. Quand l'amour existe, point d'amertume chez celui qui demande, et point de fatigue pour celui qui donne. Ne voyons-nous pas, jusque chez les animaux, comment les mères supportent leurs petits, même quand ils sucent la mamelle avec secousses ?... Si j'ai cette charité dont parle l'Apôtre, j'aime votre avidité. Je n'aime pas les auditeurs paresseux, je tremble pour ceux qui languissent. » (2)

Les auditeurs d'Hippone étaient loin d'être passifs et indifférents. Ils aimaient à manifester leurs impressions, non seulement par les traits du visage, mais par les gestes, par des acclamations. Il leur arrivait d'achever tout haut la citation d'un texte biblique, et le prédicateur ne songeait nullement à les réprimer. « J'ai été

(1) *In Joan. Tract.*, 6, 1.
(2) *In Epist. Joan. ad Parthos*, tr. 9, 1.

devancé par le vol de votre esprit. Instruits à l'école du maître céleste, vous avez bien appris votre leçon et vous aimez à la réciter. » (1) De telles paroles ne pouvaient que les encourager.

Cependant, cette manifestation des sentiments spontanée et bruyante, risquait parfois de devenir indiscrète et compromettante. Enumérant un jour, d'après saint Paul, les catégories de gens qui n'entreront pas dans le royaume des cieux, Augustin s'arrête brusquement et dit : « J'ai nommé les homicides, et personne n'a frémi ; j'ai nommé les luxurieux, et j'ai vu plusieurs qui se frappaient la poitrine. » (2) On était alors habitué à la confession publique.

Rien de dur ou de morose dans cette prédication. Elle veut répandre la joie dans les cœurs, et il ne lui déplaît pas d'amener le sourire sur les lèvres.

Dans l'explication du psaume 143, le prédicateur arrive devant le verset qui parle des filles des hommes et qui dit : « Elles sont ornées comme des temples. » Ayant vu les hommes tourner malicieusement leurs regards de l'autre côté, il s'arrête et ajoute en souriant : « Passons vite ici ; il faut ménager la pudeur des femmes. » Saint Jean Chrysostome avait eu moins de ménagement pour les grandes dames de Constantinople.

Au cours d'un sermon, Augustin a vu des

(1) *Serm.*, 52, 13.
(2) *Ibid.*, 322, 4.

regards inquiets et défiants s'arrêter sur un des auditeurs. C'était un ancien fidèle qui avait quitté l'Eglise pour retourner à ses sorcelleries. Revenu au bercail, il était là tenant sous le bras les livres qu'il allait faire brûler.

Le bon pasteur s'empresse de le prendre sous sa protection, de le recommander à la charité des fidèles. « La soif de l'Eglise est grande, dit-il, elle veut aussi le boire, celui-là... Trompé lui-même, il en a trompé bien d'autres, il a commis bien des sacrilèges. Combien d'argent pensez-vous qu'il vous a extorqué ? » C'est le prodigue qui rentre à la maison paternelle. Il a été éprouvé pendant longtemps, il faudra encore le surveiller de près. « Il est pénitent, et ne demande que la miséricorde, je le recommande à vos yeux et à vos cœurs. » (1)

L'auditoire était d'ordinaire sympathique et pieux, prêtant au lecteur des oreilles attentives ouvrant aux courants des Ecritures les receptacles de l'âme. Parfois il devenait bruyant et passablement houleux. Augustin n'était pas rassuré quand il voyait les *turbas theatricas*, les foules des théâtres envahir sa basilique de la paix, aux grandes solennités.

C'est alors principalement qu'il parle de sa gorge malade et qu'il réclame le silence. « Comment ne pas s'indigner, s'écrie-t-il, quand on voit ceux qui remplissaient l'Eglise tout à l'heure, s'en aller remplir les théâtres et les amphi-

---

(1) *In Ps.* 61, 23.

théâtres, s'en aller blasphémer Dieu, ceux qui viennent de lui dire : *Amen* ? »

Ces gens-là viennent au sermon comme des écoliers désespérés qui détestent leur maître. Entre les murs de l'église, ils traitent leurs affaires, ils cherchent avec qui causer ; ils ne demandent qu'à susciter des émeutes tout comme au cirque. L'ancien professeur de Carthage retrouvait peut-être au pied de sa chaire quelques-uns de ces *eversores* qui le déconcertaient jadis. Il en avait probablement sous les yeux lorsqu'il s'écria, un jour de l'Ascension : « Je sais qu'à pareilles fêtes, l'église est pleine de ces gens plus pressés de s'en aller que de venir. Ils me trouvent à charge lorsque je suis un peu long ; mais quant aux dîners vers lesquels ils se hâtent, ils les prolongeraient volontiers jusqu'au soir. » (1)

La fonction de prédicateur avait pour Augustin moins de charmes et d'attraits qu'on pourrait le croire. Nature douce et sensible, il lui répugnait d'avoir à reprendre, à gronder, à dire aux hommes des choses qui ne leur plaisent pas. Il était fortement tenté de se renfermer dans la méditation silencieuse d'une solitude, occupé seulement de son âme et de Dieu. « Rien de meilleur, avouait-il un jour, rien de plus doux que de scruter dans le silence le trésor divin. Mais prêcher, reprendre, corriger, édifier, se charger de tout le monde, quelle tâche ! quel

____

(1) *Serm.*, 361, 4.

poids ! quel travail ! Comment ne pas redouter pareille besogne. » (1)

Il ne serait pas fâché de voir ressusciter les Apôtres et les grands prédicateurs du passé, afin de pouvoir lui-même se reposer doucement, humblement aux pieds du Maître. Mais ne faudra-t-il pas rendre compte des talents reçus, n'est-il pas responsable des âmes qui lui sont confiées ? Voici le Seigneur qui frappe et qui dit : « Ce que vous avez appris dans les ténèbres, prêchez-le en plein jour ; ce que vous avez entendu dans le secret, publiez-le sur les toits. Après m'avoir mieux connu dans le recueillement et le silence, faites-moi connaître. » (2)

Malgré les dégoûts et les répugnances, Augustin remplira admirablement son devoir de prédicateur. Pendant près de quarante ans, il charmera ses auditeurs, car il a eu le secret de s'en faire aimer. Passé maître dans l'art d'éclairer les intelligences, il possédait un don beaucoup plus rare, celui de conquérir les cœurs.

L'on ne se contentait pas d'écouter ses paroles, plusieurs les prenaient par écrit. Voyant un jour les sténographes à l'œuvre, il s'arrête et dit : « Je dois me surveiller aujourd'hui ; voilà des frères qui, non contents d'ouvrir à mes paroles les oreilles de leur cœur, les mettent par écrit ; il faut que je songe aux lecteurs. » (3) Devenu

---

(1) *Serm.*, 339, 4.
(2) *In Joan. Tr.*, 57, 4-5
(3) *In Ps.* 51, 1.

vieillard, il fera cette aimable et fine confidence :
« Je vous ai parlé longuement. Pardonnez à la
vieillesse bavarde. Comme vous le voyez, me
voici devenu vieux par l'âge, je l'étais depuis
longtemps par la faiblesse du corps... Priez Dieu
de me donner des forces afin que, jusqu'à ma
mort, je puisse vous annoncer la parole de
Dieu. » (1)

Le prédicateur est comparé aux anges qui
montaient et descendaient l'échelle mystérieuse
de Jacob. Il va chercher au plus haut des cieux
les enseignements sublimes du christianisme,
puis il redescend les mettre à la portée des petits
et des humbles. A la suite du psalmiste, de saint
Jean et de saint Paul, le pasteur d'Hippone
s'élève très haut, mais il n'oublie pas, il ne
dédaigne pas de descendre. Véritablement il peut
adresser à ses fidèles les paroles de l'Apôtre aux
chrétiens de Thessalonique : « Je me suis fait
petit au milieu de vous, comme la mère qui
réchauffe ses enfants. »

Condescendant et maternel pour tous, il l'était
spécialement à l'égard des catéchumènes aux
jours de leur initiation au christianisme. Il leur
expliquait longuement toutes les demandes du
Pater, il bégayait avec eux les articles de ce
Credo qu'il avait développés en présence des
évêques au Concile d'Hippone. (2)

A propos du chapitre VI de saint Jean, où

---

(1) *Serm.*, 356, 7.
(2) *Ibid.*, 56 à 59.

Jésus promet l'Eucharistie, il excite la curiosité et le désir chez les non-initiés qui devaient quitter l'église après les lectures et le sermon, au moment ou commençait le sacrifice de la messe. « On t'appelle Catéchumène, on t'appelle *Auditeur*, et pourtant tu es sourd. Tu ouvres les oreilles du corps et tu entends ces paroles, mais les oreilles du cœur sont encore fermées et tu ne comprends pas. Voici Pâques qui approche, donne ton nom pour le baptême ; ouvre-moi, car je frappe à la porte de ton cœur. » (1)

Aux fêtes pascales, quand il voyait près de sa chaire la troupe blanche des nouveaux baptisés, il oubliait le reste de l'auditoire pour s'occuper d'eux seuls. Il ne trouve pas dans son riche vocabulaire de mots assez tendres pour les qualifier. Ils sont le fruit de son travail, sa joie et sa couronne, les bourgeons de sa vigne en fleur. « O vous, mes frères, mes fils, vous, les tendres enfants de la mère Eglise, je vous en supplie, au nom de votre baptême, fixez les yeux sur celui qui vous a appelés, qui vous a aimés, qui vous a cherchés dans vos égarements, qui vous a illuminés. » (2)

Augustin est plein d'admiration pour la charité de Moïse demandant à Dieu de pardonner à son peuple, ou de l'effacer lui-même du livre de vie ; pour le zèle de saint Paul, acceptant volontiers d'être anathème pour ses frères du

---

(1) *Serm.*, 132, 1.
(2) *Ibid.*, 228, 2.

Judaïsme. Lui aussi pourtant s'est élevé jusqu'à ces hauteurs dans l'amour des âmes.

Développant un jour la page d'Ezéchiel qui trace les devoirs des pasteurs et ceux des fidèles, il s'écrie : « Voilà notre miroir ; je m'y suis regardé ; regardez-vous à votre tour... Pourquoi suis-je assis dans cette chaire ? Pourquoi est-ce que je vous parle ? Quel est mon désir, quelle est ma volonté ? — Que nous vivions ensemble avec le Christ. Voilà mon ambition, mon honneur, ma gloire, ma richesse. Je le sais, pourvu que je vous parle, quand bien même vous ne m'écouteriez pas, j'aurais sauvé mon âme. — Oui, mais je ne veux pas être sauvé sans vous... Si vous n'avez pas pitié de vous-mêmes, ayez pitié de moi. » (1)

Toutes les fois qu'il avait à faire entendre des choses désagréables, Augustin se rappelait le conseil qu'il avait donné à l'évêque de Carthage : il faisait usage des Ecritures. S'adressant à ceux qui remettent toujours au lendemain le travail de leur conversion, qui murmurent comme les corbeaux : *cras, cras*, il s'écrie : « La colère de Dieu viendra à l'improviste : *subito enim veniet ira ejus*. Est-ce moi qui ai écrit ces mots ? Est-ce que je puis les effacer ? — Je craindrais d'être effacé moi-même. Je ne puis pas taire ce texte, je dois le prêcher. *Territus terreo*, c'est ma propre frayeur qui me rend terrible. » (2)

____

(1) *Serm.*, 17, 2 et 232, 4.
(2) *Ibid.*, 40, 5.

L'évêque d'Hippone n'est pas seulement le disciple de Platon et le contemplateur d'Ostie, il est aussi l'un des plus fins observateurs de ce monde visible, et voilà pourquoi il a été peut-être de tous les prédicateurs le plus concret et le plus imagé.

Que les animaux soient doués de mémoire, il le sait par le chien d'Ulysse, par les chèvres et les hirondelles de Virgile, mais il a voulu l'expérimenter lui-même. Penché sur le bord d'un étang, il a vu les poissons circuler par bandes et se hâter vers les promeneurs qui ont l'habitude de leur jeter de la pâture (1). Assis dans un appartement, il interrompt sa lecture pour voir l'araignée prendre les mouches qui s'embrouillent dans sa toile. Pendant ses courses à cheval à travers la campagne, il lui est arrivé d'être distrait de sa méditation par le chien qui court après un lièvre (2).

Toutes ces images emmagasinées dans une mémoire souple et tenace, combinées par une imagination très vive, viendront illustrer les pensées les plus abstraites, mettre les vérités les plus sublimes à la portée de tous les esprits. La maman qui débarbouille son enfant malgré ses cris, le père qui refuse de mettre son petit garçon à cheval, voilà qui fera comprendre la conduite à la fois douce et sévère de Dieu à notre égard. Le chien retenu par sa chaîne représente

---

(1) *De Genesi ad litteram*, III, 11.
(2) *Conf.*, X, 57.

le diable : il aboie et montre les dents, mais ne mord que les imprudents qui s'approchent trop près.

Les pêcheurs et les matelots d'Hippone entendaient souvent leur prédicateur parler de la mer, des barques et des filets. Cet océan houleux et salé est bien l'image du monde avec son amertume et ses tentations. Les hommes qui n'ont pas la charité du Christ ressemblent aux poissons : les grands mangent les petits en attendant d'être mangés eux-mêmes par de plus gros. Pris dans les filets de la foi, gardons-nous d'en rompre les mailles. Ici-bas nous ne jouirons jamais d'une pleine sécurité, cependant nous avons fixé au rivage de la Patrie l'ancre de l'espérance (1).

Les laboureurs, eux aussi, seront charmés de voir comment le blé qu'ils sèment et qu'ils moissonnent, les vignes qu'ils taillent, le sol qu'il tournent et retournent, servent à leur pasteur bien-aimé, comme ils ont servi à Jésus lui-même pour traduire les vérités de l'Evangile.

Les auditeurs d'Augustin étaient en admiration devant l'universalité de ses connaissances ; il semble avoir été partout, avoir tout vu ; il tire parti du moindre détail de la vie humaine. L'âme cherche à fuir sa mauvaise conscience, comme le mari abandonne son ménage en désordre pour le cabaret. Le joug du Christ est semblable aux ailes des oiseaux ; loin d'alourdir les âmes, il leur

____

(1) *In Ps.* 64, 9. *In Epist. Joan, Tr.*, 2, 10.

permet de prendre leur vol dans les hautes régions (1). Notre vie est plus fragile que le verre, car on voit des calices de cristal qui ont servi aux ancêtres et qui serviront encore aux petits-neveux.

Eblouis et charmés par la variété des comparaisons et des images, par les aimables confidences et les fines malices, l'auditoire éclatait parfois en acclamations et en applaudissements. C'était là, aux yeux d'Augustin, des feuilles et des fleurs, mais il voulait des fruits. « Mes paroles vous plaisent, disait-il un jour, moi je demande des faits. Ne me contristez pas par vos mœurs perverses, car toute ma joie en ce monde est dans votre bonne conduite. » (2)

Ce n'était pas seulement la petite ville d'Hippone qui entendait la parole d'Augustin. Les autres villes d'Afrique le faisaient venir pour les grandes circonstances. Plusieurs des sermons ont été prononcés dans les basiliques de Carthage. « Par la permission de Dieu, écrit-il, partout où je me suis trouvé, j'ai dû parler au peuple. Il m'a été rarement donné de me taire et d'écouter les autres. » (3)

Comment jouir d'une pareille vogue, moissonner tant de succès et de louanges sans ressentir l'aiguillon de l'orgueil ? Ses ennemis ne manquaient pas de le faire passer pour un ambi-

----

(1) *Serm.*, 164, 7.
(2) *Ibid.*, 17, 7.
(3) *Retract.*, *préf.*, 2.

tieux. « Ils sont nombreux, dit-il un jour à ses auditeurs, ceux qui m'accusent de vous parler afin d'être loué, acclamé par vous. Ils disent que c'est là mon but et mon intention... Comment leur prouverai-je le contraire ? Il ne me reste qu'à dire à Celui qui lit dans les âmes : « Sei- » gneur tu connais mes sentiers. » (1)

Pascal conseille aux apologistes et aux prédicateurs de montrer dans le christianisme une religion vénérable et aimable, « vénérable, parce qu'elle a bien connu l'homme ; aimable, parce qu'elle promet le vrai bien. » (2). Personne probablement n'a fait cette démonstration avec autant de chaleur et de lumière que le pasteur d'Hippone.

Devant son auditoire enchanté, il a scruté avec finesse et profondeur tous les replis de l'âme humaine, ses misères immenses comme ses aspirations sublimes. La religion qu'il prêche est vénérable, car elle a bien connu l'homme ; elle est aimable aussi, car elle lui promet le vrai bien, elle mène à la conquête du bonheur.

Le genre humain, avec ses générations échelonnées le long des siècles, lui apparaît sous l'image d'un arbre toujours vert, d'un olivier ou d'un laurier. L'arbre porte toujours un manteau verdoyant, mais regardez les feuilles mortes qui jonchent le sol (3).

----

(1) *Serm.*, 141, 8.
(2) *Pensées*, édit. Brunschvicg, n. 187.
(3) *Serm.*, 101, 10.

Le regard d'ensemble qu'il jette sur cette humanité paraît d'abord pessimiste, c'est qu'il la voit accablée sous le poids de la malédiction divine. « La vie humaine où nous sommes entrés est misérable, pleine de fatigues, de douleurs, de dangers, de malheurs, de tentations. Ne vous laissez pas séduire par l'apparence joyeuse des choses, regardez plutôt leur côté triste et douloureux. L'enfant qui vient au monde pourrait rire, pourquoi commence-t-il par pleurer ? — C'est qu'il entre dans un monde de captivité, mais la joie viendra. »

Oui, la joie viendra. Le genre humain est un grand malade blessé par le péché originel et gisant sur le bord de la route ; mais il a été visité, recueilli par le divin médecin. Quand un jeune médecin débute dans un pays, il cherche des cas désespérés afin de se faire connaître et d'inspirer confiance. Jésus-Christ a traité d'abord saint Paul et il lui a dit : « Va vers les découragés et dis-leur ce que tu souffrais, ce que j'ai guéri en toi, et combien vite. Par une première parole, je t'ai frappé et abattu ; par une seconde parole, je t'ai relevé et choisi ; par une troisième parole, je t'ai rempli et envoyé ; par une quatrième parole, je t'ai affranchi et couronné. Va donc et crie aux malades que le Christ est venu sauver tous les pécheurs. » (1).

Jésus nous a aimés malgré nos laideurs et nos malices ; il a souffert afin de nous transfigurer,

---

(1) *Serm.*, 176, 4.

afin de faire de nous ses amis, les bénis de son Père. Que peut un homme mal tourné et disgracieux qui aime une belle femme ? « Il se regarde dans la glace et il a honte de son visage, il n'ose plus élever les yeux sur sa bien-aimée. Attendrat-il que la beauté lui vienne ? — Mais la vieillesse va le rendre encore plus laid. S'il veut se marier il n'a qu'une chose à faire ; se contenter de quelqu'une qui lui ressemble. » Laissons-nous transformer par la grâce ; nous pourrons alors aimer Dieu et en être aimés (1).

L'Eglise, voilà l'hôtellerie où Jésus, le bon samaritain, a déposé son malade pour l'y faire soigner par ses ministres. Cette Eglise, Augustin l'aime de cet amour tendre et ardent qu'il avait pour sa mère, Monique. Se rappelant ses ingratitudes passées à son égard, il supplie les fidèles de ne pas imiter son exemple. Qu'ils acceptent docilement leur nourriture spirituelle de cette main aimante. « Moi, dit-il, pauvre et misérable, je m'étais cru des ailes et je quittai le nid. Mais au lieu de prendre mon vol, je suis tombé à terre. Le Seigneur a eu pitié de moi. Ne voulant pas me voir écraser par les passants, il m'a relevé et remis dans le nid. » (2) Inutile pour les frères de recommencer cette expérience.

L'on doit aimer l'Eglise plus que son père, plus que sa mère, et surtout n'en jamais rougir,

____

(1) *In Epist. Joan., Tr.*, 9, 9. Cf. *Enarr. in Ps.* 21, 1, 8, 28.
(2) *Serm.*, 51, 6.

en être fier. Augustin aime à la montrer grandissante et se répandant par l'univers entier sous la protection des empereurs convertis. « L'Eglise a grandi, dit-il, les nations ont cru ; les princes ont ployé le cou sous le joug du Christ. Il a grandi, le petit grain de sénevé ; il a dépassé les autres plantes ; ils viennent les oiseaux du ciel, les grands du siècle, se reposer sur ses branches. » Le sang des martyrs a été une semence féconde (1).

Augustin montait un jour en chaire, tenant en main la page des *Proverbes* qui célèbre la femme forte. « Cette page de l'Ecriture que vous voyez dans mes mains, nous invite à louer une femme. C'est la fête des martyrs, il faut donc louer leur mère. Vous avez reconnu déjà de quelle femme il s'agit. Chacun de vous, je le vois dans vos physionomies, a dit au fond du cœur : ce doit être l'Eglise. Vous l'avez deviné, c'est bien l'Eglise, c'est d'elle que je voulais parler ; car, ce n'est pas oublier les martyrs que de parler de leur Mère. » (2)

Cette mère souffre, quand elle donne des martyrs au Christ, son époux, mais alors sa souffrance est glorieuse et consolante. Sa douleur devient amère et désolée en présence des hérétiques, de ces enfants orgueilleux qui l'abandonnent, séduits par les choses qui brillent sur la face du monde, trompés par le serpent au nom

---

(1) *Serm.*, 44, 2 et *In Ps.* 88, 10.
(2) *Serm.*, 37, 1.

de je ne sais quelle science. Ils s'éparpillent un peu partout en des sectes diverses, partout aussi ils rencontrent l'Eglise Catholique, gardienne de l'unité qui leur ouvre ses bras (1).

Les fidèles d'Hippone auront en face des hérésies une attitude pleine de largeur d'esprit et de fermeté. D'abord, pas de mépris pour ces brebis errantes, pour ces rameaux détachés ; le tout est entre les mains du pasteur suprême et du vrai vigneron. Pas de scandale non plus. Ce ne sont pas des âmes vulgaires qui font les hérésies. Donat était un grand homme, et Arius aussi, et voilà pourquoi ils ont eu une influence funeste. Les hérésiarques, eux aussi, sont des phares qui projettent quelque lumière sur la route des navigateurs, mais, tout près, il y a de gros rochers et là se font de grands naufrages (2).

N'oublions pas non plus les services que rendent les hérésies. Saint Paul les reconnaissait et saint Augustin ne les ignore pas. Elles fournissent aux savants catholiques l'occasion de se révéler en les obligeant au travail. « Que d'hommes, capables de creuser et de comprendre les Ecritures, restaient cachés dans le peuple de Dieu ; que de questions demeurées sans solution faute d'un calomniateur. Le dogme de la Trinité était-il parfaitement connu avant les Ariens ? Où en était la Pénitence avant les Novatiens, et le Baptême avant les Rebaptisants ? » (3) Pour-

____

(1) *Serm.*, 46, 18.
(2) *In Ps.* 124, 5.
(3) *In Ps.* 54, 22 et *De Ver. Relig.* 15.

quoi lui-même, petit oiseau sans plumes et rampant à terre, a-t-il osé se mettre à la suite de saint Jean, de l'aigle qui plane dans le ciel et fixe le soleil ? — C'est pour raffermir les fidèles dans leur foi en la divinité du Christ, pour répondre aux orgueilleux disputeurs qui l'ont mise en doute (1).

A côté des hérétiques qui ont déchiré les filets des Apôtres, il y a les païens qui refusent d'y entrer. Ce sont principalement les savants et les philosophes à l'orgueil incorrigible. Les simples chrétiens n'ont rien à leur envier, ils doivent plutôt les plaindre. Pour traverser l'océan de cette vie, pour aborder au rivage de la Patrie, il n'y a qu'un moyen : l'humble radeau de la croix de Jésus. Lorsque les sages du siècle viennent se moquer de nos croyances, il faut mépriser leurs objections. « Le Seigneur est venu, la Sagesse a parlé, le ciel a tonné, que les grenouilles se taisent : *ranœ taceant.* » (2)

Au-dessous des lettrés sérieux et des philosophes, se trouvent les sceptiques et les railleurs de toutes nuances ; l'Evangile les nomme le « monde » et Augustin les oppose à la Cité de Dieu. Les chrétiens sont parmi eux comme les Juifs au milieu des païens de Babylone. Ils nous demandent parfois railleusement de leur chanter nos Cantiques. « Expliquez-nous, disent-ils, l'avènement du Christ et la vie future. »

---

(1) *In Joan., Tr.*, 36, 5-6.
(2) *Ibid., Tr.*, 2, 4 *et Serm.*, 240, 4.

Ce sont là des gens dont il convient de se défier. La plupart du temps ils ne sont pas de bonne foi, ils ne cherchent pas à être instruits, ils veulent surtout nous trouver en défaut. Attachés aux choses qui brillent et qui passent, ils sont incapables de goûter les choses éternelles ; ils ne comprennent pas notre langue. Comment chanter le Cantique du Seigneur sur une terre étrangère ? Afin de n'être pas séduits, tenons-nous fortement serrés les uns contre les autres, et chantons l'hymne de la fidélité : « Si jamais je t'oublie, ô Jérusalem, que ma droite se dessèche et que ma langue s'attache à mon palais. » (1)

Les hérétiques et les païens sont dangereux pour les fidèles ; les mauvais catholiques sont plus dangereux encore. Nous avons quitté la haute mer en entrant dans l'Eglise, mais là non plus, pas de sécurité parfaite. Le vent pénètre jusque dans le port, et les navires peuvent s'y endommager en s'entrechoquant.

C'est principalement aux fêtes de Pâques, lorsqu'il voit devant lui les nouveaux baptisés revêtus de leurs habits blancs, que l'évêque d'Hippone met en garde contre les mauvais chrétiens et le scandale qu'ils constituent. Il y aura toujours dans le champ du Seigneur de l'ivraie parmi le froment, et dans l'aire à battre il y aura toujours de la paille à côté du grain.

Il ne faudra même pas s'étonner de rencontrer

---

(1) *In Ps.* 136, 10, 11, 12.

quelques mauvais pasteurs. Que les fidèles se gardent, du reste, de les juger trop facilement. Et voici qu'Augustin se met en scène lui-même. « Peut-être, il y a parmi vous, un, deux ou plusieurs qui me jugent et disent : je voudrais bien savoir s'il fait tout ce qu'il dit. A ceux-là je réponds : Peu m'importe d'être jugé par vous ou par un autre homme... Quant à toi, qui nourris ces sentiments, Dieu t'a mis en sécurité. Si je fais ce que je dis, imite-moi, comme j'imite le Christ. Si je dis et ne fais pas, écoute ce que dit le Seigneur : Faites ce qu'ils disent, mais ne faites pas comme ils font. » (1)

Que penser du voyageur qui s'arrêterait sous prétexte que le poteau qui lui indique sa route ne marche pas ? L'écolier est-il moins puni pour son barbarisme quand il s'autorise de Cicéron ou de Virgile ? Commencez par bien vivre vous-mêmes et vous verrez se grouper autour de vous une foule fraternelle et joyeuse de compagnons. C'est dans l'Eglise du ciel qu'il faut choisir ses modèles. « Regardez ces milliers de martyrs ; vous y trouverez non seulement des hommes, vous y trouverez des femmes, des jeunes filles, des enfants. » (2)

L'Eglise comptera toujours de bons et de mauvais chrétiens ; toujours aussi les prédicateurs verront autour de leur chaire des riches et des pauvres. Augustin avait trop le sens des réalités

---

(1) *Serm.*, 179, 10.
(2) *Ibid.*, 351, 11. 199, 2 et *Epist.*, 208. *Serm.*, 228, 2.

pour vouloir combler l'abîme qui sépare les deux extrêmes de la société, du moins cherche-t-il à l'atténuer un peu. La religion qu'il prêche sera aimable pour le pauvre, car elle condamne le mauvais riche pour le seul fait de son inhumanité : *propter solam inhumanitatem* (1).

Les pauvres croient trop facilement au bonheur des riches. Ils sont nombreux, les martyrs de la richesse qui pourraient dire à leur or : « A cause de toi, je meurs chaque jour. » Ne disent-ils pas souvent dans leur cœur : Qui pourra me détacher de la cupidité de l'argent ? — La tribulation ? L'angoisse ? La persécution ? Il y a des gens qui endurent la faim par avarice, et quand on leur parle de jeûner, ils s'excusent à cause de leur estomac (2).

La fortune ne devrait pas créer entre les hommes tant d'inégalité ; ils oublient trop leur commune origine et leur commune destinée. Si les riches se croient supérieurs aux pauvres, c'est qu'ils s'arrêtent aux vêtements, ils oublient de regarder la peau. Les chrétiens, eux, doivent se rappeler qu'ils sont tous frères ; car tous, le pauvre aussi bien que l'empereur, disent à Dieu chaque jour : « Notre Père qui êtes aux Cieux. »

Nous sommes tous indigents sous quelque rapport, nous avons tous besoin les uns des autres. L'un offre son argent et son or et l'autre lui apporte le secours de ses bras. « Vous qui

---

(1) *Serm.*, 178, 3.
(2) *Ibid.*, 331, 5 et 335, 2.

m'écoutez maintenant, vous êtes mes pauvres ; tous nous sommes les mendiants de Dieu, le seul vrai riche. » (1)

C'est peut-être quand il plaide pour les indigents que le pasteur d'Hippone est le plus éloquent. « Donnez aux **pauvres**, s'écrie-t-il, je vous le demande, je vous l'ordonne, et voici pourquoi. Quand je viens à l'église ou que je m'en retourne, les pauvres m'arrêtent et disent : « Intercède pour nous ! » S'ils ne reçoivent rien, ils pensent que je perds mon temps et ma peine avec vous. » Les auditeurs ont approuvé et applaudi. Ils sont félicités de leurs bons sentiments, mais on demande quelque chose de plus. « Vous avez compris, vous avez loué : *Deo gratias !* Pourtant ces louanges m'accablent, je les supporte, mais elles me font trembler. Ces louanges, mes frères, elles sont les feuilles des arbres, moi j'attends le fruit. » (2)

Il ne faudrait tout de même pas que les pauvres profitent des sermons de charité pour se rendre exigeants, intraitables et hautains. Il ne suffit point d'être couvert de haillons et d'ulcères pour être transporté dans le sein d'Abraham, et tous les riches ne sont pas ensevelis dans l'enfer. « Ecoute-moi bien, Seigneur pauvre. Prends garde de mépriser les riches qui sont miséricordieux, qui sont humbles, en un mot qui sont

------

(1) *Serm.*, 125, 13.
(2) *Ibid.*, 61, 13.

pauvres. O pauvre ! sois vraiment pauvre, c'est-à-dire, pieux et modeste. » (1)

Augustin profitait du carême pour rappeler à ses chrétiens le devoir de la pénitence. C'est en union avec Jésus-Christ, au souvenir de la Passion qu'on célébrera bientôt, que les fidèles doivent se mortifier, réprimer la concupiscence sous toutes ses formes.

Il déplore la ruse avec laquelle certains savent tourner les abstinences quadragésimales. Ils se privent du vin ordinaire, mais trouvent pour le remplacer des liqueurs plus fines qui ignorent la vendange et les pressoirs. On s'abstient de viande, mais elle est suppléée par des mets si variés et si précieux que, si le carême durait un peu, tout le patrimoine y passerait. Les riches incapables de jeûner feront des aumônes, et ceux qui n'ont ni richesse ni santé pourront du moins pratiquer le pardon des injures (2).

Les gens de ce pays et de cette époque avaient les rancunes tenaces et les vengeances terribles ; ce qui donne du prix à l'infinie mansuétude de leur pasteur. « Je vois chaque jour, dit-il, des hommes à genoux, le front contre le sol, le visage ruisselant de larmes, et qui disent : Seigneur, venge-moi ; fais mourir mon ennemi. » Pour calmer de pareils ressentiments, il fallait mettre devant les yeux le crucifié du Golgotha, le grand miséricordieux. « Que je sois réjoui par votre

---

(1) *Serm.*, 14, 2-4.
(2) *Ibid.*, 205, 1, 207, 2.

réconciliation, moi que vos procès contristent si souvent. » (1)

Une autre pénitence, très sanctifiante et à la portée de tous, ce sera de s'incliner sous la main de Dieu, d'accepter avec une humble résignation les peines de la vie. « Dans la tribulation, il faut rentrer en soi-même ; invoquer Dieu là où nul regard ne voit celui qui gémit et celui qui console : s'humilier dans l'aveu du péché, puis louer le Seigneur, soit qu'il reprenne, soit qu'il console. » (2)

Cette pénitence intérieure, ce brisement du cœur dont les *Psaumes* de David et le livre des *Confessions* sont des échos si retentissants, est spéciale au christianisme. « Vous ne la trouverez pas dans les doctrines humaines, ni chez les Epicuriens, ni chez les Stoïciens, ni non plus parmi les disciples de Manichée ou ceux de Platon. Ils peuvent avoir d'excellents principes de morale ; ils n'ont pas cette humilité de l'âme, elle vient d'ailleurs, du Christ. » (3) Le publicain se frappant la poitrine au bas du temple, la pécheresse baignant de ses larmes les pieds du Sauveur et les essuyant avec ses cheveux, voilà les modèles de la prière pénitente qui doit être toujours au fond de l'âme chrétienne. N'oublions jamais que nous avons tous passé sur

---

(1) *Serm.*, 211, 6.
(3) *In Ps.* 134, 3 et *Serm.*, 2-3.
(3) *In Ps.* 31. *Enarr.* 2.

le pont de la miséricorde divine, et gardons-nous
de vouloir le détruire (1)

L'humilité chrétienne était véritablement une
plante nouvelle, la chasteté ne l'était guère
moins, cette pureté de l'Evangile qui surveille
le regard et le désir lui-même. C'est avec délicatesse que l'évêque d'Hippone la prêche aux
jeunes hommes à la veille de se marier ; il fait
appel à leur cœur, à l'amour qu'ils ont pour
leur fiancée. « Quel est le jeune homme qui ne
désire épouser une femme chaste ? — Tu veux
l'avoir pure ? Garde-toi pur pour elle. Si elle le
peut, tu le peux toi-même... Si tu le fais, tu
as plus de mérite. Pourquoi ? — Elle est protégée
par la vigilance de ses parents, par la pudeur
de son sexe, par la crainte des lois ; toi, au
contraire, tu n'as que Dieu à redouter. » Cette
crainte est ensuite avivée par une description
frappante de la présence divine (2).

La crainte est bonne et nécessaire, elle chasse
le diable du cœur. Mais, avec Dieu comme avec
les hommes, c'est l'amour qui a le dernier mot.
« Dans cette vie, deux amours sont constamment
en lutte, l'amour du siècle et l'amour de Dieu.
Celui des deux qui triomphe emporte le cœur
comme un poids. Ce ne sont pas les pieds ou
des ailes qui mènent vers Dieu, c'est l'affection :
et c'est l'affection opposée et non des liens cor-

------

(1) *Serm.*, 36, 11 et 99, 1. *In Ps.* 140, 8 et 125, 5. *In Ps.*
93, 7 et *in Ps.* 25, *Enarr.*, 2, 2.
(2) *In Ps.* 132, 2.

porels qui nous collent à la terre. » Cette pensée qui remplit la *Cité de Dieu* est rappelée à chaque instant dans les sermons (1).

Certes, ce n'est pas Augustin qui songe à éteindre l'amour dans les âmes. « Est-ce que je vous dis, moi : N'aimez rien du tout ? — A Dieu ne plaise ! Ils sont paresseux, morts, détestables, misérables, ceux-là qui n'aiment rien. Aimez, mais voyez où porter votre amour. C'est un courant d'eau, il peut se perdre dans les égouts, dirigez-le vers le jardin. »

Les créatures sont belles et bonnes, nous pouvons et nous devons les aimer, mais ne pas oublier de remonter à la source de leur splendeur, à Celui qui les a faites, qui les a semées sous nos pas pour nous servir ou tout simplement pour nous charmer. Quand nous oublions le donateur pour nous attacher au don, nous ressemblons à la jeune fille qui dirait de son fiancé en regardant le gage et le symbole de son amour : « Cet anneau d'or me suffit, je ne veux plus voir son visage. » (2)

Voici le signe auquel on reconnaîtra si l'on aime Dieu d'un amour pur et désintéressé. « Supposons que Dieu vous parle ainsi : Fais ce que tu veux, assouvis ta cupidité, déploie ta méchanceté, dilate tes convoitises ; tout ce qui te plaît,

---

(1) *Serm.*, 344, 1., Cf. *De Gen. ad litt.*, XI, 19-20. Baius et Jansénius abuseront étrangement de ce texte de saint Augustin.

(2) *In Epist. Joan.*, *Tr.*, 2, 11.

regarde-le comme permis, je ne te mettrai pas dans la géhenne ; — seulement, je ne te montrerai pas mon visage. Si cette parole : « Ton » Dieu ne te montrera pas son visage », a fait trembler votre cœur, votre amour est désintéressé. Si mes paroles ont trouvé dans vos âmes quelques étincelles du pur amour de Dieu, nourrissez-les, demandez qu'elles grandissent ; demandez-le par la prière humble, par le douloureux repentir, par le zèle de la justice, par les bonnes œuvres, par les gémissements sincères, par l'amitié fidèle. Soufflez sur ces étincelles du bon amour, entretenez-les. Quand elles auront grandi, quand elles auront produit une ample et belle flamme, elles consumeront la paille des concupiscences charnelles. » (1)

Lorsque les fêtes de Pâques ramenaient sur les lèvres le chant joyeux de l'*Alleluia*, Augustin tâchait de donner à ses chers auditeurs un avant-goût de la vie heureuse promise par Dieu à ceux qui l'aiment. Personne mieux que lui n'a senti et fait sentir aux âmes religieuses la tristesse de l'exil, la nostalgie du Ciel. « Ici-bas nous chantons déjà l'*Alleluia*, mais c'est l'*Alleluia* de la route ; là-haut, ce sera l'*Alleluia* de la Patrie. Chantez comme les voyageurs, mais marchez ; gardez la bonne direction et ne vous arrêtez pas, ne revenez pas en arrière. Au ciel, ce sera le repos de l'*Alleluia* perpétuel. » (2)

---

(1) *Serm.*, 178, 11.
(2) *Ibid.*, 256, 3.

Cette Jérusalem céleste qu'il contemple avec amour et vers laquelle il se hâte, c'est la *visio pacis*, la cité de l'éternelle paix. Ce dernier mot revient sans cesse sur les lèvres d'Augustin comme sous sa plume. Un jour l'auditoire a tressailli en l'entendant, et le prédicateur de s'écrier : « Pourquoi avez-vous tressailli de joie ? C'est que vous l'aimez, mes frères. Je goûte un grand bonheur quand je vois l'amour de la paix jaillir de vos cœurs. Je n'avais rien dit, je n'avais rien expliqué ; j'avais seulement prononcé le mot et vous avez tressailli... A quoi bon désormais vous parler de la paix, en faire l'éloge ? Attendons d'être arrivés là-haut dans la patrie de la paix. » (1)

Augustin avait raison d'attendre. Durant sa longue vie, il ne goûtera guère que la paix d'une grande âme qui a trouvé la vérité et travaille à la faire connaître ; celle du soldat toujours sur la brèche pour défendre et propager le règne du Christ et de l'Eglise.

---

(1) *In Ps.* 147, 15 et *In Joan.*, *Tr.* 55, 9.

CHAPITRE XIII

Le Guetteur du Christ

*Contre les manichéens. — En face des donatistes.
Devant les pélagiens.*

Un jour, le pasteur d'Hippone recevait une
lettre d'un manichéen de Rome nommé Secundinus. On saluait en lui un cœur d'or, l'orateur
suprême et presque le dieu de l'éloquence. Faisant alors appel à la conscience et à la piété,
on le suppliait de revenir au manichéisme qu'il
aurait quitté par crainte ou par ambition. « Je
t'en supplie, change de sentiment, dépouille la
perfidie africaine, et convertis-toi... Cesse d'être
la lance de l'erreur qui a percé le flanc du Christ.
Avec ton éloquence, tu aurais été pour nous un
bel ornement. » (1)

Augustin répondit par un petit traité. Il remer-

----

(1) *Epistola Secundini.* Migne, *Patr. lat. t.,* 42 (573-578).

cie Secundinus de ses compliments, mais proteste contre les mobiles qu'on suppose à sa conversion. Du reste, peu lui importent les jugements des hommes. « Pense d'Augustin tout ce que tu voudras : il me suffit d'avoir devant Dieu le bon témoignage de ma conscience. »

Il touche ensuite la question fondamentale : le problème du mal. L'univers est un immense poème ; pour en saisir la beauté, il faut le considérer d'ensemble. S'il plaît à Secundinus d'être plus renseigné sur le sujet, il trouvera chez Paulin de Nole l'ouvrage intitulé *Le libre arbitre*. En terminant, il s'écrie : « Et maintenant, mon bon ami, pourquoi me reproches-tu d'avoir quitté les livres manichéens pour ceux des Juifs ? Ce sont précisément ces livres qui étouffent votre erreur et votre duperie ; ils prophétisent le Christ tel que l'a montré la vérité de Dieu, et non pas comme l'imaginent les fables de Manichée. » (1)

Les Manichéens avaient cruellement senti la défection d'Augustin, d'autant plus qu'il allait se tourner contre eux et contre leurs doctrines. Leur principale arme contre les catholiques était le dédain et le sarcasme. Faustus de Milève, leur docteur le plus éloquent et le plus en vue, excellait à exploiter les anthropomorphismes et les scandales de l'Ancien Testament.

Augustin, lui aussi, était de la race des Apulée et des Tertullien, il possédait leur verve étincelante, avec quelque chose de plus fin et de plus

---

(1) *Contra Secundinum*, 25 et *passim*.

pénétrant. Il se chargeait de montrer à ses anciens coreligionnaires que leurs doctrines et leurs pratiques prêtaient passablement au ridicule.

Sont-ils donc si délicats dans leur culte, quand ils vont par les prairies et les potagers, flairant les parcelles de leur divinité ? Ils ont une dévotion spéciale pour le melon à cause de sa belle couleur dorée et de son parfum. Mais pourquoi cette horreur pour la chair des animaux ? En quoi serait-elle moins divine que les fleurs, les fruits et les légumes ?

« Regardez ce porcelet rôti. Quelle splendeur pour l'œil, comme il flatte l'odorat, et quelle saveur ! Il y a là tous les signes de la présence de Dieu. Il vous sollicite par un triple témoignage, il désire être purifié par votre sainteté. Qu'attendez-vous pour le déguster ? » Le plumage d'un paon n'est-il pas aussi multicolore qu'une prairie couverte de fleurs ? Les nerfs desséchés fournissent des cordes de cithare, les os deviennent des flûtes, instruments de la douce musique. Les peaux de chèvres n'ont-elles pas servi à la reliure de vos livres sacrés ? Puisque les bêtes et les plantes ont des âmes capables de vous comprendre, qu'attendez-vous pour leur envoyer des prédicateurs ? Avec vos théories de la métempsycose, ne craignez-vous pas de rencontrer l'âme de votre père dans le cheval que vous éperonnez, dans la puce que vous écrasez impitoyablement ? (1)

____

(1) *De Moribus Manichæorum*, 36-41. *C. Adimantum.* XII, 2.

L'apparente sainteté de l'élite de la secte, des Elus, séduisait beaucoup d'âmes. On ne tardait pas néanmoins à découvrir bien des vices chez ces prétendus ascètes. Le motif de leur célibat et de leur continence n'était guère honorable. Le gouvernement romain avait raison de se défier d'une doctrine qui condamnait le mariage, défendait d'avoir des enfants, réprouvait l'agriculture à l'égal du trafic des usuriers (1).

Sans être parfaits, les catholiques ne craignaient pas la comparaison. Les vertus de l'Evangile fructifiaient dans les âmes des simples chrétiens ; elles s'épanouissaient surtout dans les monastères. Que sont les Elus manichéens auprès de ces légions de cénobites et d'anachorètes, aux physionomies pleines de charité, faisant aux hommes l'aumône de la prière et de l'exemple ? (2).

Augustin avait bien du mal à retenir son indignation et sa colère devant la tactique manichéenne, en particulier devant leur manière de traiter les Ecritures. Après avoir rejeté dédaigneusement tout l'Ancien Testament comme l'œuvre du diable, ils prenaient dans les Evangiles et les écrits apostoliques les pages qui leur plaisaient, rejetant le reste comme interpolé, ou inventé par les Juifs. Ils ressemblent aux chiens auxquels il ne convient pas de donner les choses

---

(1) *De Mor. Manich.*, 68-72. *De natura boni*, 47.
(2) *De Mor. Cath.*, 65-66.

saintes, mais qu'il faudrait chasser à coups de bâton (1).

Toutefois, se rappelant la patience des catholiques à son égard, celle de sa mère surtout ; prenant modèle sur le Christ, il ouvre son âme à la bienveillance compatissante. « Qu'ils se fâchent contre vous, ceux-là qui ne savent point au prix de quelle fatigue on découvre la vérité, combien il est difficile d'éviter l'erreur... Qu'ils se fâchent contre vous, ceux-là qui ne se rendent pas compte combien elle est malaisée, la guérison de l'œil de l'homme intérieur, pour qu'il puisse regarder son soleil. Qu'ils se fâchent contre vous, ceux-là qui ignorent par quels soupirs et quels gémissements on acquiert quelque connaissance de Dieu. Qu'ils se fâchent contre vous enfin, ceux-là qui n'ont jamais été séduits par l'erreur qui vous retient. » (2)

Cette erreur qui retient les manichéens l'a retenu lui-même pendant de longues années, hésitant et inquiet. Qu'ils apportent dans la recherche de la vraie religion un peu de cette bienveillance qu'il leur prodigua si longuement. « Ecoutez les docteurs de l'Eglise catholique avec cette tranquillité d'esprit, avec cette sympathie que vous avez trouvée chez moi. Vous n'aurez pas besoin de neuf années, un temps beaucoup plus court suffira pour vous faire voir la diffé-

____

(1) *De Mor. Cath.*, 33, 60, 61. *De Mor. Manich.*, 35 et 55. *C. Adimant.*, XIV, 2. *C. Faustum*, XI, 2.

(2) *C. Epist. fund.*, 2.

rence qui existe entre l'erreur et la vérité. »

La voix d'Augustin devient particulièrement émue quand il s'adresse à des amis demeurés dans le manichéisme. « De grâce, croyez-moi, mes chers amis ; je connais bien vos âmes, et vous avez confiance dans mes petites lumières. Mes doctrines sont beaucoup plus certaines que celles qu'on vous enseigne ou plutôt qu'on vous impose de croire. » Puis, se souvenant que la conversion d'une âme est l'œuvre de la prière et de la grâce, il se tourne vers Dieu. « Dieu tout-puissant et tout bon que la foi et la raison nous montrent incorruptible, Dieu unique en trois personnes que l'Eglise catholique adore, je t'en supplie, après m'avoir miséricordieusement ramené, ne permets pas que des âmes qui me furent si unies dès mon enfance restent séparées de moi dans ton culte. » (2)

L'un de ces amis s'appelait Honorat. Au lendemain de sa prêtrise, Augustin lui écrivit une longue lettre pour le détourner d'une secte où ils étaient entrés comme deux jeunes étourdis. Ce qui l'a sauvé personnellement, ce fut son amour de la vérité, le besoin qu'il sentait d'une autorité divine, et aussi le sentiment de ses misères qui le faisait prier. Il portait encore, avouait-il, les cicatrices de ses blessures. Ses yeux renfermés longtemps dans les ténèbres ne s'étaient pas encore habitués à cette lumière qu'ils

---

(1) *De Mor. Cath.* 34.

(2) *De Duabus animabus*, 24.

désiraient pourtant et qu'ils cherchaient. Le Dieu qui venait de le consacrer et qu'il priait avec larmes et gémissements le conduirait à la contemplation et n'abandonnerait pas son ami.

Qu'Honorat veuille bien remarquer combien ils étaient insensés tous deux lorsqu'ils allaient demander aux manichéens ce qu'il fallait penser des Ecritures. Demandons-nous aux adversaires d'Aristote de nous expliquer les endroits obscurs de ses écrits ? Pourquoi avons-nous tant de goût pour Virgile ? — Parce que nous y allons avec sympathie, sur la recommandation de nos ancêtres. Dès qu'on exalte sa poésie, tous applaudissent, même ceux qui ne comprennent pas ; et si quelque professeur s'avisait de l'attaquer, il n'aurait point d'élèves quand bien même il les paierait.

Ont-ils eu pour les Ecritures quelque chose de cette bienveillance qu'ils prodiguaient au poète de Mantoue ? « Jeunes gens conscients de notre valeur, beaux chercheurs de raison, avant même de les avoir parcourues, avant d'avoir interrogé les maîtres, ne songeant pas que nous pouvions nous tromper, oubliant ceux qui, à travers le monde et le long des siècles, les avaient lues et conservées, nous avons prêté l'oreille à leurs pires ennemis. Séduits par de fausses promesses de science, nous avons été contraints de croire mille fables inouïes. » (1) Honorat finit par se

---

(1) *Ad Honorat.*, 13, 19 et *passim*.

rendre aux appels touchants de son ami et se convertit (1).

Les manichéens d'Afrique trouvaient dur de battre en retraite devant leur ancien catéchumène. Le 7 décembre 404, l'un de leurs Elus nommé Félix acceptait de se mesurer avec lui dans une conférence contradictoire, déclarant vouloir être brûlé avec ses livres si on y trouvait quelque chose de faux. Incapable de montrer dans Manichée un apôtre du Christ, Félix signa son abjuration et Augustin rendit grâces à Dieu. (2)

L'année suivante, l'évêque d'Hippone avait la joie de constater, en terminant son dernier livre contre les manichéens, que nombre d'entre eux s'étaient convertis ; il priait Dieu de se servir de lui pour ramener les autres (3).

Dans un chapitre de sa longue réfutation de Faustus, il conjure l'Eglise de se défier des ruses manichéennes. « O Eglise catholique, véritable épouse du véritable Christ, garde-toi bien, com-

----

(1) *Epist.*, 140.
(2) *Acta cum Felice*, I, 12.
(3) *De natura boni*, 48. D'après M. Alfaric, saint Augustin ne se serait jamais dégagé complètement du manichéisme. L'auteur de la *Cité de Dieu* n'aurait guère fait que développer les conceptions du dualisme manichéen. *Op. cit.*, p. 123, note 6. En abandonnant à ses clercs le soin de construire des maisons, l'évêque d'Hippone ne s'inspirait-il pas de la défense faite aux Elus de la secte ? *Ibid.*, p. 136, note 4. Avec un peu de bonne volonté on eût sans doute remarqué chez le vieil évêque la persistance d'un goût spécial pour le melon, reste de dévotion manichéenne.

me tu le fais, de l'impiété manichéenne. Elle m'arracha jadis de ton sein ; depuis, j'ai pu m'enfuir, instruit par une expérience dont j'aurais dû me passer. Sans le secours de ton fidèle Epoux, qui m'a racheté de son sang, j'aurais été englouti dans l'abîme de l'erreur, irrévocablement dévoré par le serpent. Ne te laisse pas tromper par ce mot : Vérité ; toi seule, tu la possèdes dans ton lait et dans ton pain ; les manichéens n'en ont que le vocable. Certes, tu peux être en sécurité pour tes fils plus grands, mais je tremble pour ces petits, mes frères, mes fils, mes seigneurs, pour ces petits que tu réchauffes comme des œufs sous tes ailes anxieuses, que tu nourris de ton lait, ô toi féconde et toujours pure, ô vierge mère ! » (1)

Le schisme donatiste était autrement redoutable pour l'Eglise d'Afrique que toutes les tentatives manichéennes. Il remontait jusqu'aux persécutions de Dioclétien (303). L'Afrique chrétienne avait eu alors de glorieux martyrs, elle dut également enregistrer de nombreuses défaillances. Des laïcs, des clercs, des prêtres, des évêques même avaient livré les Livres saints, offert de l'encens aux idoles.

Mensurius, primat de Carthage, s'en était tiré très élégamment ; il avait livré aux policiers indulgents les écrits des hérétiques au lieu des textes sacrés et des livres orthodoxes. Prudent et modéré, il avait interdit aux fidèles de provoquer

---

(1) *C. Faustum.*, XV, 3.

les persécuteurs, de soutenir et d'honorer sans distinction tous ceux qui se faisaient mettre en prison.

Certains catholiques exaltés et intransigeants n'approuvaient pas la conduite de leur évêque. L'archidiacre Cécilien, chargé d'accomplir les ordres de son maître, de monter la garde à la porte des prisons, s'attirait tout l'odieux de cette politique. De plus, il avait eu le malheur de contrarier les dévotions d'une riche matrone appelée Lucilla. Elle avait l'habitude de baiser au moment de la communion une certaine relique plus ou moins authentique qu'elle portait suspendue à son cou. Cécilien blâma cette pratique comme entachée de superstition ; mais son acte d'autorité allait lui coûter cher.

A la mort de Mensurius, survenue en 311, Cécilien fut choisi pour lui succéder et sacré par trois évêques du voisinage. Le parti de ses adversaires, dirigé par l'évêque Donat des Cases noires, et soutenu par l'argent de Lucilla, se mit en campagne. On fit appel aux évêques numides en leur suggérant des motifs d'intervention. Cécilien, contrairement à la tradition, n'avait pas été sacré par le primat de Numidie ; de plus, l'un des évêques consécrateurs était accusé d'avoir livré les Livres saints, donc l'ordination avait été nulle, du moins on le voulait ainsi.

Les prélats numides furent enchantés d'intervenir, heureux de faire oublier leurs propres faiblesses en prenant fait et cause pour les martyrs contre le représentant de Mensurius. L'année suivante, ils arrivaient à Carthage au nombre de soixante-douze afin de juger Cécilien. Celui-ci se garda bien de comparaître, mais fut tout de même condamné. Il fut remplacé par un simple lecteur, Majorinus, de la maison de Lucilla. Ainsi vengée, la matrone fit parvenir aux évêques complaisants de la Numidie la somme de 400 *folles*, environ 6.000 francs de notre monnaie. Optat de Milève a donc pu écrire à propos du schisme qui allait diviser l'Eglise africaine pendant un siècle : « Il fut engendré par la colère d'une femme. » (1)

Majorinus mourut au bout de quelques mois et fut remplacé par Donat de Carthage, surnommé Donat le Grand. C'est lui qui organisa le parti et lui donna son nom. Cécilien était soutenu par l'empereur Constantin et par les Eglises d'outre-mer. Son ordination épiscopale fut officiellement déclarée valide, d'abord par le pape Miltiade en présence de dix-neuf évêques italiens et gaulois, 19 octobre 313 : puis par le Concile d'Arles, où presque toutes les provinces d'Occident se trouvaient représentées, 1er août 314.

Lorsque ces décisions furent connues en Afrique, certains égarés ouvrirent les yeux et rentrèrent dans la communion catholique. La plupart, soutenus et excités par l'orgueilleux Donat, s'obstinèrent dans le schisme. On les appela les donatistes. Eux s'intitulaient l'Eglise des martyrs, les purs, les saints, la véritable épouse du

---

(1) Optat de Milève, I, 13-20. Augustin, *Epist.*, 43, 17. etc...

Christ sans ride et sans tache. Le reste de la catholicité, en prenant parti pour Cécilien, devenait pour eux l'Eglise des « traditeurs », qu'il fallait fuir tout comme les païens (1).

Quand les donatistes avaient obtenu une basilique de gré ou de force, ils multipliaient les purifications avant de la faire servir au culte. On brisait les calices et les vases sacrés pour en vendre les morceaux, parfois l'ampoule du saint chrême et la réserve eucharistique étaient jetées par les fenêtres. Les murs et les dallages étaient lavés, l'autel soigneusement râclé.

Les simples fidèles recevaient un nouveau baptême ; et l'on s'acharnait spécialement sur les personnes consacrées. Les moniales étaient dépouillées de leurs insignes, leur chevelure purifiée avec de l'eau mélangée de sel. Les clercs, fûssent-ils prêtres ou évêques, avaient la tête rasée et devaient se ranger parmi les catéchumènes. Suivant l'expression d'Optat : « Ils portaient longtemps le deuil de leur ancienne dignité. » (2)

Le pouvoir impérial et ses représentants étaient généralement hostiles aux donatistes, mais ils avaient à leur service une véritable armée, l'armée des Circoncellions. Les cadres en étaient formés par les plus exaltés du parti, ils se nommaient les « chefs des saints ». Le reste se décorait du titre de « soldats du Christ ». Il y avait

---

(1) *Serm.*, 46, 7, 15 et 99, 8. *C. Petil.*, **II**, 83.

(2) *Optat*, II, 19-26 et **VI**, *passim*. Augustin, *Epist.*, 108, 4.

parmi eux des femmes, des religieuses même qu'ils aimaient à opposer aux moniales catholiques. La troupe, grossie par des aventuriers et des pillards de toutes sortes, s'élançait en criant : « Louanges à Dieu ! » Et ce cri, nous dit Augustin, était plus redouté que le rugissement du lion. D'abord, ils ne portaient que des bâtons, fidèles au mot de l'Evangile : « Quiconque frappe de l'épée, périra par l'épée. » Ils ne tardèrent pas à s'arranger avec ce texte et à s'armer de haches, de lances et de poignards. (1)

Les chefs du donatisme n'approuvaient pas tous les excès des Circoncellions ; mais il recouraient volontiers à eux, et parfois c'était un prêtre ou un évêque qui les menait contre les catholiques. Le plus fameux d'entre ces meneurs fut l'évêque de Thamugdad, Optat. Il soutint contre Rome un chef indigène nommé Gildon et resta tristement célèbre sous le nom d'Optat le Gildonien. Il avait terrorisé la Numidie pendant dix ans. Lorsque les donatistes feront sonner trop haut leurs titres de « saints », de « purs », Augustin ne manquera pas d'évoquer cette sinistre figure. Il pourra écrire en pensant à lui et à ses partisans : « Ils vivent en brigands, ils meurent en Circoncellions, et ils sont honorés comme des martyrs. » (2)

Ce que voulait l'évêque d'Hippone, c'était la cessation du schisme, l'union des deux partis.

---

(1) *C. Parmen.*, I, 17. II, 6, 19. *Enarr. in Ps.* 132, 2, 6.
(2) *Epist.*, 87, 4, 5 et 88, 8.

Dans la plupart des localités il y avait en présence deux basiliques rivales, deux évêques, deux clergés, et la division pénétrait jusque dans l'intérieur des familles ; et pourtant, des deux côtés, les croyances et les pratiques religieuses étaient sensiblement les mêmes. « Nous sommes frères, disait Augustin aux schismatiques, nous invoquons un même Dieu, nous croyons en un même Christ, nous entendons le même Evangile, nous chantons les mêmes Psaumes, nous répondons le même *Amen* ; nous faisons retentir les mêmes *Alleluia* ; nous célébrons la même Pâque. Pourquoi es-tu hors de l'Eglise, et moi dans l'Eglise ? » (1)

A peine ordonné prêtre, il multipliait les démarches et les lettres pour inviter les évêques dissidents à des conférences qui permettraient de se rapprocher et de s'entendre. Souvent on ne daignait même pas répondre à ses propositions ; du moins pouvait-il s'appliquer le mot du psalmiste : « Avec ceux qui haïssaient la paix, je me suis montré pacifique. » (2)

En 401, il apprit une nouvelle qui lui causa une grande joie au milieu de ses épreuves. Pammachius, sénateur romain fort pieux, ami et confident de saint Jérôme, venait de détacher du donatisme ses nombreux colons de Numidie. Augustin s'empressa de lui écrire une lettre débordante d'affectueuse reconnaissance. Il n'a

______

(1) *Epist.*, 108, 17. 18. *In Ps.* 54, 1, 6.
(2) *Epist.*, 33 à 35 et 43-44.

jamais vu son visage, mais l'acte qu'il vient de
faire en Afrique prouve combien ils sont unis
tous deux dans le Christ et dans l'Eglise catholique. « Je t'en prie, ne mesure pas mon affection pour toi aux termes de cette lettre. Quand
tu l'auras lue, pénètre par la pensée dans l'intime de mon âme, et là, considère mes sentiments pour toi. Il s'ouvrira aux yeux de ta
charité, ce sanctuaire que nous fermons aux
vanités tumultueuses du siècle, où nous péné-
trons pour adorer Dieu. Là tu comprendras les
ineffables délices que m'a procurées ta belle
action. » (1)

Il n'était pas facile aux champions du donatisme de prouver qu'ils étaient l'unique portion
saine de l'Eglise du Christ. A bout d'arguments,
ils recouraient volontiers aux attaques person-
nelles dans leurs polémiques avec l'évêque d'Hippone. On lui reprochait d'abuser de l'éloquence
et de la dialectique ; on rappelait son passé
manichéen, sa jeunesse peu édifiante ; son
baptême était mis en doute.

Augustin releva ces allusions blessantes et ces
calomnies dans un sermon prononcé à Carthage.
« Je ne cache pas mon passé, s'écriait-il, j'ai
été incrédule et impie, trompé et trompeur, je
l'avoue. J'ai mené dans cette ville une vie scan-
daleuse, on le sait, je m'en repens, je loue le
Dieu qui m'a pardonné... O hérétique, puisses-tu
m'imiter pour que ton erreur devienne aussi une

____

(1) *Epist.*, 58.

chose passée !... On sait que j'ai traversé la mer, que je suis parti tel et revenu tel autre. Si quelqu'un des frères veut se renseigner sur mon baptême, la chose est facile : les témoins sont encore vivants. » (1)

Les donatistes ne se contentaient pas de calomnier le grand lutteur du Christ et de l'Eglise, ils parlaient parfois de lui ôter la vie. « Laissez nos fidèles tranquilles, lui disait-on, si vous ne voulez pas être tué. » Un jour il n'échappa aux assassins que pour s'être trompé de route.

Aux menaces et aux attentats il répondait par des paroles vraiment apostoliques. « La charité du Christ, à qui je veux gagner le plus d'âmes possible, ne me permet pas de me taire... Puisse Dieu me venger de vous en tuant l'erreur dans vos âmes afin que nous jouissions ensemble de la vérité. » (2)

Tout d'abord, il ne voulut pas se servir des lois impériales et de la force armée pour ramener les schismatiques. C'était par la parole et la persuasion qu'il voulait convertir. Vaincu par les faits, il finit par se rallier à l'opinion des autres évêques. On lui montrait des villes entières redevenues catholiques grâce aux décrets impériaux. Interrogés pourquoi ils étaient restés dans le schisme, les convertis répondaient : C'était la routine, la peur, l'indifférence, et tout ce monde remerciait les empereurs de les avoir fait sortir de leur léthargie.

---

(1) *In Ps.* 36 ; *Serm.*, 3, 19.
(2) *Epist.*, 105 et *Enchiridion*, 5, 17.

Accusé par les donatistes d'avoir changé d'attitude à leur égard, Augustin se contentait de répondre : « Pour le plaisir de tenir tête à mes collègues, fallait-il laisser les brebis du Christ errer sur vos orgueilleuses montagnes, au lieu de les recueillir dans le bercail où il n'y a qu'un troupeau et qu'un pasteur ? » Puissent-ils eux-mêmes changer d'opinion et reconnaître enfin leur erreur ! (1)

D'ailleurs, s'il a recours à la force, il n'oublie jamais la douceur et la miséricorde. Il prie les officiers de l'Empereur d'appliquer les lois, de réprimer les Circoncellions qui ont tué un de ses prêtres, versé du vinaigre et de la chaux vive dans les yeux de quelques clercs. Mais que les châtiments ne soient pas trop rigoureux, ni chevalet, ni ongles de fer et jamais la peine de mort. « J'aime mieux être tué par eux que de les voir mis à mort par vos ordres. » (2)

Une conférence générale entre les évêques des deux partis pouvait seule mettre fin au schisme. Augustin aimait à se faire l'écho des désirs d'union qui s'élevaient de tous côtés. « Combien d'entre vous, disait-il aux donatistes, tous peut-être ou presque tous, ont coutume de répéter : Oh ! si les évêques pouvaient se réunir dans une assemblée commune ! Si un jour ils conféraient ensemble, et si, dans leur entrevue, la vérité apparaissait enfin ! » (3)

---

(1) *Epist.*, 93, 19. 86, 89, 97 *et surtout* 185.
(2) *Epist.*, 111, 1, 133, 134 et 100, 2.
(3) *Ad donatistas*, 58.

Cette Conférence, dont il avait été l'inspirateur, s'ouvrit, le 1er juin 411, à Carthage. Quelque temps avant la convocation il était venu lui-même préparer les esprits. Les deux sermons qu'il fit à cette occasion constituent un hymne à la paix du Christ et à la charité chrétienne.

Il suggéra aux évêques catholiques « une chose très douce et très suave » qu'il aime à rappeler. Ils promettaient de renoncer à leur dignité, s'ils étaient vaincus ; et s'ils étaient vainqueurs, ils partageraient avec leurs collègues rivaux les honneurs de l'épiscopat (1).

Les prélats schismatiques étaient beaucoup moins conciliants. Ils étaient entrés triomphalement dans la ville afin de faire parade de leur nombre. Quand on vérifia les signatures, on s'aperçut qu'ils avaient signé pour des absents, et même pour quelqu'un qui était mort en route. Invités à s'asseoir, ils refusèrent, en alléguant le psaume qui défend de siéger avec les impies, et tout le monde resta debout.

La séance décisive eut lieu le 8 juin et dura toute la journée. On discuta d'abord la question de droit, la *causa Ecclesiæ* : Où est la véritable Eglise ? Vint ensuite la question de fait ; la *causa Cœciliani* : Cécilien fut-il innocent et son ordination valide ? Sur ce dernier point, il y avait des documents précis et compromettants pour les donatistes. Il s'agissait de la fameuse réunion à Carthage des soixante-douze évêques

---

(1) *Epist.*, 128, 3.

numides. Augustin l'appelait d'un nom significatif : « La foire de Lucilla. » Une pièce sur laquelle ils comptaient beaucoup finit par se tourner contre eux et provoqua des éclats de rire.

Le représentant de l'Empereur, entouré de greffiers et de sténographes, amplement renseigné sur les deux partis, déclara clos les débats. Il était déjà tard, et la sentence fut lue à la lueur des cierges ; c'était la condamnation du donatisme. Rentrés en masse dans l'unité catholique, les anciens schismatiques n'oublièrent pas leur dette envers l'évêque d'Hippone. Les habitants de Cirta tinrent à le remercier. Il leur répondit avec joie et modestie. « La douceur de la paix et l'amour de l'union illuminent vos yeux, c'est là l'œuvre de Dieu et non pas la mienne. » (1)

Vainqueur du schisme de Donat, l'infatigable guetteur du Christ ne se reposa guère sur ses lauriers. De nouveaux ennemis se montraient à l'horizon et attiraient son regard vigilant, c'étaient les ennemis de la grâce, les pélagiens. Cette fois, il allait lutter, non pour le petit troupeau d'Afrique, mais pour l'Eglise universelle, pour l'âme même du christianisme.

Le moine breton Pélage vivait à Rome dès l'année 400, connu et fort considéré dans le monde religieux et ascétique. Le livre des *Confessions* tomba un jour entre ses mains et eut le

---

(1) *Epist.*, 144. Pour plus de détails sur le donatisme, voir le tome IV du bel ouvrage de M. Paul Monceaux, *Histoire littéraire de l'Afrique Chrétienne.*

don de l'exaspérer. Il était particulièrement agacé par la formule où l'auteur s'offre généreusement à Dieu en implorant son secours : « *Da quod jubes et jube quod vis.* » (1)

Au moment de la prise de Rome par Alaric, 410, Pélage et son disciple Celestius passèrent quelque temps en Afrique en attendant de s'embarquer pour l'Orient. Ils y avaient propagé leur doctrine et jeté le trouble dans beaucoup d'âmes. Marcellin, le président de la Conférence de 411, chrétien fervent, fut le premier à jeter l'alarme. C'est sur sa demande que l'évêque d'Hippone prit la plume.

Il venait de lire les commentaires de Pélage sur les *Epîtres* de saint Paul, et pouvait déjà se rendre compte de ses doctrines. L'auteur niait la transmission du péché originel avec ses suites ; Adam, en commettant le péché, nous aurait tout simplement donné un mauvais exemple. Avec la nature reçue de Dieu, avec notre liberté, grâce au sang du Christ qui efface nos péchés personnels, grâce à son enseignement, à ses exemples et à ceux des saints, nous pouvons éviter toute faute. Augustin réfute les erreurs du livre, mais il parle de l'auteur avec grand respect. « C'est un saint homme, paraît-il, très avancé dans la vertu chrétienne. » (2)

De passage à Carthage au mois de juin 413, Augustin fut invité par l'évêque à prendre la

------

(1) *De Dono perseverantiœ*, 53.
(2) *De peccatorum meritis*, III, 1.

parole et à mettre les fidèles en garde contre les idées pélagiennes qui se propageaient sournoisement et inquiétaient nombre d'esprits. Le 27, il prêchait dans la *Basilica majorum*.

Il insistait sur le caractère rationaliste de la nouvelle erreur. Les novateurs ont soulevé des problèmes obscurs et troublants qu'ils ont voulu résoudre par la seule raison, oubliant les Ecritures, la tradition, l'universelle pratique de l'Eglise. Quant à lui, pour défendre la doctrine traditionnelle, il se retranchera derrière les Livres saints, les écrits de saint Paul en particulier. « Entouré de cette protection comme d'un rempart, j'attends les flèches de vos raisonnements. » En terminant, il demande aux fidèles de se montrer pleins de charité à l'égard des frères suspects, de ne point les traiter d'hérétiques (1).

Vers la même époque, il échangeait avec Pélage des lettres remplies de tact et d'affection. Après l'avoir félicité de sa bonne santé, il fait une allusion discrète au désaccord doctrinal. Il prie le Seigneur de donner à son correspondant les biens qui nous sanctifient et nous mènent à la vie éternelle. Confus des louanges reçues, il ajoute : « Prie pour moi, frère, afin que Dieu m'accorde ces vertus que tu veux bien m'attribuer. » (2)

Cet aimable billet dut soulever quelque lutte intime dans l'âme orgueilleuse du moine. Le

---

(1) *Serm.*, 294.
(2) *Epist.*, 146.

grand évêque d'Afrique, humble et défiant de lui-même, mais plein de confiance dans le secours de Dieu, n'avait-il pas le véritable Christianisme, l'esprit de l'Evangile ?

L'année suivante, de nouveaux cris d'alarme parvenaient de Sicile jusqu'à Hippone. Hilaire de Syracuse demandait des éclaircissements sur certaines théories qui circulaient dans la région. On dit que les enfants n'ont pas besoin du baptême pour être sauvés, que l'homme peut facilement éviter toute faute, on fait de la pauvreté volontaire une condition de salut, le serment est rigoureusement interdit. Augustin répondit par une longue lettre qu'il terminait par un mot d'humilité. « Que d'autres plus éclairés vous instruisent mieux sur ces questions. Je suis, quant à moi, plus disposé à apprendre qu'à enseigner. » (1)

Peu de temps après, deux jeunes gens, Jacques et Timasius, recouraient aussi à ses lumières. Riches et lettrés, ils avaient été disciples de Pélage, et à son exemple, ils vivaient dans la continence. Les controverses soulevées par leur maître les avaient rendus défiants et inquiets. Augustin composa pour eux son grand ouvrage *La Nature et la Grâce*. Il y réfutait le livre de Pélage intitulé *La Nature*. Par délicatesse et charité, il n'a pas voulu nommer l'auteur. « Forcé d'attaquer ses écrits, j'ai voulu ménager sa répu-

----

(1) *Epist.*, 157.

tation et conserver son amitié afin de lui être encore utile. » (1)

En 415, l'évêque d'Hippone députait vers saint Jérôme, en Palestine, un jeune prêtre espagnol, Orosius, chargé d'une longue lettre (2) et de nombreux renseignements oraux. Il s'agissait avant tout de débusquer Pélage qui s'était insinué dans les bonnes grâces de l'évêque de Jérusalem.

Mis en présence d'Orosius et sommé de dire s'il reconnaissait pour siennes les doctrines incriminées, le fier moine aurait répondu : « Et qu'ai-je à voir avec Augustin ? »

Avec l'appui de deux évêques gaulois réfugiés en Terre Sainte, Jérôme réussit à faire comparaître Pélage devant le métropolitain de Césarée. Le Concile chargé de le juger se réunit à Diospolis, au mois de décembre. L'inculpé parvint à se faire absoudre à force de ruse et de restriction mentale qui lui valut de la part d'un contemporain le surnom de « couleuvre bretonne » (3).

Augustin était peu rassuré sur les affaires de Palestine, il sentit qu'il fallait recourir à Rome. Dans l'été de 416, deux Conciles provinciaux se tinrent en Afrique et demandèrent au pape de vouloir bien confirmer leurs décrets. On n'avait pas la prétention d'éclairer le chef de l'Église, on faisait simplement remarquer combien les

---

(1) De *Gestis Pelagii*, 47.
(2) *Epist.*, 166.
(3) De *Gestis Pelagii*, 62-65.

nouvelles doctrines se conciliaient mal avec le baptême des enfants et l'usage de la prière (1).

Se défiant avec raison des nombreux partisans de Pélage à Rome, Augustin et ses amis accompagnèrent les documents conciliaires d'une lettre pressante. Elle insistait sur le danger de l'erreur pélagienne, suggérait au pape Innocent de faire venir Pélage, de l'obliger à professer franchement « cette grâce familière à tous les chrétiens fidèles et catholiques », et ainsi de mettre fin au scandale. La lettre s'achevait sur un mot plein de déférence à l'égard de la primauté romaine. « Nous n'avons pas la prétention d'augmenter par notre petit ruisseau votre large courant, nous vous demandons seulement de certifier que l'un et l'autre proviennent de la même source. » (2)

Innocent répondit aux trois requêtes par trois lettres distinctes. Il félicitait et approuvait complètement les évêques d'Afrique. Le pasteur d'Hippone fut heureux d'annoncer la bonne nouvelle à ses ouailles. « Sur cette affaire, deux Conciles ont été soumis au siège apostolique ; les réponses sont arrivées. La cause est finie ; puisse finir également l'erreur. » (3)

En réalité, l'erreur était loin d'être dérarinée, et le docteur de la grâce n'était pas au bout de ses fatigues.

Inquiet de l'état des esprits en Orient et impa-

---

(1) *Epist.*, 175-176.
(2) *Epist.*, 177.
(3) *Serm.*, 131, 10.

tient de connaître les actes authentiques du Concile de Diospolis, il écrivit à Jean, évêque de Jérusalem : « A propos de Pélage, notre frère, ton fils (on dit que tu l'aimes beaucoup), je te suggère de l'aimer sans faire croire à ceux qui l'ont entendu et qui le connaissent de près, que tu en es dupe. » Puis, afin de le renseigner, il joint à sa lettre le livre incriminé du moine et la réfutation qu'il en a faite lui-même.

Augustin est visiblement gêné dans cette démarche. Son extrême délicatesse craint de blesser ce prélat déjà indisposé par le zèle indiscret d'Orosius. Il dut regretter ce jour-là d'avoir négligé le grec à l'école, de ne pouvoir écrire en cette langue. « Que te dirai-je de plus ? Je sens que je te suis à charge, d'autant plus qu'il te faudra un interprète pour me lire. » (1)

Au moment où Pélage et Celestius disparaissaient de la scène, un jeune disciple y faisait son apparition et allait bruyamment continuer la lutte. C'était l'évêque italien Julien d'Eclane. Julien se maria très jeune et avait reçu de Paulin de Nole un long épithalame. Il perdit sa femme de bonne heure et entra dans les ordres.

Augustin était en correspondance avec son père, Mémorius. Au début de 409, il lui adressait son ouvrage sur la musique avec une lettre charmante. S'excusant de l'obscurité, du peu de valeur et du manque de sérieux des cinq premiers livres, il écrivait : « Ils seront dignes tout

____

(1) *Epist.*, 179, 5.

au plus de notre fils, le diacre Julien, qui déjà rivalise de zèle avec nous. Je n'ose pas dire que je l'aime plus que toi, ce ne serait pas vrai ; cependant je le désire davantage. Si tu le fais venir, il obéira en bon jeune homme que ne retiennent pas les graves soucis, et dans sa personne je te trouverai toi-même. » (1)

Ce jeune diacre qu'il chérissait tant et désirait voir, serait bientôt le plus terrible de ses adversaires, celui qu'il devra combattre pendant les douze dernières années de sa vie.

Devenu évêque d'Eclane, Julien se laissa gagner aux doctrine pélagiennes. Le rationalisme et la vertu stoïcienne de Pélage lui allaient mieux que le christianisme traditionnel et humble de l'évêque d'Hippone. En 418, il fit cause commune avec les dix-huit évêques de Sicile et d'Italie qui refusèrent de se soumettre à ce qu'ils appelaient le « dogme africain ». Abandonné par ses collègues finalement ralliés à Rome, il se posa en persécuté et en défenseur du vrai, se comparant volontiers au grand Athanase et persuadé que Dieu finirait par lui donner raison (2).

Réfugié auprès de Théodore de Mopsueste, le chef des pélagiens orientaux, il accentua ses attaques, visant surtout l'évêque d'Hippone qu'il traite de manichéen. Renouvelant les théories de Pélage, il s'attachait à exalter le libre arbitre et à réhabiliter la concupiscence. D'après lui, la

---

(1) *Epist.*, 101.
(2) *C. Julian.*, I, 13.

liberté de mal faire est une condition nécessaire du bien. La concupiscence est bonne ; c'est une occasion de lutte et de victoire. Jésus devait la ressentir, comme les autres hommes, autrement son exemple serait sans valeur et sa vertu sans mérite (1).

Lettré et bon dialecticien, Julien serre parfois de près son adversaire dont il reconnaît la valeur, et qu'il nomme l' « Aristote des Africains ». Sa verve juvénile, méchante jusqu'à l'inconvenance et jusqu'à l'outrage, contraste singulièrement avec la douceur calme et attristée du vieil évêque d'Hippone.

Dans cette controverse, Augustin fait constamment appel à l'Ecriture et à la tradition. S'il est manichéen dans sa doctrine du péché originel, il l'est avec l'apôtre Paul, Cyprien de Carthage, Ambroise de Milan, Hilaire de Poitiers, Grégoire de Nazianze, Jean de Constantinople, Jérôme, le savant de Bethléem. Que pense Julien de ces autorités ? Les rangera-t-il dans la « *multitudo popularis* » qu'il dédaigne ? Ce ne sont pas là seulement les fils, ce sont les « Pères de l'Eglise, les lumières de la Cité de Dieu », et on les accuse de manichéisme.

Cette énumération revient constamment sous la plume d'Augustin ; refrain éloquent et sans réplique, ni échappatoire possible. « Voilà, dit-il, les juges de notre débat et devant lesquels je te

____

(1) *Opus imperfectum...*, I, 100. IV, 49-53 et 87. V, 58.

convoque dans l'intime de ton cœur. Ils ne sont ni mes amis ni tes ennemis ; ils n'ont aucune inclination pour moi, aucune prévention à ton égard. Ce ne sont pas des disciples de Platon, d'Aristote ou de Zénon, mais des évêques illustres dans l'Eglise de Dieu. Ce qu'ils reçurent de leurs devanciers, ils l'ont transmis à leurs descendants. Nous leur étions inconnus, et déjà ils jugeaient notre cause. Je ne discutais pas encore avec toi et déjà ils proclamaient ma victoire. » (1)

A défaut d'arguments, Julien recourait aux calomnies et aux injures. Furieux de voir Alype toujours à côté de son illustre ami, il l'appelle le « *vernula ejus peccatorum* », le vil esclave de ses péchés. Par son intermédiaire, l'évêque d'Hippone aurait corrompu les Romains, exploitant les riches matrones, faisant parvenir aux officiers des chevaux numides (2).

Monique elle-même n'est pas épargnée. « Que la concupiscence soit une maladie, écrit Julien, cela peut s'entendre à la rigueur s'il s'agit de tes parents. Tu dois te souvenir, en effet, d'une certaine maladie de ta mère qui, pour me servir du terme de tes *Confessions*, la fit appeler *meribibula*, buveuse de vin. »

Le cœur filial d'Augustin ressentit douloureusement cet outrage. Il y répondit avec l'indignation calme du bon pasteur habitué à souffrir et

---

(1) *C. Jul.*, II, 34 et 35 et I, 11, 12, 23 et 27-35 ; *Opus imperf.*, I, 117. II, 33, 36, 37. IV, 72.
(2) *C. Jul.*, I, 7. *Opus imp.*, III, 35.

à pardonner. « Tu as osé outrager ma mère elle-même qui ne t'a fait aucun mal, qui ne t'a jamais contredit... Quoi d'étonnant, du reste, que tu sois aussi son ennemi à elle, puisque tu es l'ennemi de la grâce divine qui la délivra de ce défaut de jeune fille ? Pour moi, j'honore dans tes parents des chrétiens catholiques et je les félicite d'être morts avant de te voir hérétique. » (1)

Dans une page émue, il rappelle à son bouillant adversaire les relations amicales qu'il avait jadis avec son père, il le supplie de ne pas ravir aux enfants ce baptême qu'il reçut lui-même tout petit par les soins de ses parents ; qu'il écoute les grands docteurs de l'Eglise et renonce à ces théories dont il s'est grisé dans sa juvénile présomption. « Pour ma part, ô mon fils Julien, j'espère, avec la grâce de Dieu, conserver toujours dans la moelle de mon cœur, en dépit de tes injures, mon affection pour toi. Puisses-tu employer les forces de ta jeunesse à vaincre cette passion toute humaine qui te pousse à faire triompher cette opinion parce qu'elle est devenue la tienne. » (2)

L'évêque d'Hippone aimait à faire sentir à ses fidèles combien ces erreurs étaient opposées à la piété chrétienne, au baptême des enfants, à la prière, à l'humilité ; et l'une de ses gloires sera d'avoir mis à la portée de tous la théologie de

-----

(1) *Opus imperf.*, I, 68.
(2) *C. Jul.*, I, 35.

la grâce. « Vous direz peut-être, s'écriait-il dans un sermon : Pourquoi nous parle-t-il si fréquemment de ce sujet ? Encore cela et toujours cela ; il ne peut pas ouvrir la bouche sans en parler. — C'est qu'il y a des hommes ingrats envers la grâce, trop confiants dans notre nature indigente et blessée. » Reconnaissons-nous humblement dans le malade gisant sur la route de Jéricho, laissons-nous panser par le bon Samaritain qui est le Christ, dans son hôtellerie qui est l'Eglise (1).

Les petits enfants eux-mêmes ont besoin du médecin céleste ; la seule pratique de l'Eglise le prouve. « Si ton enfant est sain, pourquoi courir avec lui au baptême ? Chez le médecin ? Ne crains-tu pas qu'on te dise : Enlève-le d'ici puisqu'il n'est pas malade ? » Les enfants sont incapables de plaider leur cause, mais le pasteur d'Hippone parlera pour eux, il jettera à tous les échos l'appel touchant du Maître : « Laissez venir à moi les petits enfants. » (2)

Le baptême efface le péché originel, mais il nous laisse aux prises avec la concupiscence. L'auteur des *Confessions* a senti douloureusement cette lutte et il prie le *defensor naturæ*, l'orgueilleux Pélage, de s'examiner lui-même. « O contradicteur de la grâce, tu n'es pas l'arbitre de ma conscience. Je me connais, je sais qu'il m'arrive

------

(1) *Serm.*, 131, 6. 26, 2.
(2) *Ibid.*, 174, 7, 8, 9. 293, 10. 176, 2. 115, 4. *Epist.*, 157, 18, etc...

de faire ce que je ne veux pas ; et toi tu oses dire : Je fais ce que je veux ?... Toi aussi pourtant tu es homme. Si tu ne veux pas me croire, examine-toi bien... Tu n'éprouves donc en ton âme aucune lutte entre la chair et l'esprit ?... Prends garde que cette absence de guerre ne soit l'indice d'une paix honteuse. » Avouons nos faiblesses et inclinons-nous pour attirer les regards purifiants du Christ. Les sommets orgueilleux restent secs et arides ; la pluie de la grâce descend dans les vallées et les rend fécondes (1).

Les solennités des martyrs fournissaient à Augustin l'occasion d'exalter l'œuvre de la grâce dans les âmes de bonne volonté. « O bienheureux martyrs, nous admirons vos actes, nous les louons, nous les aimons. A qui les devez-vous ? Vous aviez, je le sais, des cœurs humains ; d'où viennent vos œuvres divines ? — Moi, je réponds : De Dieu. Je ne sais qui prétend qu'elles sont de vous. Répondez à ce faux adulateur, répondez-lui : Mon âme se glorifie dans le Seigneur ; que les humbles entendent et se réjouissent. » Cette harmonieuse coopération de la volonté humaine et de la grâce éclate dans les paroles et les actes de saint Paul (2).

Dieu pourrait guérir complètement les âmes, pratiquement il permet toujours des imperfections et des luttes afin de les maintenir dans la

----

(1) *Serm.*, 30, 3, 4, 8, 10. 151, 8. 174, 2. 131, 3.
(2) *Ibid.*, 284, 3. 297, 298, 299.

grande vertu chrétienne, dans l'humilité. Nous pourrons tous dire toute notre vie au Père céleste : « Pardonnez-nous nos offenses comme nous pardonnons à ceux qui nous ont offensés. » C'est là comme un encens spirituel que nous brûlons chaque jour sur l'autel de notre cœur, et qui s'élève vers Dieu en odeur de suavité.

Les prêtres et les évêques, comme les simples chrétiens, confessent leurs fautes. « Mes frères, je suis prêtre et je suis pécheur ; avec vous je frappe ma poitrine et demande pardon, et avec vous j'espère que Dieu me pardonnera. » Les Apôtres eux-mêmes ne furent pas sans péché. « Interrogeons-les afin que les pécheurs ne désespèrent pas. Voici que l'un d'eux va répondre. Et quel apôtre ? Celui que Jésus aimait le plus, qui reposa sur la poitrine du Maître pour y puiser les secrets divins qu'il révélerait ensuite. Je l'interroge. Avez-vous quelque péché, oui ou non ? Ecoutez sa réponse : « Si nous disons que nous sommes sans faute, nous nous trompons nous-mêmes et la vérité n'est pas en nous. » (1)

Voici cependant une exception, une seule en faveur de la Vierge immaculée. « J'excepte la sainte Vierge Marie. Par respect pour le Seigneur, je ne veux pas qu'il en soit parlé quand il est question de péché. Comment n'aurait-elle pas reçu le privilège de vaincre le péché, elle qui mérita de concevoir et d'enfanter Celui qui est

____

(1) *Serm.*, 136, 7, 8.

la Sainteté même ? » C'était déjà poser le principe du dogme de l'Immaculée Conception (1).

Dans le cours des controverses, les pélagiens firent une légère concession. Augustin était heureux de le constater. « Voici qu'ils attribuent à la grâce de nous faciliter le bien… Avec une voile on vogue plus facilement, on vogue aussi à la rame. On voyage plus facilement à cheval, on voyage aussi à pied et on arrive tout de même. » Ce langage n'est pas encore celui des Ecritures. « Quand le Maître véritable, celui qui ne trompe personne, le Docteur vérace et Sauveur parle des bonnes œuvres, c'est-à-dire des fruits que portent les sarments et les rameaux, il ne dit pas : Sans moi vous pouvez faire quelque chose, avec moi vous le faites plus facilement ; il ne dit pas : Sans moi vous pouvez porter du fruit, avec moi le fruit sera plus abondant. Il ne dit pas cela. Lisez ce qu'il dit : C'est le saint Evangile, que tous les fronts orgueilleux s'inclinent. Ce n'est pas Augustin qui parle, c'est le Seigneur. Et que dit le Seigneur ? « *Sine me nihil potestis facere.* » Sans moi, vous ne pouvez rien faire. » (2)

Vers l'année 428, l'évêque d'Hippone recevait de deux moines gaulois, Hilaire et Prosper d'Aquitaine, des lettres respectueuses et aimantes mais remplies d'inquiétude. Ses derniers livres sur la prédestination avaient troublé certains

----

(1) *De Nat. et Grat.*, 42.
(2) *Serm.*, 156, 12-13.

esprits et soulevé des oppositions dans les monastères de Marseille et de Lérins. Les opposants rejetaient les doctrines de Pélage, mais ils trouvaient certaines idées d'Augustin exagérées ou inopportunes, portant au fatalisme ou à la paresse. Ne pourrait-on pas interpréter plus largement la volonté divine de sauver tous les hommes ? Dans les cas ordinaires de conversion, le premier mouvement vers la foi ne vient-il pas de nous-mêmes ? (1)

Augustin remercie chaleureusement ses deux correspondants ; pour les tranquilliser eux-mêmes et leur permettre de répondre à ses contradicteurs, il leur adresse deux écrits : *La Prédestination des Saints* et *Le Don de la Persévérance*. Il est heureux de voir que ses nouveaux adversaires sont loin de Pélage, cependant ils sont restés à mi-côte de la vérité. Ils semblent s'inspirer du mot de Virgile : *Spes sibi quisque*. Qu'ils écoutent plutôt le prophète qui crie : « Malheur à quiconque place son espérance en l'homme. » (2)

Dans l'œuvre du salut, tout vient de la grâce ; elle est à la base et au couronnement ; le premier mouvement vers la foi en provient tout comme la persévérance finale. Lui-même, il l'avoue, avait erré sur ce point au temps de sa prêtrise. Déjà, en 396, dans son ouvrage adressé à Simplicien, successeur d'Ambroise, il exposait la

----

(1) *Inter Augustini Epist.*, 225-226.
(2) *De Dono persev.*, 4.

vraie doctrine. Il avait appris de l'apôtre Paul et
de Cyprien que nous n'avons rien de quoi nous
puissions nous glorifier, et saint Jean l'avertissait que pour venir au Christ, il faut être attiré
par le Père (1).

Les *Confessions* sont pleines de cette doctrine.
« J'y ai raconté comment Dieu me ramena à
cette foi que j'avais attaquée avec une loquacité
misérable et enragée. Ne vous souvient-il pas que
j'y attribue ma conversion aux larmes persévé-
rantes et quotidiennes de ma mère ? » Les pélagiens n'ont fait que lui donner l'occasion de
développer des idées qu'il professait depuis longtemps (2). C'est là une obligation qu'il reconnaît
leur devoir, comme il l'écrit au futur pape
Xyste III : « L'agitation des hérétiques nous
réveille de notre torpeur, elle nous fait scruter
plus attentivement les Ecritures afin de leur répondre et de protéger le troupeau du Christ. » (3)

Il faut bien le reconnaître, il y a dans le
christianisme des vérités mystérieuses, par exemple, la prescience divine et la prédestination.
« Pourquoi celui-ci sauvé plutôt que celui-là ?
— Ne me le demande pas. Je suis homme et toi
aussi. Je vois le mystère de la croix, je n'y pénètre pas ; disons simplement avec le psalmiste :
Miserere mei Deus, miserere mei, Seigneur ayez
pitié de moi. C'est un grand savoir que cette

---

(1) *De Prædest. Sanct.*, 7-8 et *Epist.*, 217.
(2) *De Dono.*, 52-53.
(3) *Epist.*, 194, 47.

confiance. » (1) La volonté de Dieu de sauver tous les hommes reste pour nous une chose obscure, mais la règle de notre apostolat est très claire : « Notre charité doit vouloir le salut de tous. » (2)

En terminant son traité de la persévérance finale, il invite ses deux disciples à prier pour ses adversaires le Dieu de la grâce. Il ne prétend pas à l'infaillibilité, il s'est corrigé lui-même en progressant, il peut encore errer sur bien des points, et ne demande qu'à être éclairé. Dans son ardeur à soutenir les théories du maître disparu, Prosper d'Aquitaine ne tiendra pas suffisamment compte de ces derniers avis. L'Eglise n'entrera pas dans tous les problèmes soulevés par le docteur de la grâce, elle n'adoptera pas toutes ses solutions, mais elle consacrera sa doctrine générale dans les Conciles d'Orange, de Trente et du Vatican (3).

----

(1) *Serm.*, 165, 9.

(2) *De Correptione et Gratia*, 44-46.

(3) On ne songe sans doute pas à trouver ici le relevé complet des doctrines de saint Augustin. Ce relevé a été fait en détail, dans d'innombrables monographies et dans son ensemble par le P. Portalié, cf. *Dictionnaire de théologie catholique*, art., *Augustin*, t. I, col. 2268-2561. M. Alfaric reconnaît généreusement que ce travail, malgré ses tendances apologétiques, « contient un très grand nombre de renseignements et de remarques utiles. » *Op. cit.*, préf. p. II. Voir aussi Mgr Batiffol, *Le Catholicisme de saint Augustin*, Lecoffre, 1920. Une partie de l'étude avait déjà paru dans la *Revue biblique*, 1918 et 1919.

CHAPITRE XIV

Vers l'idéal de l'Evangile

*Le formateur des clercs. — L'inspirateur
des moines.*

La maison du pasteur d'Hippone était un véritable séminaire, pépinière féconde d'où sortaient
des évêques et des fondateurs de monastères. On
y voyait des clercs de tous les âges : des acolytes,
des lecteurs, des sous-diacres, des diacres, des
prêtres.

Au cours de ses prédications, Augustin savait
jeter discrètement le filet, faire éclore des voca-
tions. Les fidèles s'étonnaient parfois de l'entendre exposer les devoirs du clergé. « C'est que,
disait-il, parmi vous, il y a beaucoup de futurs
pasteurs. Moi qui vous domine maintenant,
j'étais là, comme vous, il y a quelques années.
Evêque, je parle à des laïques, mais je sais que je
m'adresse à de nombreux futurs évêques. » Il
recrutait également parmi les moines, mais il

n'en prenait que les meilleurs ; craignant d'entendre le dicton qui courait dans le peuple : « Un mauvais moine fait un bon clerc. » (1)

C'était la vie de communauté et l'on suppliait les fidèles de ne pas apporter de cadeaux personnels. « Déposez vos aumônes dans le tronc et tous y participeront. Que ce soit là notre râtelier ; nous sommes les bêtes de somme de Dieu, et vous êtes son champ. » Le maître lui-même ne voulait rien qui le distinguât des autres, par exemple un vêtement plus fin ou plus précieux. « Cela convient à un évêque, dira-t-on ; oui, mais cela ne convient pas à Augustin. Les hommes diraient que j'ai trouvé ici ce que je n'aurais pu avoir dans la maison de mon père, ou bien dans une autre profession. » (2) Les malades pourront recevoir certains aliments du dehors, mais personne ne mangera hors de la maison, et lui-même n'ira pas au festin dans son pays de peur de perdre les habitudes de la tempérance.

Le mobilier tenait le milieu entre le luxe et la négligence : En exagérant dans un sens ou dans l'autre, on a coutume de chercher, non les intérêts du Christ, mais ceux de l'amour-propre. La vaisselle était en bois, en terre cuite ou en albâtre ; seules, les cuillères étaient en argent. A table on servait surtout des légumes, quelquefois de la viande à cause des hôtes et des petites santés ; il y avait toujours du vin. Pen-

---

(1) *Serm.*, 104, 4. *Epist.*, 60, 1.
(2) *Serm.*, 356, 13.

dant le repas, on écoutait une lecture ou bien l'on discutait.

Une inscription latine gravée sur l'un des murs de la salle à manger rappelait aux convives la charité dans les paroles :

> *Quisquis amat dictis absentum rodere vitam,*
> *Hanc mensam indignam noverit esse sibi.*

> Que celui qui aime ronger la réputation des absents
> Sache que cette table est indigne de lui.

Et ce n'était pas là une simple décoration ni un avertissement platonique.

Les chrétiens d'Afrique avaient l'habitude de jurer à tout propos. On entendait partout les formules : « Dieu sait, Dieu est témoin, je jure par Dieu, par mon âme. » Augustin dut lui-même se corriger de ce défaut, et il s'ingénia pour le faire disparaître de son clergé. A chaque jurement échappé à table, le clerc se voyait supprimer un verre de vin (1).

L'évêque d'Hippone tenait grandement à la pauvreté évangélique. Malgré les protestations de ses collègues, il en fit une obligation à tous ses clercs. Il rappelait un jour en pleine chaire cette condition, puis, regardant tour à tour les fidèles et le clergé, il ajoutait : « Vous avez entendu et ils ont entendu. J'espère par la miséricorde divine qu'ils accompliront fidèlement cette décision qu'ils ont acceptée avec joie. » (2)

____

(1) Possidius, *Vita.*, 22, 25. *Epist.*, 157, 40.
(2) *Serm.*, 356, 14.

Il avait permis à quelques-uns de ses prêtres de bâtir des hôpitaux ou des monastères, mais il défendait de considérer les établissements comme leur propriété : « Qu'on ne dise plus : Dans la maison du prêtre, devant la maison du prêtre, vers la maison du prêtre. La maison du prêtre, c'est seulement chez moi ; il n'a pas de maison ailleurs, mais partout il possède Dieu. »

Personnellement, il s'occupait le moins possible des choses matérielles, il n'avait même pas de clé. Des clercs chargés de l'administration de la communauté devaient lui rendre compte à la fin de l'année des recettes et des dépenses.

Suivant la remarque de Possidius, son commensal et son ami, il ne représentait guère Marthe affairée et inquiète. C'était plutôt Marie, doucement assise aux pieds du Maître, écoutant sa parole et la communiquant aux âmes.

Si désintéressé, si insouciant même au regard du matériel, il exigeait beaucoup et se montrait fort vigilant pour la vie morale et spirituelle. Il ne toléra jamais de femme à son service. Sa sœur elle-même, ses cousines et ses nièces, bien que religieuses, étaient exclues. Ces femmes, dit-il, ne pourront pas se passer d'autres femmes et de là des soupçons, du moins le scandale des faibles. Lui-même ne s'entretenait avec une femme qu'en la présence d'un clerc (1).

L'influence d'Augustin ne se bornait pas au petit nombre de clercs qui l'entouraient, elle

---

(1) Possidius, *Vita.*, 26.

s'étendit de bonne heure à tout le clergé d'Afrique. Un diacre de Carthage chargé de préparer les catéchumènes au baptême et toujours mécontent de ses catéchismes lui écrivit pour obtenir des encouragements et des conseils.

L'évêque, toujours complaisant, lui répond que le mieux serait de venir à Hippone assister à ses prédications. En attendant, il lui adresse un charmant petit traité : *L'Art de catéchiser les ignorants*. C'est le fruit de son expérience personnelle, il la communique volontiers, comme il communiquait ses sermons eux-mêmes.

Les difficultés du diacre ne l'étonnent pas, il les a éprouvées lui-même. « Moi aussi, je suis presque toujours mécontent de mon sermon... Je m'attriste en voyant que ma langue ne suffit pas à mon cœur. Je voudrais communiquer aux auditeurs tout ce que je sens moi-même. Les pensées traversent mon âme comme des éclairs, et les paroles sont longues, lentes et froides. » Cette impression nous déplaît et nous décourage, et nous rend encore plus monotone et plus ennuyeux. Il doit constater cependant que ses prédications intéressent et font du bien puisqu'on l'écoute avec tant d'attention et de plaisir (1).

Le prédicateur doit être avant tout un professeur d'Écriture Sainte, *Divinarum Scripturarum tractator et doctor*. Sa tâche est de montrer ces livres débordants de l'amour de Dieu pour les hommes. « Voilà ton but, là doivent tendre toutes

---

(1) *De Catechiz. rud.*, 3, 4.

tes paroles, afin qu'en t'écoutant les auditeurs croient, qu'en croyant ils espèrent et qu'en espérant ils aiment. » Quand on s'adresse à des lettrés, il faut d'abord les rendre humbles. « Qu'ils sachent, ces littérateurs, que Dieu ne regarde pas aux mots mais aux sentiments, et ils ne se moqueront pas des prêtres et des évêques qui invoquent le Seigneur avec des barbarismes et des solécismes. » (1) Ceux-là seuls profitent des Ecritures qui savent en briser l'écorce, qui pénètrent jusqu'à leur cœur par les yeux de leur propre cœur, « *qui cor earum sui cordis oculis vident* ».

Le secret d'instruire les ignorants avec plaisir et profit, c'est de les aimer d'un amour paternel, et même maternel. On voit les nourrices et les mères briser leur langage, écourter les mots et en faire un babil enfantin ; c'est qu'autrement l'enfant ne pourrait pas comprendre et profiter.

Voyez ce grand orateur qui fait retentir le forum et les tribunaux. Rentré chez lui, il laisse là son éloquence et balbutie avec son fils. N'est-ce pas plus doux pour une mère de donner à son enfant de toutes petites bouchées que de manger elle-même de grands morceaux ?

Le catéchiste qui aime ses néophytes semble découvrir avec eux les beautés et les joies du christianisme. « A force de voir un beau paysage, nous finissons par le côtoyer sans la moindre émotion. Mais si nous le faisons voir à un ami, nous revivons dans son plaisir même le plaisir

---

(1) *De Catechiz. rud.*, 8, 13, et *De Doctr. christ.*, IV, 7

de notre première contemplation, et plus nous aimons cet ami, plus notre bonheur est vif. » (1)

Il ne suffit pas de prêcher la bonne doctrine, il faudrait la prêcher éloquemment. Les théories oratoires ne sont pas inutiles, mais il vaut mieux lire et entendre de bons orateurs et puis s'exercer. Le prédicateur doit imiter le flux et le reflux de l'océan, varier le ton de sa voix, tourner et retourner la même pensée sous différentes formes, suivre sur les physionomies des auditeurs l'effet de sa parole, et pour cela ne pas être esclave de sa mémoire (2).

Les orateurs profanes ont parfois à s'exercer sur des sujet bien pauvres ; le prédicateur, lui, a toujours un thème sublime, et voilà qui doit le soutenir. « Nous avons à prêcher ce qui délivre des peines éternelles et qui conduit au bonheur sans fin. N'importe où nous traitons ce sujet, en public ou en particulier, devant plusieurs ou devant un seul, devant nos amis ou devant nos ennemis, dans un discours ou en simple conversation, dans des traités ou dans des lettres longues ou courtes, partout ces choses sont grandes. » (3)

Augustin, jadis rebuté par les rudesses du langage biblique, y trouve maintenant une source d'éloquence, de cette éloquence qui convient à la chaire. Saint Paul se souciait fort peu

---

(1) *De Catechiz. rud.*, 15-17.
(2) *De Doctr. christ.*, IV, 8, 25.
(3) *Ibid.*, 37.

d'être en règle avec la rhétorique quand il écrivait ses *Epîtres aux Corinthiens*, il laissait tout simplement parler son âme, et cette âme était éloquente. Voyez le prophète Amos, ce gardeur de troupeaux choisi par Dieu pour conduire son peuple. Ecoutez ce *rusticus ex rustico*, ce campagnard, fils de campagnard, apostropher les impies, les orgueilleux, les jouisseurs oublieux de leurs frères (1).

Eloquent dans la mesure du possible, familier avec la Bible, le prédicateur sera aussi un homme de prière ; qu'il sème et qu'il arrose, mais qu'il n'oublie pas celui qui seul fait germer, croître et mûrir la moisson des âmes. *Sit orator ante quam dictor.* Sur le point de monter en chaire, il priera pour les auditeurs et pour lui-même. « Qui donc peut savoir ce qu'il nous importe de dire, ce qu'il est utile aux fidèles d'entendre, sinon celui qui connaît les cœurs de tous ? Et qui nous donnera de dire ce qui convient et comme il convient sinon celui qui tient en son pouvoir nous-mêmes et nos paroles ? » (2)

Pour convaincre vraiment et entraîner l'auditoire, la prédication doit être accompagnée de l'exemple. « Sans pratiquer soi-même ce qu'on prêche, on peut être utile à plusieurs, mais si l'on veut atteindre le grand nombre, il faut conformer sa vie à son enseignement. Que d'hommes en effet qui cherchent à excuser leur

---

(1) *De Doctr. christ.*, 15 à 21.
(2) *Ibid.*, IV, 32.

mauvaise conduite par l'exemple de leurs chefs et de leurs docteurs : Ce que vous prêchez, disent-ils, pourquoi ne le pratiquez-vous pas ? On n'écoute pas fidèlement celui qui ne s'écoute pas lui-même, et, en méprisant le prédicateur, on finit par mépriser la doctrine qu'il prêche. » (1)

La discipline ecclésiastique était encore flottante sur bien des points et variait avec les pays. Interrogé là-dessus par un collègue, Augustin lui donne des réponses qui portent bien la marque de son esprit large et généreux. « Retiens d'abord ce que Jésus-Christ nous a dit dans son Evangile, à savoir que son joug est doux et son fardeau léger. Voilà pourquoi il a uni le peuple nouveau par un petit nombre de sacrements d'observation très facile et de signification très belle, tels sont le baptême donné au nom de la Trinité, la communion au corps et au sang du Christ, et les autres que recommandent les Ecritures canoniques... Quant aux usages non écrits, mais transmis par la tradition et observés partout, il faut les retenir comme provenant des Apôtres, ou sanctionnés par les Conciles pléniers. Ainsi l'on doit célébrer dans les églises certains anniversaires : la Passion du Seigneur, sa Résurrection, son Ascension, la venue de l'Esprit Saint, comme le veut la coutume universelle. »

Il y a d'autres coutumes moins générales et qui ne s'imposent pas. « Par exemple, les uns jeûnent le samedi, les autres non ; ici l'on com-

---

(1) *De Doctr. christ.*, IV, 60.

munie chaque jour au corps et au sang du Seigneur, là c'est seulement à certains jours. Dans certains endroits on offre le sacrifice tous les matins ; ailleurs on l'offre le samedi et le dimanche, ou même le dimanche seulement. » Toutes ces pratiques sont libres dès lors qu'elles ne renferment rien contre la foi et les mœurs. Pour la réception de l'Eucharistie, l'évêque d'Hippone semble conseiller la communion fréquente où il voit une nourriture et un remède. Ce qu'il faut éviter avant tout, c'est l'esprit pharisaïque qui fait passer des usages indifférents avant les préceptes de l'Ecriture. « On reprend parfois un chrétien plus durement pour avoir marché pieds nus durant l'octave de son baptême, que pour avoir enseveli son esprit dans le vin. » (1)

Comment se comporter au sujet de la musique dans les églises ? — Les donatistes exaltés et bruyants reprochaient aux catholiques de psalmodier avec trop de monotonie. Prié de donner son avis, Augustin est quelque peu embarrassé. Il reconnaît d'abord que le chant des hymnes et des cantiques est autorisé par les Apôtres et qu'il nourrit beaucoup la piété des fidèles. Il n'oubliera jamais les larmes pieuses qu'il répandit aux jours de son baptême, en entendant les hymnes d'Ambroise retentir dans la basilique de Milan.

Mais le sentiment religieux ne risque-t-il pas

---

(1) *Epist.*, 54, 1-3 et 55, 35.

de dégénérer en émotions purement esthétiques, surtout chez certains tempéraments spécialement émotifs et sensibles ? « Je demeure hésitant entre les dangers de la volupté et l'expérience des bons effets. Je me sens plutôt incliné à approuver l'usage du chant dans l'église ; mais ce n'est pas une conviction irréformable. Quand il m'arrive de m'attacher aux sons plus qu'aux choses chantées, je me sens coupable et je voudrais ne plus entendre de musique. » Pour concilier les deux tendances, il fut sur le point d'imiter Athanase d'Alexandrie, de faire chanter les psaumes sur un ton simple à peine différent de la pure récitation (1).

Consulté en matière de discipline et de liturgie, Augustin se voyait poser parfois des problèmes en apparence peu graves. Possidius, évêque de Calama, lui demande quelle conduite il doit tenir à l'égard des abus qu'il remarque dans la toilette des chrétiens, des chrétiennes surtout. Cette question qui préoccupe encore les prêtres et les évêques avait une importance spéciale aux premiers siècles de l'Eglise, car la coquetterie se compliquait souvent de superstition et d'idolâtrie.

Deux siècles auparavant, Tertullien avait beaucoup raillé le luxe des Carthaginoises dans ses deux opuscules intitulés *La Toilette des Femmes*. Moitié grave et moitié plaisant, il donnait rendez-vous à ses « sœurs bénies » aux

---

(1) *Epist.*, 55, 34 et *Conf.*, IX, 14. X, 5o.

grandes assises du jugement dernier. « Puissé-je, moi pauvre malheureux, m'élever au niveau de vos talons, pour voir si vous ressuscitez avec ces tuniques blanches, pourpre ou safran, avec ces coiffures monumentales. » (1)

Un évêque oriental remarquait au cours d'une homélie l'habileté de certains fidèles à concilier la dévotion et la vanité. Ils faisaient peindre sur leurs habits des scènes bibliques : on y voyait la femme pécheresse aux pieds de Jésus, Lazare sortant du tombeau, les cruches pleines de vin des noces de Cana (2).

Sur ce point, comme en toutes choses, Augustin se montre plein de modération et de tact. Il invite son ami à procéder avec une grande douceur. On peut tolérer les parures en or et les vêtements riches. Une femme a le droit de se parer afin de pouvoir se marier, afin de plaire à son mari. Les poudres et les fards sont parfaitement inutiles, car ils ne trompent personne. Quant à l'habitude de certains chrétiens de porter un anneau à l'une des oreilles, il faut la prohiber comme superstitieuse. Ce qu'il importe avant tout, c'est de persuader aux disciples du Christ que leur véritable parure, ce sont les bonnes mœurs (3).

Lorsque les Vandales hérétiques apparurent à

---

(1) *De Cultu feminarum*, II, 7.
(2) Asterius, *Homilia* 1 *de Divite et Lazaro*, Migne. P. gr. t. 40 col. 168.
(3) *Epist.*, 245.

l'horizon, le clergé d'Afrique regarda vers Hippone pour savoir quelle conduite il faudrait tenir devant les persécuteurs. S'inspirant de l'Evangile, de saint Paul, de saint Cyprien, de saint Athanase, Augustin permet de fuir de cité en cité, mais il ne faudra pas laisser un seul troupeau sans pasteur. « Voyons, s'il le faut, incendier les bois et les pierres de nos édifices terrestres ; quant à ces pierres vivantes qui sont nous-mêmes, ne les laissons jamais disparaître par la fuite. Mieux vaut livrer nos membres aux tortures que de laisser sans nourriture les membres du Christ. Prenons garde de priver en fuyant, les uns du baptême, les autres de l'absolution, tous du corps du Seigneur ; craignons de provoquer les gémissements des uns, les blasphèmes des autres. » (1)

Le sentiment qu'il cherchait à inspirer au clergé africain naturellement exalté et intransigeant, c'était la douceur et la condescendance dont son propre cœur était rempli. Un évêque à peine entré en charge avait excommunié toute une famille à cause de la prétendue faute du père. Le pasteur d'Hippone, déjà vieilli dans l'épiscopat, rappelle à son jeune collègue la patience du Christ et de l'Eglise. « Ne pense pas que nous soyons à l'abri de toute colère injuste sous prétexte que nous sommes évêques ; pensons plutôt aux tentations et aux dangers qui nous entourent, car nous sommes des hommes. »

---

(1) Lettre conservée par Possidius, *Vita.*, 3o.

Il ne donnait jamais une leçon fraternelle sans en prendre lui-même sa part (1).

Augustin était moine jusqu'au fond de l'âme. De retour en Afrique après sa conversion, il s'enfermait avec ses amis dans la solitude de Thagaste, espérant bien y passer le reste de sa vie. Devenu prêtre, il se bâtit un monastère près de l'église d'Hippone. Evêque, il transforma sa maison épiscopale en une communauté monastique.

Son désir était de voir se multiplier sur le sol africain et par toute la terre ces maisons de prière et d'humble charité où s'épanouissent les vertus de l'Evangile. Dans les sermons, il presse les riches du siècle d'être généreux envers les moines, afin de bénéficier de leurs aumônes spirituelles. Ils sont les cèdres du Liban plantés par la main de Dieu. Sur leurs branches, les passereaux spirituels, les pauvres volontaires de Jésus-Christ viendront faire leurs nids (2).

Personnellement, il oublie volontiers un instant les soucis de sa charge pour s'entretenir avec les cénobites et les anachorètes ; il leur rappelle les douceurs et les obligations de cette vie contemplative qui sera toujours son rêve et son idéal. En 398, la seconde année de son épiscopat, il écrivait aux moines de Capraria, petite île située près des côtes de la Sardaigne : « Quand je songe à la tranquillité dont vous

---

(1) *Epist.* 250.
(2) *In Ps.* 103, 16.

jouissez dans le Christ, je me repose en votre charité des durs labeurs de mes fonctions. Nous sommes les membres d'un même corps, placés sous le même chef ; vous prenez part à mes soucis et moi à votre repos. »

Toutefois, qu'ils sachent sacrifier un peu de leur recueillement et de leur solitude lorsque l'Eglise fait appel à leur secours. Point de présomption non plus, les tentations peuvent les assaillir dans leur retraite, tout comme les vagues de l'océan viennent battre les rochers de leur île. D'ailleurs, le doux parfum de leur sainteté est venu jusqu'à Hippone, et l'évêque se recommande humblement à leurs prières. « Souvenez-vous de moi dans vos saintes oraisons ; car les miennes sont souvent meurtries par le brouillard et le tumulte des affaires. Les hommes me demandent de les accompagner mille pas, et l'Evangile me dit de poursuivre pendant deux autres mille. » (1) Un chapitre de la *Cité de Dieu* montre l'idéal de la vie religieuse dans un mélange de contemplation et d'apostolat (2).

En 400, Augustin eut l'occasion de s'occuper à fond de la vie monastique. Mécontent des moines de son diocèse et ne sachant comment en venir à bout, le primat de Carthage recourait à son collègue d'Hippone. Celui-ci, toujours prêt à rendre service, rédigea son charmant traité *Le Travail des Moines.*

(1) *Epist.*, 48.
(2) *De Civ. Dei*, XIX, 19.

Le grand défaut de ces passereaux spirituels de Carthage était la paresse ; ils répugnaient surtout au travail des mains. Le Père céleste ne nourrit-il pas les oiseaux qui ne sèment ni ne récoltent, et Jésus n'a-t-il pas dit de se désintéresser de la nourriture et du vêtement ? Saint Paul prétend, il est vrai, que ceux qui ne travaillent point ne doivent pas manger ; mais, comme il ne saurait contredire l'Evangile, il parle sans doute du travail de l'esprit.

Augustin répond avec humour et finesse à toutes ces arguties de l'oisiveté. Dieu pourrait intervenir directement pour habiller et nourrir ceux qui se confient en lui ; ce n'est pas une raison pour se croiser les mains et attendre présomptueusement que la manne et les cailles tombent du ciel. Dieu préserva Daniel dans la fosse aux lions, un ange débarrassa saint Pierre de ses chaînes, cela n'empêcha pas saint Paul de se sauver lui-même en se faisant glisser dans un panier le long du mur.

Quant au texte de l'Apôtre, il est fort clair pour ceux qui veulent voir. Il s'agit du travail manuel dont il donna lui-même l'exemple. « Quand et comment travaillait-il, me demanderez-vous peut-être. Je n'en sais rien, mais je sais qu'au lieu de vivre de l'Evangile comme les autres Apôtres, il a vécu de son travail, je sais également qu'il n'a été ni brigand ni cambrioleur, ni cocher ni chasseur ni histrion. »

Que feront les moines s'ils ne travaillent pas des mains ? Sans doute il y a la lecture pieuse, le chant des psaumes, l'oraison ; mais s'y absorbent-ils au point de négliger la table et la cuisine ? La méditation et le chant des cantiques n'empêchent pas les occupations manuelles. Les ouvriers savent bien, tout en travaillant, occuper leur cœur et leur langue avec les chansons impures des théâtres. Et puis, un acte d'obéissance est plus puissant sur le cœur de Dieu que dix mille supplications d'un esprit révolté.

Chose curieuse, et toujours actuelle, ce sont souvent les religieux recrutés parmi les gens du peuple qui se trouvent les plus difficiles et les plus exigeants dans les communautés. « Si les riches s'humilient pieusement dans la milice chrétienne, est-ce pour permettre aux pauvres de s'enorgueillir ? Il ne convient pas qu'au monastère les sénateurs travaillent tandis que les anciens ouvriers font les paresseux. Il ne faut pas que les paysans se montrent délicats parce que leurs maîtres de jadis ont renoncé à leurs délices. »

Certains moines laissaient une longue chevelure flotter sur leurs épaules, afin de se donner l'air vénérable des patriarches et des prophètes. « Comment ? s'écrie Augustin, est-ce que les coiffeurs, eux aussi, refusent de travailler ? » Il n'insiste pas sur ce travers, car il le remarque chez quelques-uns de ses collègues qui n'ont, par ailleurs, que des vertus.

D'autres défauts plus graves attirent son attention. L'oisiveté, la mère de tous les vices, engendre d'abord le bavardage, et puis sa sœur la médisance. « Plût au ciel que ceux-là qui ne veulent pas travailler des mains gardent aussi la langue en repos. » Il est préférable de respecter la réputation des bons serviteurs de Dieu que de soulager les corps en donnant du pain aux pauvres.

Vient alors le portrait des moines vagabonds qu'on rencontre partout sur les grands chemins. « Ils parcourent les provinces, nulle part envoyés, nulle part résidents, jamais debout, jamais assis. Les uns vendent de prétendues reliques de martyrs, les autres voyagent sous prétexte de visiter des parents. Tous demandent, tous exigent le prix d'une pauvreté lucrative, ou d'une sainteté imaginaire. Comment ne pas s'indigner contre ces hommes qui font blasphémer une institution si bonne et si sainte et qu'au nom du Christ nous voudrions voir fleurir partout ? »

Mais pourquoi lui, évêque, se mêle-t-il de régler une vie qu'il ne connaît point ? Ne ressemble-t-il pas aux pharisiens mettant de lourds fardeaux sur les épaules des autres en se gardant d'y toucher du bout des doigts ? « Je prends à témoin le Seigneur Jésus au nom duquel je parle en toute sécurité, si je ne regardais que moi, j'aimerais mieux suivre la règle d'un monastère bien conduit, à certaines heures travailler des mains, à certaines autres vaquer à la lecture, à la prière, à la méditation des divines Écritures. J'aimerais mieux cela que d'avoir à m'occuper des affaires séculières et des procès tumultueux. » Puissent les moines recevoir ses conseils avec l'esprit d'amour qui les a dictés, au nom de Celui qui a daigné vivre dans notre vallée de larmes et en ressentir les misères (1).

En 426, au milieu de ses luttes contre les pélagiens, Augustin dut s'occuper encore de ses amis les moines. Quelques-uns de ses livres sur la grâce avaient pénétré secrètement dans le monastère africain d'Adrumète et révolutionné les esprits. Certaines questions troublantes soulevées par le grand docteur avaient bouleversé ces têtes peu habituées à la théologie et parfois à l'affût des théories qui favorisent le relâchement. Si nous ne pouvons rien sans la grâce, que devient notre liberté, et alors pourquoi nous rendre responsables, pourquoi les blâmes et les corrections ?

Mis au courant de ces troubles, l'évêque d'Hippone a prié le supérieur de faire venir auprès de lui quelques sujets intelligents qu'il pourra instruire et qui, de retour, renseigneront et calmeront les autres (2). Après les avoir instruits, il les renvoya munis du traité *La Grâce et le libre arbitre*. Un second ouvrage suivrait bientôt, intitulé *La Correction et la Grâce*.

Même après le péché originel nous demeurons libres, mais notre liberté est portée au mal, et pour la tourner au bien nous avons besoin du secours d'en haut. Dieu concourt à toutes nos bonnes œuvres, mais nous collaborons avec lui ; il nous a créés sans nous, il ne nous sauvera pas

---

(1) *De Opere Monachorum*, passim.
(2) *Epist.*, 214-215.

sans notre libre concours. La prédestination des saints est un insondable mystère ; gardons-nous de la présomption de saint Pierre, mais encore plus du désespoir de Judas.

Dans sa réponse, le supérieur du monastère, Valentin, se confond en excuses et en remerciements. Les moines ont été réunis pour entendre lire les ouvrages rédigés spécialement pour eux. Pendant la lecture, ils ressemblaient aux Apôtres devant Jésus ressuscité, au bord du lac de Tibériade. On n'osait pas demander le nom de l'auteur, mais en entendant parler de la grâce avec tant de chaleur, chacun disait dans son cœur : « Ce doit être Augustin. » Leur trouble aura été finalement bienfaisant ; ils ont joué le rôle de l'apôtre Thomas, leur doute et leur inquiétude aura confirmé la foi de l'Eglise universelle (1).

A Hippone même, non loin de la maison épiscopale, il y avait un couvent de femmes. Augustin y comptait des nièces, et sa propre sœur en avait été la directrice. Ce jardin du Seigneur planté et arrosé par les soins de l'évêque, menaça de produire des ronces et des épines. Il entendit un jour, de sa chambre, les cris de ses moniales en révolution. Elles ne voulaient pas de leur supérieure et le prêtre qui en avait la charge n'arrivait pas à les calmer.

Augustin leur écrit une longue lettre. Il n'ira pas les voir craignant de les irriter davantage

---

(1) *Epist.*, 216.

par les choses dures qui pourraient lui échapper. « De peur d'avoir tristesse sur tristesse, j'ai résolu de ne pas vous montrer mon visage, mais seulement de répandre pour vous mon cœur devant Dieu... Je crains de transformer en deuil la joie que j'avais coutume de goûter auprès de vous et qui me consolait des scandales du siècle. » Maintenant qu'il a rétabli les donatistes dans la paix, aura-t-il la douleur de voir le schisme diviser les couvents ?

D'après certains avis de la lettre, ce couvent était quelque peu tumultueux. A l'oratoire les moniales se contenteront des chants indiqués ; au réfectoire elles devront écouter la lecture sans manifestations et sans disputes. Tout devra être commun dans la maison, à la lingerie, comme au cellier. Chacune recevra suivant ses besoins sans tenir compte des conditions de la vie passée. « Que celles qui étaient pauvres ne se flattent pas d'avoir trouvé au monastère des aliments et des habits meilleurs que ceux d'autrefois ; qu'elles ne s'enorgueillissent pas d'être associées à celles que jadis elles n'eûssent pas osé approcher. »

En observateur très fin, Augustin entre dans les détails de toilette et de tenue. Les cheveux ne doivent pas s'éparpiller négligemment autour du visage, ni être arrangés avec coquetterie, il faut les cacher soigneusement sous le voile qui ne devra pas être transparent. Elles veilleront sur leurs regards, se souvenant que l'œil immodeste est l'indice d'un cœur impur ; « Quand vous êtes à l'église, devant les hommes, surveillez-vous les unes les autres, et Dieu qui habite dans vos âmes vous gardera au moyen de vous-mêmes. »

Elle ne fréquenteront pas les bains (1) d'une manière habituelle, elles y iront chaque mois trois par trois et avec les compagnes qui seront désignées. Toutes doivent avoir pour la supérieure, pour leur mère, un respect et un amour filial. Ce respect sera encore plus grand à l'égard du prêtre qui en est chargé. L'un et l'autre s'inspireront de cette maxime où Augustin a mis la marque de son âme : « *Plus amari appetat quam timeri.* » Se faire aimer plutôt que se faire craindre.

L'avis qui termine la lettre montre bien chez l'auteur l'esprit pratique uni au mysticisme et à la spéculation. « Afin que vous puissiez vous regarder dans ce petit livre comme dans un miroir, et que votre négligence ne puisse pas provenir de l'oubli, il vous sera lu tous les huit jours. » (2)

En l'an 414, la plus riche héritière de Rome, Démétriade, recevait le voile sacré des mains du primat de Carthage. On ne pourrait pas lui appliquer le dicton qui circulait parfois : « Les

---

(1) Chaque cité romaine avait son établissement de bains comme elle avait son cirque et son théâtre. Dans les ruines de la ville africaine de Thamugadi on a trouvé cette inscription : « *Venari, lavari, ludere, ridere, occ est vivere* ». Chasser, se baigner, jouer, rire, c'est vivre. Cf. G. Boissier, *L'Afrique romaine*, p. 194.

(2) *Epist.*, 211.

parents conduisent volontiers leurs filles au couvent quand les gendres désirés ne viennent pas. »

Dès 411 Augustin était en relation avec cette illustre famille des Anicii venue en Afrique, comme tant d'autres, pour fuir les Barbares. Il avait adressé à la pieuse grand'mère, Proba, un petit traité sur la prière, un commentaire de l'oraison dominicale. Prier, c'est avant tout exciter dans nos âmes les sentiments de foi, d'espérance et de charité. Défions-nous des longues récitations qui fatiguent l'attention, imitons plutôt les moines d'Egypte qui prient au moyen d'invocations courtes et multipliées. Les paroles ne sont pas toujours nécessaires, laissons quelquefois en repos nos lèvres et notre langue pour faire parler les larmes de nos yeux, et les aspirations silencieuses de notre cœur (1).

Lorsque Démétriade prit le voile, le pasteur d'Hippone reçut le cadeau d'usage et s'empressa de remercier. La lettre fut bientôt suivie d'un écrit sur le veuvage, adressé à la mère, Juliana. La grand'mère, la mère et la fille y sont nommées et toutes les trois y ont leur part. En consacrant à Dieu la virginité, Démétriade ne condamne nullement le mariage de sa mère, ni celui de son aïeule. Et Juliana, en promettant de rester veuve, ne calomnie point les secondes noces, comme le fit Tertullien, dans son intransigeance et contrairement aux Apôtres. Ces trois

----

(1) *Epist.*, 130.

états sont bons à des degrés divers et chacun d'eux contribue à la beauté du monde.

Toutes trois peuvent rivaliser d'amour pour le Christ, leur Epoux. S'il s'agissait de plaire à un homme, Démétriade aurait tous les avantages, mais aux yeux de Jésus, l'âge ne compte pas. La vénérable aïeule, malgré ses rides, peut lui être très agréable. De plus, sa vieillesse, sa longue expérience, sa sécurité font d'elle l'ange visible de la maison, et voilà pourquoi elle a reçu la lettre sur la prière. Juliana lui doit obéir avec empressement au souvenir des bienfaits qu'elle en a reçus. « Elle enfanta votre mari dans sa jeunesse, et maintenant devenue vieille elle a formé le cœur de votre fille. »

Une seule chose pourra soutenir dans la prière, dans le jeûne et les veilles ces nobles romaines habituées à toutes les délicatesses de la vie, c'est l'amour. C'est pour elles que tombe de la plume d'Augustin le mot délicieux qui passera dans l'*Imitation* et viendra solliciter les âmes chrétiennes désireuses de perfection : « Les travaux ne sont pas pénibles quand ils sont aimés, au contraire ils ont alors des charmes. Il en est ainsi de la chasse, de la pêche, de la vendange, du commerce, de toutes les fatigues. L'important est de savoir aimer ; quand on aime, point de fatigue, ou bien la fatigue elle-même est aimée. » (1)

Le livre prévenait déjà la pieuse famille contre

----

(1) *De Bono viduitatis*, passim.

les ennemis de la grâce. Quelques années plus tard, en 418, le vigilant pasteur élevait encore la voix pour prémunir ce petit troupeau de choix. Pélage avait adressé à la jeune Démétriade une lettre remplie de ses orgueilleuses doctrines. « Vous avez désormais, lui écrivait-il, une grande supériorité sur les autres. La noblesse de votre origine, vos richesses proviennent de vos parents et non de vous-même. Vos trésors spirituels, au contraire, c'est à vous seule que vous les devez. »

Dans une lettre écrite en commun avec son intime Alype, Augustin supplie Juliana de défendre sa fille contre cet écrit empoisonné. « Vous voyez la perversité que dissimulent ces paroles... A Dieu ne plaise que la vierge du Christ les écoute avec plaisir, elle connaît la pauvreté du cœur humain, et c'est uniquement de la libéralité de son Epoux qu'elle attend ses ornements. » Insensiblement le conseil prend la forme du compliment. Formée dans l'humilité chrétienne, c'est en gémissant, en se frappant la poitrine, en pleurant peut-être, que Démétriade aura lu les paroles de Pélage, si toutefois elle a accepté de les lire.

Au cas où la jeune fille voudrait quelque livre de lui au sujet de sa profession, elle pourra lire son ouvrage *La Sainte Virginité* (1). Rien de

----

(1) *Epist.*, 188. Saint Jérôme, lui aussi, avait adressé à Démétriade une longue lettre pleine de rhétorique et d'érudition. En lui recommandant le traité de la virginité

mieux, en effet, pour mettre en garde contre l'ascétisme pélagien. On y traite presque uniquement de l'humilité, du danger pour les âmes religieuses de se prévaloir de leur sainteté. Cherchant pour les vierges consacrées un modèle de modestie, l'auteur se garde bien de leur proposer Madeleine, Zachée ou le publicain, elles pourraient les mépriser.

C'est Jésus lui-même, l'Epoux à qui elles ont sacrifié l'amour des hommes, qu'elles auront toujours sous les yeux, dans l'esprit et dans le cœur. « Contemplez la beauté de votre amant : égal à Dieu son Père, il est soumis à sa mère ; régnant dans les cieux, il est serviteur sur la terre ; créateur de toutes choses, le voilà au rang des créatures. Voyez combien est beau ce que les orgueilleux méprisent en lui : Regardez des yeux de l'âme les blessures du crucifié, puis les cicatrices glorieuses de la résurrection, le sang de l'agonie, la rançon du croyant, le négoce de notre rédemption. Contemplez ces choses de tout votre cœur, pesez-les dans la balance de la charité, apportez-y tout l'amour que vous destiniez au mariage. » (1)

Les âmes qui comprennent et qui aiment

---

qu'il rédigea trente ans auparavant pour Eustochium, il n'oubliait pas les réclamations provoquées par son écrit, mais il ajoutait fièrement « *Liber manet, homines præterierunt ;* les hommes ont disparu, et mon livre reste. » *Epist.*, 130.

(1) *De Sancta Virginitate*, 55-56.

Jésus doux et humble de cœur, le Jésus de la Crèche et de la Croix, n'auront pas à craindre le démon de l'orgueil. A l'exemple de saint Augustin, saint Bernard viendra sur le Calvaire cueillir son bouquet de myrrhe, le secret de sa philosophie et de sa mystique. Saint François de Sales y conduira son disciple en lui disant : « Théotime, le mont Calvaire est le mont des amans », l'endroit où les abeilles mystiques font leur plus excellent miel.

Le pasteur d'Hippone aimait à parler de l'amour de Dieu. Il en parlait en chaire devant son peuple, à ses amis dans sa correspondance, aux lecteurs dans tous ses écrits ; il en parlait surtout à ses clercs, aux moines et aux moniales, à toutes les âmes qui tendent vers l'idéal de l'Evangile. S'il en parle avec tant de chaleur et d'éloquence, c'est qu'il en avait l'expérience.

Dès le jour de sa conversion, au jardin de Milan, il avait reçu cette blessure de l'amour qui ne fera que s'élargir avec le temps. « Seigneur tu m'avais transpercé de la flèche de ton amour... et le souffle de la contradiction a excité cette flamme au lieu de l'éteindre. » Lorsqu'il examine sa conscience d'évêque au dixième livre de ses *Confessions*, il constate des défauts, il avoue même des fautes, mais il ne peut pas douter de son amour pour Dieu. « Ce qui n'est n'est pas douteux, ce qui est certain pour ma conscience, c'est que je t'aime, Seigneur. » L'amour divin est une lumière, un parfum, une musique, une nourriture qui délectent son âme.

Mais cet amour portera toujours l'accent du repentir et de l'humilité : « Je t'ai aimée trop tard, ô beauté toujours ancienne et toujours nouvelle, je t'ai aimée trop tard. » (1)

------

(1) *Conf.*, X, 8 et 38.

CHAPITRE XV

Le Don de soi-même

Tout à tous. — Avec ses amis.

Saint Bernard écrivait à son ancien disciple Eugène III, que le cœur d'un pape doit être une fontaine publique où tous peuvent venir boire. Le pasteur d'Hippone a parfaitement réalisé cet idéal. Son grand cœur fut largement ouvert à tous, non seulement à ses chers fidèles ni aux seuls catholiques, mais aux schismatiques, aux hérétiques et aux païens eux-mêmes.

Dans une de ses lettres, nous le voyons intercéder pour des criminels auprès du représentant impérial. L'Evangile commande d'aimer le prochain, et par le prochain il faut entendre l'humanité entière. Pour illustrer sa pensée, il lui met sous les yeux la scène de Térence où deux vieillards discutent philanthropie. Comme l'un d'eux ne comprend pas qu'on s'occupe des affaires des autres, il reçoit cette réponse qui provoque les applaudissements et restera célèbre :

Homo sum, humani nil a me alienum puto.

Augustin pouvait véritablement s'appliquer ces paroles. Tous les sentiments qui font battre un cœur d'homme ont trouvé dans son âme des échos retentissants et profonds (1).

Il s'apitoie sur toutes les souffrances de l'humanité et voudrait les soulager toutes, celles du corps ainsi que celles de l'âme. La miséricorde, comme l'indique le mot, *miserum cor*, nous fait compatir au malheur d'un autre ; elle fait battre notre cœur à l'unisson avec le sien ; suivant le mot de l'Evangile, elle fait pleurer avec ceux qui pleurent. « Que les sots appellent la miséricorde un défaut, incapables de s'émouvoir de peur de se troubler, qu'ils se congèlent dans leur rigidité inhumaine qu'ils décorent du nom de tranquillité de la raison, nous savons, nous, que Dieu se nomme lui-même le miséricordieux. » (2) Nous voilà loin de la raideur et de l'insensibilité stoïciennes, loin des doctrines orgueilleuses et sans pitié que Nietzsche prêtera plus tard à Zarathoustra.

Un chrétien d'Hippone s'était réfugié dans l'église, fuyant devant ses créanciers qui le menaçaient des verges et des fouets. L'évêque s'est

---

(1) *Epist.*, 155, 14.
(2) *De Mor. Cath.*, 52-54.

empressé de le prendre sous sa protection. Pour épargner au malheureux la douleur et la honte d'un châtiment corporel, il a emprunté à un voisin de quoi solder la dette.

Cependant la difficulté n'était que reculée et le moment arriva de rembourser le prêteur lui-même. Augustin supplie ses fidèles de lui venir en aide. Celui qu'il s'agit de secourir est un chrétien, un catholique, un frère, ils doivent le faire avec joie, au nom de la charité du Christ. Si la quête n'est pas suffisante, on aura recours à l'argent de l'église, mais la charité des frères serait plus douce. Et voici que le pasteur fait appel au cœur de son peuple, aux doux liens qui les unissent. « Réjouissez donc mon cœur, car ma seule joie, c'est le fruit de vos âmes. Vous êtes les arbres de Dieu. Il daigne les arroser abondamment par mon ministère. Que le Seigneur vous garde de tout mal, maintenant et dans les temps à venir, ô mes bien aimés maîtres, et mes frères tant désirés. » (1)

Nous avons vu le prédicateur plaider éloquemment pour les pauvres ; il ne se contentait pas de parler. Absent d'Hippone à l'époque où il avait coutume de faire aux indigents une distribution d'habits, il écrit à ses chrétiens : « Présent parmi vous, je vous y exhortais, loin de vous je vous exhorte de même. » (2) Lorsqu'il voyait de grandes misères à soulager et qu'il

____

(1) *Epist.*, 268.
(2) *Ibid.*, 122, 2.

manquait d'argent, il imitait saint Ambroise et vendait jusqu'aux vases sacrés (1).

Le poète satirique n'avait pas tort quand il appelait l'Afrique la petite nourrice des avocats, *nutricula causidicorum* ; ces colonies africaines étaient un peuple de plaideurs. L'évêque d'Hippone passait de longues heures à écouter les plaignants et à trancher les procès. Les donatistes eux-mêmes savaient recourir à lui dans ces circonstances. Il préférait, d'ailleurs, avoir affaire à des étrangers ou même à des adversaires, car il pouvait ainsi espérer un ami de plus, tandis qu'autrement il risquait fort d'en perdre un (2).

Augustin se faisait tout à tous quand il était question de rendre service ; il agissait lui-même et il faisait agir les autres, il intercédait, et cela malgré de fortes répugnances. Passant et repassant sur la place publique pour ses visites et ses démarches, il entendait parfois chuchoter par derrière : « L'évêque est allé voir l'autorité ; qu'a-t-il à faire avec cette autorité ? » Quelques jours après, du haut de la chaire, il répondait à ces réflexions indiscrètes : « Vous le savez, c'est à cause de vous que je vais là où je ne veux pas aller. Il faut attendre debout à la porte, voir entrer les grands et les petits personnages ; se faire annoncer, subir des humiliations, et

______

(1) Possidius, *Vila.*, 24.
(2) *Ibid.*, 19.

souvent s'en retourner sans avoir rien obtenu. De grâce, épargnez-moi pareilles corvées. » (1)

Nous savons pourtant combien il était réservé et délicat dans ses requêtes, et combien il eût été difficile de lui refuser quelque chose. Le lieutenant impérial, Macédonius, lui répond qu'il a pardonné aux coupables pour lesquels il avait imploré sa pitié, et il ajoute : « Je ne saurais admirer suffisamment la sagesse et la sainteté qui remplissent vos suppliques. Vous demandez avec tant de modestie et de grâce qu'on ne se pardonnerait pas de vous refuser, vénérable seigneur et père bien-aimé. Vous n'insistez pas comme font la plupart des gens de ce pays qui vous extorquent ce qu'ils demandent. » (2)

Un jour il se rendait à Césarée de Maurétanie, poussé par un simple sentiment d'humanité. Il s'agissait de détourner les habitants d'une coutume barbare reçue de leurs ancêtres et qu'ils pratiquaient consciencieusement. A certains jours de l'année, ils se partageaient en deux camps pour se battre à coups de pierre, laissant sur le terrain des blessés et des morts.

C'est lui-même qui nous a raconté le succès de son intervention, pour montrer la valeur de l'éloquence et la manière de persuader. « Afin d'arracher de leur cœur un mal si cruel et si enraciné, je fus aussi véhément que possible. Cependant, je ne me promettais rien de leurs

____

(1) *Serm.*, 302, 17.
(2) *Epist.*, 154, 1 et Possidius, *Vita*, 20.

applaudissements, j'attendais leurs larmes. Les acclamations, en effet, prouvent que l'orateur instruit et qu'il plaît, les larmes montrent qu'il a touché les cœurs. » On pleura et l'on se convertit, et tout le monde rendit grâces à Dieu et à son grand apôtre (1).

Comme on le savait accessible à tous, chacun en usait largement et parfois en abusait. Les prêtres et les évêques, les moines et les moniales, les matrones dévotes et les officiers zélés lui soumettaient leurs difficultés spirituelles et ascétiques. Augustin répondait à tous par des lettres qui devenaient des encycliques, parfois de vrais traités.

Un riche chrétien de Rome, Publicola, s'est rappelé le mot de la Bible : « Interroge ton père et il te renseignera », et il a adressé à Hippone une série de cas de conscience. Un peu scrupuleux, il est inquiet pour les chrétiens qui gèrent ses propriétés chez les Barbares. Peuvent-ils accepter des serments prêtés au nom de fausses divinités, leur est-il permis de toucher à des aliments offerts aux idoles, de puiser de l'eau aux fontaines et aux puits qui servent aux sacrifices païens ?

Augustin rassure son correspondant. Si les chrétiens devaient fuir tout contact avec l'idolâtrie, il leur faudrait sortir du monde. Saint Paul s'est-il détourné d'Athènes sous prétexte

---

(1) *De Doctr. christ.*, IV, 55.
(2) *Epist.*, 46. 47.

que c'était la ville de Minerve ? L'univers appartient au Seigneur et toutes les créatures sont bonnes. Le principal est d'avoir un jugement éclairé et une volonté droite.

Seleuciana demande à être renseignée sur le baptême de saint Pierre et sur sa pénitence que certains disputeurs semblent contester. Une supérieure de couvent se plaint des misères de sa communauté. Elle reçoit des conseils de douceur et de fermeté, et pour qu'ils soient mieux accueillis, Augustin se les donne à lui-même. « Le vinaigre, dit-il, finit par corrompre le vase où il séjourne trop longtemps. De même la colère gâte le cœur quand elle y reste jusqu'au lendemain. Que le Dieu de paix habite avec vous, et demandez-lui que je mette en pratique les avis que je donne aux autres. » (1)

La pieuse Fabiola semble fatiguée de son pèlerinage sur terre et prise de la nostalgie du Ciel. Augustin est bien fait pour comprendre ce sentiment. Il lui est arrivé souvent de refaire, dans ses méditations, cette ascension de l'âme qu'il fit une première fois à côté de Monique, près de la fenêtre d'Ostie. Mais, consolons-nous, la vraie présence est celle des âmes ; déjà ici-bas, nous pouvons vivre auprès de Dieu par l'esprit et par le cœur (2).

Les problèmes à résoudre n'étaient pas toujours aussi sublimes. On venait quelquefois le

____

(1) *Epist.*, 265 et 210.
(2) *Ibid.*, 267.

trouver quand il s'agissait tout simplement de prendre femme. C'était là, à ses yeux, une affaire délicate, et il s'autorisait de l'exemple d'Ambroise pour ne pas s'y engager, craignant de s'attirer la malédiction des mauvais ménages.

Bon gré mal gré, il dut trancher bien des querelles domestiques. Une femme mariée et ayant un fils lui a écrit pour se plaindre de la conduite de son mari. Des renseignements supplémentaires obtenus du porteur de la lettre l'ont mis au courant de la situation et lui permettent de rédiger sa réponse (1).

Cette femme, prise d'un beau zèle de perfection, avait arraché à son époux le vœu de continence, mais elle ne s'arrêta pas là. Un jour, elle donne ses biens à deux moines de passage ; puis, pour compléter le sacrifice, elle s'est affublée du noir costume des veuves. Augustin lui rappelle délicatement que, pour plaire à Dieu, elle doit d'abord ne pas déplaire à son mari et aussi ne pas déshériter son fils (2).

En 418, il écrit au soldat Bonifacius une longue lettre de consolation et d'encouragement. Même sous les armes, même en pleine campagne, on peut être agréable à Dieu. La place des soldats est fort belle dans l'Ecriture Sainte. David fut soldat. Ce fut un soldat aussi le centurion romain dont Jésus loua la grande foi, dont les humbles paroles sont conservées dans l'Evan-

----

(1) Possidius, *Vita.*, 27.
(2) *Epist.*, 262.

gile et seront insérées dans la messe au moment de la communion. Soldat encore, ce Cornelius qui mérita d'être visité par un ange, baptisé par saint Pierre avec toute sa famille.

Ceux qui sont restés à la maison n'oublient pas ceux qui combattent pour eux. « En priant pour toi, ils luttent contre les ennemis invisibles ; toi, tu combats pour eux contre les visibles Barbares. » Le premier devoir du soldat est de tenir la parole donnée, même à l'égard de l'ennemi. Il doit également entretenir des sentiments pacifiques jusqu'en pleine bataille. « Si la paix humaine est si douce pour le salut temporel des hommes, combien plus douce la paix divine pour l'éternel salut avec les anges ! Que ce soit la nécessité qui tue l'ennemi récalcitrant et non pas la volonté. A l'adversaire qui lutte et qui résiste, on répond par la force, mais le vaincu et le prisonnier ont droit à la miséricorde, surtout quand ils ne sont plus à craindre. »

Le pasteur des âmes rappelle ensuite que la morale chrétienne ne doit jamais être mise de côté. « Que la fidélité conjugale soit l'ornement de ta vie, ainsi que la sobriété et la tempérance. N'est-ce pas grandement honteux de voir un soldat invincible devant l'ennemi, vaincu par la passion, inflexible devant les armes, et noyé dans le vin ? »

La lettre finit sur un aimable compliment : « Tout cela, je sais que tu le pratiques, je jouis beaucoup de ta réputation ; je t'en félicite chaudement dans le Seigneur. Cette lettre sera pour loi moins un modèle à copier qu'un miroir où tu pourras te contempler. » (1)

Augustin ne se refusait à personne, mais il gémissait souvent de voir son temps ravagé par les affaires temporelles, de manquer de loisirs pour les choses de l'âme. Il avait supplié les fidèles de le laisser tranquille un ou deux jours de la semaine, mais cela ne put durer que quelques mois. Le 26 septembre 426, quatre ans avant sa mort, il revint à la charge, en choisissant son successeur. Il y eut, ce jour-là, beaucoup de bruit dans la basilique de la paix.

La chose avait été annoncée, tout le clergé était présent et l'église comble. La cérémonie débuta par ces graves paroles : « Nous sommes tous mortels en cette vie et notre dernier jour est incertain. Après l'enfance, on espère l'adolescence, après l'adolescence la jeunesse, après la jeunesse l'âge mur, après l'âge mur la vieillesse ; la vieillesse n'a rien à espérer... Par la volonté de Dieu, je suis venu ici dans la vigueur de l'âge, j'étais jeune alors, me voilà devenu vieux. » Puis il montre de la main celui qu'il désire pour le remplacer, le prêtre Eraclius, là présent dans l'assemblée.

Augustin ne fera pas l'éloge du prêtre, de peur d'offusquer sa modestie, tout le monde le connaît et l'apprécie. « Voilà mon intention, voilà ce que je demande à Dieu dans la glace de l'âge, mais avec des prières ferventes ; veuillez bien

----

(1) *Epist.*, 189.

vous associer à moi dans la paix du Christ. » Immédiatement retentissent des acclamations soigneusement comptées par les sténographes. « Reconnaissance à Dieu, louanges au Christ ! *23 fois.* Christ exaucez-nous ! Vive Augustin ! *16 fois.* » Puis les regards se tournent vers Eraclius, et l'on crie : « Toi notre père, toi notre évêque ! *8 fois.* »

Augustin rappelle ensuite à ses fidèles la promesse qu'ils firent jadis de ne pas le déranger à certains jours, promesse qu'ils ne tinrent pas, et il ajoute : « Je vous en supplie, je vous en conjure par le Christ, voici le jeune prêtre que je choisis pour me succéder, permettez-moi de me décharger sur lui de mes soucis. Et tout le monde d'acclamer : « Nous rendons grâces à ton jugement : *26 fois.* »

Mais voici que le bon pasteur est pris d'un demi-remords ; il s'empresse de rassurer les importuns : on pourra le voir comme par le passé, sa porte sera toujours ouverte. Du reste, que personne ne lui reproche ses loisirs, ils seront consacrés à l'étude des Ecritures et tous profiteront de son travail. En descendant de chaire, il a fait défiler ceux qui savent écrire pour signer après lui les actes authentiques de la cérémonie (1).

L'évêque d'Hippone ne devait pas rester inactif dans sa demi-retraite. Nous le voyons par une lettre adressée peu après au diacre Quodvultdeus,

----

(1) *Inter Epistolas*, 213.

qui le priait de rédiger brièvement l'histoire des hérésies. Renvoyé au travail déjà exécuté en grec par Epiphane et Philastre de Brescia, le diacre a insisté en disant : « Nous autres Africains, nous n'aimons pas beaucoup les mets étrangers ; nous préférons l'excellent pain d'Afrique que tu ne refuseras pas à nos prières importunes et à notre faim. »

Comme toujours, Augustin finit par céder, malgré tout le travail dont il était alors accablé. Occupé à la revision de ses nombreux écrits, il a reçu de Rome, transcrit par Alype lui-même, le gros ouvrage de Julien, auquel il a fallu répondre. Il tâchera de mener de front les deux travaux, consacrant le jour à l'un et la nuit à l'autre, autant que le permettront ses autres occupations (1).

Comme on le voit, le pasteur d'Hippone ne s'appartenait pas ; il était l'homme de ses frères, et ses frères, c'était tout le monde, tous ceux qui avaient besoin de lui. Serviteur de Dieu et de l'Eglise, il réalisa pleinement sa devise d'évêque : « Je cherche moins à dominer qu'à rendre service. » A l'exemple de saint Paul, il s'était fait tout à tous pour gagner le plus d'âmes possible à Jésus-Christ.

Largement ouvert à tous les hommes, le cœur d'Augustin débordait de tendresse pour ses amis. Les soucis de l'épiscopat ne lui permettaient pas toujours de cultiver l'amitié autant

---

(1) *Epist.*, 224.

qu'il l'aurait désiré, autant qu'il le faisait autrefois dans la villa de Cassiciacum, au monastère de Thagaste. Elle continua cependant à tenir une grande place dans sa vie ; au milieu des affaires et des tribulations, c'était la joie et le réconfort de son âme, de cette âme qui sera toujours avide d'aimer et d'être aimée.

Au lendemain de sa prêtrise, il se montre ravi d'avoir pénétré dans l'intimité de Paulin de Nole. « O excellent homme et excellent frère, tu étais caché pour mon âme. Je lui rappelle cela afin qu'elle supporte que tu sois caché à mes yeux ; mais elle obéit à peine, et même elle n'obéit pas du tout. »

Invité à venir en Afrique, le « saint homme et l'excellent frère » n'est pas venu, et, chose plus grave, il a attendu deux ans avant de répondre. Un peu exigeant pour ses amis, comme tous ceux qui aiment beaucoup, Augustin se plaint aimablement. « Comment as-tu pu me faire endurer la soif pendant deux étés, et des étés d'Afrique ? O toi qui distribues tes biens aux pauvres, n'oublie pas de payer tes dettes. Ceux qui m'entourent te saluent, et ceux-là seulement sont peu fâchés qui t'aiment peu. » (1)

Vers l'année 417, Paulin devenu évêque de Nole reçoit une lettre écrite en commun par les évêques d'Hippone et de Thagaste. Il s'agit de le prémunir contre les erreurs pélagiennes. Les deux amis ne craignent pas pour lui-même :

____

(1) *Epist.*, 27, 31, 42.

ils veulent seulement lui fournir des armes contre les hérétiques si nombreux dans ce pays. « Tes lettres, lui disent-ils, exhalent les véritables parfums du Christ ; tu y apparais comme l'ami et le défenseur de la grâce. » Les avis seront bien accueillis, car ils viennent d'âmes aimantes et aimées (1).

Dans les doutes et les difficultés, Paulin regardera vers Hippone, et la lumière viendra. Ayant demandé s'il est utile aux défunts d'être enterrés dans les chapelles des martyrs, il reçoit tout un traité sur le culte des morts. Les défunts ne nous oublient pas, et nous devons prier pour eux, mais il ne faut pas croire trop facilement à leurs apparitions. « Si les âmes trépassées intervenaient dans les affaires des vivants, si elles apparaissaient, si elles nous parlaient dans nos rêves, ma pieuse mère, pour ne point parler des autres, serait chaque nuit près de moi, elle qui me suivit par terre et par mer, afin de vivre avec moi. A Dieu ne plaise, en effet, qu'en passant à une vie plus heureuse, elle soit devenue cruelle au point de ne pas venir consoler, dans ses tristesses, ce fils qu'elle aima tant, qu'elle ne voulait jamais voir triste. » (2)

L'évêque d'Hippone attirait chez lui des jeunes gens qu'il formait, qu'il élevait graduellement jusqu'au sacerdoce et à l'épiscopat, qui s'en allaient ensuite pourvoir les différentes Eglises

------

(1) *Epist.*, 186.
(2) *De Cura pro mortuis gerenda*, 16.

d'Afrique. Ces séparations étaient pénibles pour son âme tendre. D'esprit et de cœur, il accompagnait ses chers disciples, prenait part à leurs épreuves et à leurs succès, aux douleurs plus encore qu'aux joies.

L'évêque de Sétif, Novatus, lui a exprimé le désir de voir revenir son frère Lucillus, diacre à Hippone. Obligé de refuser la demande, Augustin comprend le sacrifice qu'il impose, il le connaît pas sa propre expérience. « Quand tu auras vu tes élèves très chers et très doux s'en aller vers des Eglises lointaines, tu sentiras les regrets qui me tenaillent en voyant partir mes amis intimes. En effet, pour porter ta pensée au loin, le lien du sang qui t'unit à ton frère n'est pas plus fort que le lien d'amitié qui m'unit à mon cher Severus ; et pourtant, tu sais combien rarement il m'arrive de le voir. »

Ils acceptent tous deux cette privation par amour pour l'Eglise, leur mère commune ; que Novatus les imite. « Supporte de même l'absence de ton frère ; tu n'as pas ruminé le pain du Seigneur près de lui aussi longtemps que je l'ai fait auprès de mon compatriote et doux ami. Et voilà qu'il ne me parle plus que rarement au moyen de billets tout remplis d'affaires, n'exhalant presque rien des senteurs de nos prairies dans la suavité du Christ. » (1)

Severus, évêque de Milève, rendait bien à son ancien maître amour pour amour. « Je t'avoue,

---

(1) *Epist.*, 84, 1.

lui écrit-il, il m'est doux d'être avec toi, je lis beaucoup tes livres... O abeille laborieuse de Dieu, tu construis des rayons débordant du nectar divin, où coulent la miséricorde et la vérité. Mon âme les parcourt avec délices ; vide et faible, elle se remplit et se fortifie par cet aliment vital. » Le disciple s'efforcera de profiter des leçons du maître, de ses exemples surtout et de lui faire honneur. Se tenant à l'angle de l'amour de Dieu et du prochain, qu'ils se réchauffent mutuellement à ce double foyer (1).

Le meilleur moyen pour le pasteur d'Hippone de revoir son cher compatriote, c'était de l'inviter à prêcher. L'évêque de Milève promettait bien, mais se faisait beaucoup attendre. « Mon frère Severus, dit un jour, Augustin, du haut de la chaire, diffère toujours le plaisir qu'il nous a promis ; cependant, il n'y a pas renoncé. Partout où il passe, le Seigneur réjouit les fidèles par le moyen de ses lèvres ; il est juste qu'il réjouisse également cette Eglise qui l'a formé. Tenez bon, ne lâchez pas votre débiteur avant qu'il ne vous ait payé. » (2)

Severus finit par arriver à Hippone, mais il était plus pressé d'entendre Augustin que de parler lui-même, et il fallut encore s'excuser devant le peuple. « Mon frère et mon collègue ici présent aurait dû nous adresser la parole, et voilà qu'il retarde encore la joie promise ; je vous dis

---

(1) *Epist.*, 109, 1.
(2) *In Ps.* 95, 1.

cela pour que vous lui rappeliez sa promesse. Il a voulu m'entendre d'abord et j'ai cru devoir obéir, à condition que je l'entende moi-même ; car tous nous sommes les auditeurs de l'unique Maître. » (1)

Une chose gênait, troublait même l'âme d'Augustin dans les lettres de ses amis, les éloges qu'on lui prodiguait. Cela se voit particulièrement dans la lettre qu'il écrivait au comte Darius, en 429, l'année qui précéda sa mort. Il félicite l'officier d'être venu en Afrique pour y rétablir la paix, et regrette de ne pouvoir aller jusqu'à lui, empêché par la mauvaise santé et aussi par les glaces de la vieillesse. Cette confidence lui vaudra, par le retour du courrier, certains médicaments d'un médecin célèbre de l'époque.

Examinant ensuite sa conscience délicate, il se demande pourquoi la lettre de Darius lui a fait tant de plaisir. Ne serait-ce pas à cause des louanges accordées à ses écrits ? Puis, vient à sa mémoire la satire du poète toscan sur la vanité des auteurs, ravis d'être montrés du doigt, d'entendre dire sur leur passage : « C'est lui » ; de savoir que leurs vers ont été dictés à cent écoliers frisés. Prenant à son propre compte l'aveu du poète, il écrit :

Neque enim mihi cornea fibra est.

La fibre de son cœur, en effet, n'était pas insensible ; malgré les épreuves de la vie, malgré la

---

(1) *In Ps.* 131, 1.

vieillesse elle-même, elle vibrait toujours à tous les sentiments généreux.

Comme saint Paul, il est heureux de provoquer les éloges et l'affection de ses semblables, afin d'avoir par là plus d'influence, afin de les mieux édifier dans le Christ. La lettre est accompagnée de l'envoi des *Confessions*, et conclut humblement : « C'est là qu'il faut me regarder pour m'apprécier comme il convient ; c'est moi-même et non les autres que tu y entendras. Tu y verras ce que j'étais par moi-même. Si quelque chose t'y plaît, ce n'est pas moi qu'il faut louer, mais Dieu, en l'honneur de qui je les ai composées. » (1)

Quelque temps après la prise de Rome par les Barbares, Mélanie la jeune arrivait en Afrique avec son mari Pinien, et sa mère Albine. C'étaient les descendants de la grande famille romaine des Valerii ; leur somptueuse demeure étincelait sur le mont Celius, et leurs propriétés s'étendaient par tout l'Empire. L'aïeule, Antonia Melania avait de bonne heure quitté le monde et s'était fixée dans un couvent sur le Mont des Oliviers.

Mélanie la jeune, après la mort de ses deux enfants, et avec le consentement de son mari, avait résolu de marcher sur les traces de sa grand'mère. Albine, elle-même restée veuve, s'associait à leurs pieux désirs. A peine installés à Thagaste, où ils avaient de grandes possessions, ils s'étaient mis en rapport avec le pasteur d'Hip-

____

(1) *Epist.*, 229, 230, 231.

ponc. Celui-ci connaissait la famille depuis longtemps. Il avait reçu la visite d'Antonia Melania,
s'était renseigné auprès d'elle sur la vie monastique en Egypte et en Palestine, et l'avait consolée de la mort de son fils, Valerius Publicola,
celui-là même dont il avait jadis tranquillisé la
conscience (1).

Il aurait désiré aller lui-même à Thagaste,
saluer les hôtes illustres qui honorent sa chère
patrie de leur présence, et l'enrichissent de leurs
aumônes. Mais c'est l'hiver, et il est particulièrement frileux ; de plus, ses fidèles ne lui permettent guère de s'absenter.

Peu de temps après, les pèlerins arrivaient à
Hippone, accompagnés de leur évêque, Alype.
Pinien n'était pas trop rassuré ; il n'ignorait pas
le danger qui menaçait alors les hommes pieux
et riches ; son cousin Paulin de Nole n'avait-il
pas été ordonné prêtre à Barcelone, sur la demande du peuple, tandis qu'il assistait à la messe de
minuit ? Il se fit donc promettre qu'on ne lui
ferait aucune violence. Augustin promit, mais il
n'était pas toujours maître chez lui.

Les habitants d'Hippone trouvaient leur évêque
trop désintéressé à l'égard de l'argent, trop délicat dans l'acceptation des dons et des hérita-
ges qu'on avait coutume de léguer aux Eglises.
Ils jetaient des regards de convoitise sur leurs
hôtes de passage, ils connaissaient leurs libérali-

----

(1) *Epist.*, 46, 47 et 94.

tés à Thagaste et auraient volontiers accusé Alype de les avoir accaparés.

Un jour, pendant la messe, un murmure s'élève dans la basilique, timide d'abord, puis menaçant : Pinien prêtre ! Pinien prêtre ! Pour se dégager, le malheureux dut promettre de ne pas quitter Hippone, de ne point se faire ordonner prêtre ailleurs. Pleine de sollicitude pour son mari, Mélanie proposa un amendement : il pourrait s'éloigner en cas de peste ou d'invasion barbare ; elle réussit seulement à empêcher Augustin de signer le procès-verbal.

Pinien ne pouvait pas se croire lié par une telle promesse. Quelques années plus tard, il s'embarquait pour la Palestine avec sa femme et sa belle-mère, et il y deviendra prêtre. Il s'était d'ailleurs si bien débarrassé de son immense fortune qu'il dut se faire inscrire sur le registre des pauvres à Jérusalem. Il devenait moins intéressant pour le peuple d'Hippone, que son évêque suffisait amplement à édifier.

Cet orage qui faillit brouiller Augustin avec les illustres Romains, avec son intime Alype lui-même, passa sans laisser de traces. En 417, nous retrouvons Pinien et Mélanie en correspondance avec Hippone. Ils avaient rencontré Pélage sur leur route, l'avaient entendu anathématiser les erreurs qu'on lui reprochait et professer les vraies doctrines sur la justification. Le docteur de la grâce s'est empressé de les prémunir ; ils ne connaissent pas l'astucieux moine qui a trompé ses juges au Concile de Diospolis. Afin de les renseigner pleinement, il a composé pour eux le plus complet et le plus intéressant de ses ouvrages antipélagiens : *La Grâce du Christ et le Péché originel*. En le terminant, l'auteur s'excuse d'avoir été un peu long, mais il ajoute : « Je sais que vous lirez avec une insatiable avidité les livres qui édifient et qui fortifient la foi. » (1).

Dès l'année 395, Augustin écrivait à Jérôme pour lui dire son affection et proposer des échanges intellectuels. Il ne connaît pas son visage, mais il a vu son âme à travers ses écrits, et puis, Alype n'a-t-il pas été le voir ? « Je vous ai regardé par ses yeux. Car, ceux qui nous connaissent le savent bien, nous ne faisons qu'un par l'âme, tant est grande notre union et fidèle notre intimité, bien qu'il me surpasse en mérite. » (2) Après ces aimables préambules, Augustin a le malheur de toucher aux questions de doctrine et de hasarder certaines critiques.

Il se montre d'abord un peu scandalisé de ce que le grand exégète n'ait voulu voir qu'une comédie dans la dissension survenue à Antioche entre les apôtres Pierre et Paul. C'est fort bien d'avoir donné des Evangiles et des autres écrits apostoliques une traduction latine plus fidèle au texte grec. Mais, pour l'Ancien Testament, pourquoi ne pas se contenter du texte vénérable des Septante, pourquoi recourir à l'original hébraï-

---

(1) *Epist.*, 124, 125, 126. Voir G. Goyau, *Sainte Mélanie la Jeune*. Paris, Lecoffre, 1908.

(2) *Epist.*, 28.

que au grand risque de dérouter les fidèles. » (1)
Un évêque d'Afrique a voulu se servir en public
de la nouvelle version, il a vu un *hedera*, un
lierre dans l'arbre miraculeux de Jonas, au lieu
du *cucurbita*, de la courge que portaient les Septante. Le peuple a remarqué le changement, et
tout le monde de crier dans l'église : « Cucurbita !
Cucurbita ! » Consultés sur la question, les Juifs
de la localité se sont fait un plaisir de donner raison aux fidèles contre leur pasteur. L'évêque
d'Hippone ne se souciait pas de renouveler chez
lui la malencontreuse expérience (2).

Jérôme n'était pas la patience même, et sa vie
solitaire ne lui fournissait guère l'occasion de
cultiver les vertus sociales. Il prit assez mal les
observations qui venaient d'Hippone. Pourquoi
cet évêque, alors jeune, connaissant mal le grec,
ignorant totalement l'hébreu, se mêlait-il de lui
donner des leçons d'exégèse ? Au surplus, une
prétendue lettre d'Augustin, peu déférente à son
égard, circulait en Italie.

Certains amis palestiniens, jaloux pour la
gloire de leur grand homme, vinrent aggraver
le malentendu. « Quelques-uns de mes amis,
écrit Jérôme à Augustin, vases d'élection du
Christ, et ils sont nombreux à Jérusalem et dans
les Saints-Lieux, m'ont dit que tes critiques ne

---

(1) Sur ce point, Augustin donnera raison à Jérôme.
« Pour votre traduction, écrira-t-il, vous m'avez persuadé
de l'avantage qu'il y a à se servir de l'hébreu. » *Epist.*,
82, 34.

(2) *Epist.*, 40, 7. 71, 5 et 82, 55.

proviennent pas d'une âme désintéressée : en m'attaquant, ton intention serait de conquérir la louange, des lauriers, de la gloriole populaire. » Sans partager complètement ces interprétations calomnieuses, le vieux savant en conservera longtemps quelque chose.

Aux nombreuses lettres qui lui arrivent d'Hippone, il ne répond que par des billets chargés de réflexions amères et désobligeantes. Finalement, il néglige les questions posées, trop vieux désormais pour rentrer dans l'arène, il prie son correspondant de déposer les armes. « Je te demande de ne pas m'obliger à reprendre la lutte, moi autrefois vétéran, maintenant vieillard au repos. Toi qui es jeune et déjà parvenu au sommet du pontificat, enseigne les peuples, enrichis les maisons romaines de tes primeurs d'Afrique. Moi, je me contente de murmurer devant un auditoire très modeste, dans un coin de mon monastère... Tâche de ne pas soulever contre moi ce petit peuple d'ignorants qui adorent tes déclamations. » (1)

Augustin relevait avec finesse ces dernières observations. « Suivant une manière de parler déjà traditionnelle dans l'Eglise, l'épiscopat est supérieur au sacerdoce, mais en beaucoup de choses Augustin est inférieur à Jérôme. Du reste, il n'est pas défendu de tirer profit des leçons qui viennent d'un plus petit que soi. » Périssent les relations intellectuelles si elles doivent empêcher

____

(1) *Inter Epistolas Augustini*, 72, 75.

l'union des cœurs. « Si je ne puis vous adresser mes remarques sur vos écrits sans provoquer des soupçons de jalousie, sans blesser l'amitié, laissons-les tranquilles. » (1)

Désarmé par tant de bonne grâce et de modestie, le solitaire finit par devenir aimable et même louangeur pour l'évêque d'Hippone. Il félicite son ami d'être le grand soutien de l'Eglise contre les hérétiques, heureux de partager lui-même cette gloire. « Les catholiques vénèrent en toi le restaurateur de la foi antique, et ce qui est encore un plus grand honneur, tous les hérétiques te détestent ; ils ont pour moi la même haine ; ne pouvant pas nous tuer par le glaive, ils le font par la langue. » C'était l'époque où ils luttaient tous deux contre les pélagiens (2).

Quelques semaines avant sa mort, arrivée à l'âge de quatre-vingt neuf ans, le vieux savant écrivait encore aux deux amis Alype et Augustin un billet plein d'affection. « Je prendrais volontiers, disait-il, les ailes de la colombe pour aller jouir de vos embrassements. » Pensant alors à la pieuse famille qui faisait à merveille le trait d'union entre Bethléem et Hippone, il ajoutait : « Vos pieux enfants à tous deux, Albine, Pinien et Mélanie, vous saluent profondément. » (3)

Augustin avait critiqué un peu vivement l'un de ses collègues pour avoir soutenu que Dieu est

---

(1) *Epist.*, 73.
(2) *Ibid.*, 195.
(3) *Ibid.*, 202.

visible aux yeux du corps. L'aventureux théologien accueillit fort mal cette correction pourtant bien fraternelle. Inconsolable de l'avoir froissé, Augustin charge un ami commun de présenter ses excuses. « Dans ma réfutation, je n'ai pas eu cette déférence qu'on doit à un frère et à un évêque ; je ne me défends pas, je ne m'excuse pas, je m'accuse et me condamne. Se souvenant de notre ancienne affection, qu'il oublie l'offense, qu'il ait en me pardonnant cette douceur que je n'ai pas eue en écrivant ma lettre. Ce pardon que j'implore par ton intermédiaire, j'aurais voulu aller le demander moi-même. » (1)

Doux et humble de cœur, le pasteur d'Hippone avait toutes les condescendances. Une jeune fille intelligente et studieuse, désirait vivement obtenir de lui certains éclaircissements, mais était retenue par sa timidité. Instruit de ce désir par les parents, il s'empresse de faire les premières avances ; c'est lui qui écrira le premier, ainsi qu'elle le souhaite. « J'ai accompli votre désir, bien que ce ne soit pas vous qui me l'ayez fait connaître, afin de n'avoir pas l'air de vous fermer inhumainement la porte de la confiance ; reste à me dire maintenant les choses que vous voulez apprendre de moi. » (2)

La condescendance est particulièrement généreuse et touchante lorsqu'elle s'appelle la compassion. « Quand deux amis s'attristent d'une

---

(1) *Epist.*, 148.
(2) *Ibid.*, 266.

même chose, ils s'appuyent l'un sur l'autre et se portent mutuellement. Si l'on veut libérer quelqu'un d'une peine, il faut en prendre sa part, non dans le but de souffrir autant que lui, mais afin de l'aider. On s'incline pour tendre la main à celui qui est tombé ; on ne se jette pas à terre à côté de lui ; on se courbe légèrement pour le relever. » (1) Augustin aimait à pratiquer cette vertu qu'il vient de décrire. « A Dieu ne plaise, s'écrie-t-il, que je refuse d'apprendre les tristesses et les amertumes de mes amis. Il serait injuste de se réjouir avec ceux qui sont dans la joie et de ne pas vouloir pleurer avec ceux qui pleurent. » (2)

Le cœur de l'évêque d'Hippone, avec ce qu'il a de plus tendre, de plus délicat et aussi de plus élevant et de plus surnaturel, a passé dans l'une de ses lettres. Une religieuse de Carthage, Sapida, l'avait prié d'accepter et de porter lui-même une tunique qu'elle avait brodée pour son frère, le diacre Thimothée, qui venait de mourir.

Incapable de se refuser à un désir, surtout quand il s'agit de consoler une douleur, Augustin répond qu'il a déjà revêtu la tunique. Il comprend la douleur de Sapida, il est loin de condamner ses larmes, lui-même a pleuré sa mère et ses amis défunts. Toutes les choses qui l'entourent, les objets de l'église en particulier doivent lui rappeler douloureusement le cher dis-

---

(1) *De Diversis Quæst.*, quæst., 71.
(2) *Epist.*, 99.

paru. « Quand on pense à tout cela, dit-il, quand on le recherche par la violence de l'habitude, l'âme est transpercée et les pleurs jaillissent comme si c'était le sang du cœur. »

'Cependant que la religieuse ne s'attriste pas trop, qu'elle ne pleure pas trop longtemps comme ceux qui n'ont pas d'espérance. Timothée continue à vivre avec sa tendresse fraternelle, et Sapida contemplera un jour ce visage qu'elle connaît si bien, cette voix qu'elle distinguait des autres et qui la faisait tressaillir. « Si vous êtes déjà un peu consolée en me voyant porter la tunique que vos mains ont brodée pour votre frère, et qu'il n'a pu revêtir, réjouissez-vous encore plus en pensant au manteau d'incorruption et d'immortalité dont le voilà revêtu. » (1)

La grande épreuve de ceux qui aiment beaucoup et profondément, c'est la distance des cœurs, l'impossibilité pour les âmes de se compénétrer ; car, à l'ombre de cette ignorance germe et grandit la plante vénéneuse du soupçon. « Que fera ton ami, si tu ne le crois pas, puisqu'il ne peut te révéler son cœur ? Il te parle et dit : Je t'aime. Mais la vérité et le mensonge emploient les mêmes mots ; et puis, c'est déjà haïr que de ne pas se confier. » (2)

Augustin a vécu les pages fines et profondes qu'il a écrites sur l'amitié, il en a connu les

---

(1) *Epist.*, 263.
(2) *Serm.*, 306, 8 et *In Ps.* 30, *Enarr.* 2 et *De Civ. Dei,* XIX, 28.

épreuves et il en a savouré les charmes, persuadé de la divine vérité qu'il est encore plus
doux de donner que de recevoir. L'amitié est la
fleur qu'il a cultivée avec amour et qui a embau-
mé sous ses pas cette vallée de misères. Lorsqu'il
cherche à se représenter la Jérusalem céleste, il
y voit la maison de l'éternelle paix, il y voit
également la demeure de l'inaltérable amitié :
aucun ami n'en sort, aucun ennemi n'y peut
entrer.

CINQUIÈME PARTIE

L'Apologiste

« *Amore petitur, amore quæritur, amore pulsatur, amore revelatur, amore denique in eo quod revelatum fuerit permanetur.* »

« C'est l'amour qui demande, c'est l'amour qui cherche, c'est l'amour qui frappe, c'est l'amour qui adhère à la révélation, et c'est l'amour aussi qui maintient l'adhésion donnée. »

De moribus Eccles. cathol., 31.

CHAPITRE XVI

En face du Paganisme et de l'Empire romain

Appel aux païens. — Le Scandale de la prise de Rome.

L'évêque d'Hippone constatait, au cours d'un sermon, le mépris général des païens pour les disciples du Christ. « Dès qu'ils rencontrent un chrétien, ils se mettent à l'insulter, ils le traitent d'ignorant et de lourdaud, le croient de nulle intelligence et de nul savoir. » (1) C'étaient là évidemment des calomnies. Depuis longtemps, le christianisme comptait parmi ses membres des lettrés, des savants et des philosophes ; il avait pénétré dans les plus illustres familles et jusque dans le palais des empereurs.

Augustin était singulièrement fait pour tenir haut et ferme le drapeau du Christ en face des disciples attardés du paganisme. Lorsqu'il passait, on murmurait en le montrant du doigt : « C'est un grand homme, un savant, un orateur ; quel dommage qu'il soit devenu chrétien et catholique ! »

Le grammairien de Madaure, Maximus, s'était fait l'interprète de ces doléances ; n'avait-il pas quelque droit sur cet ancien élève de son école ? Indigné de le voir abandonner les dieux des ancêtres pour le culte des martyrs, il le prie de laisser de côté son éloquence et sa dialectique pour lui déclarer simplement quel est ce Dieu que les chrétiens adorent avec tant de mystère. D'ailleurs, simple vieillard, il ne veut pas entrer en discussion, et termine par une prière qui caractérise bien son libéralisme religieux. « Que les dieux te gardent ; en eux nous honorons tous le père commun du ciel et de la terre dans une discordante concorde. » (2)

---

(1) *In Ps.* 34. *Serm.* 2, 8.
(2) *Epist.*, 16.

Augustin, qui n'était encore que prêtre, s'est demandé d'abord si la lettre devait être prise au sérieux. S'il s'agit de plaisanter, les divinités païennes y fournissent une ample matière. Il y a le dieu Stercutius, les déesses Cloacina et Vénus la Chauve : il y a la divinité de la pâleur et celle de la fièvre. Lorsqu'on les voit grouiller impudemment dans la chambre nuptiale, pour assurer la fécondité du mariage, on est tenté de leur dire : « De grâce, laissez quelque chose à faire au mari. »

Si Maximus veut être instruit sur la religion des chrétiens, il y en a suffisamment à Madaure pour le satisfaire. Ils honorent les martyrs, mais ils n'adorent que le Dieu unique, créateur de toutes choses. Un petit conseil termine la lettre et en explique la brièveté. « Avec le secours du seul Dieu véritable, je t'en écrirai plus long quand je saurai que tu parles sérieusement. » (1)

Quelques années plus tard, l'évêque d'Hippone recevait encore une lettre écrite au nom des habitants de Madaure et apportée par l'un de leurs plus illustres représentants. Intrigué par les formules respectueuses et chrétiennes dont il était salué, il a demandé au courrier si ses compatriotes étaient devenus chrétiens. Ayant appris que rien n'est changé, Augustin rédige sa réponse avec une émotion mêlée de tristesse.

Voici que le christianisme depuis longtemps

____

(1) *Epist.*, 17. Le culte des martyrs est bien expliqué ailleurs. *C. Faust.*, XX, 21.

promis et prophétisé s'est répandu partout. Les temples païens tombent en ruine, sont démolis ou fermés ; les idoles elles-mêmes sont brisées, brûlées ou cachées. Les pouvoirs séculiers qui jadis persécutaient les chrétiens, vaincus et domptés par les martyrs, s'inclinent devant le sépulcre de Pierre le pêcheur. Afin de guérir notre orgueil et de restaurer notre vraie grandeur, afin de se révéler, de se faire sentir au cœur humain captif des choses visibles, le verbe de Dieu, sa sagesse et sa puissance, s'est fait homme.

Rappelant délicatement les années d'adolescence qu'il a passées dans cette ville, il termine par une exhortation touchante : « Réveillez-vous enfin, ô mes frères, ô mes parents de Madaure ; c'est Dieu qui m'a ménagé cette occasion de vous écrire. Je vous en supplie, au nom du Christ que vous avez invoqué dans votre lettre, que mes paroles ne soient pas vaines... Que le Dieu unique et véritable affranchisse vos âmes et les convertisse, vénérables seigneurs et frères bien-aimés. » (1)

Au début de l'année 412, nous trouvons Augustin en correspondance avec un riche païen de Rome, nommé Volusien. C'était le frère d'Albine, l'oncle de Mélanie la jeune. Cette grande famille romaine présentait un spectacle étrange au point de vue religieux. Le père, Probus, que nous voyons discourir dans les *Satur-*

---

(1) *Epist.*, 233.

nales de Macrobe, avait été l'ami intime de Symmaque et pontife de la déesse Vesta. Ses cousines, Marcelle et Asella avaient transformé leur palais de l'Aventin en couvent, puis en école biblique, sous la direction de Jérôme. Ses deux filles, Albine et Lœta étaient de ferventes chrétiennes, et le vieux pontife païen voyait la petite Paula, consacrée à Dieu toute jeune, lui sauter sur les genoux en bégayant l'*Alleluia* du Christ.

Volusien, à l'exemple de son père, s'attardait dans le paganisme. Sa mère pria l'évêque d'Hippone d'entreprendre cette conversion. Toujours serviable, principalement quand il a l'espoir de gagner une âme à Jésus-Christ, il a fait les premières démarches. Que Volusien ouvre les Ecritures, qu'il les lise avec attention et sincérité, surtout les écrits des Apôtres. Elles remuent les âmes avides de vérité et non pas de phrases sonores ; elles terrifient d'abord, et ensuite elles rassurent. Qu'il veuille bien lui soumettre les difficultés qui l'arrêteront ; des lettres qu'il pourra conserver et étudier à loisir viendront les résoudre (1).

La réponse de Volusien arriva bientôt. Elle est l'écho fidèle d'une réunion mondaine où les uns étaient chrétiens, les autres païens ou indifférents, tous lettrés et curieux. On y avait parlé de poésie et d'éloquence ; les principales doctrines philosophiques avaient été passées en revue. Soudain, l'un des assistants éleva la voix et dit :

____

(1) *Epist.*, 132.

« Quel est le chrétien, si savant soit-il, qui puisse résoudre mes objections et mes doutes, sinon avec certitude, du moins avec vraisemblance ? » Puis, au milieu du silence et de la stupéfaction de tous, il développa ses difficultés ; elles avaient trait à la divinité du Christ. Comment le Créateur et Maître du monde a-t-il pu se renfermer dans ce petit enfant qui pleure et qui grandit, qui mange et sent comme les autres mortels ? Ses miracles eux-mêmes, les malades guéris, les morts ressuscités ne semblent pas dignes de la divinité. On arrêta l'orateur qui voulait continuer, et la réunion prit fin sans que personne relevât le défi.

Après avoir raconté l'incident, après l'avoir imaginé peut-être, pour donner à ses objections un tour impersonnel, Volusien s'écrie : « Tu viens d'entendre, ô homme digne de toute gloire, l'aveu de notre ignorance ; tu vois ce qu'on attend de ton parti. Il importe, pour ta réputation, que nous ayons réponse à ces questions. Les prêtres ordinaires peuvent ignorer ces choses sans dommage pour la religion ; mais quand il s'agit de l'évêque Augustin, l'ignorance n'est plus permise. Que la divinité te garde, illustre seigneur et père vénérable. » (1).

Quand Augustin reçut la lettre, il jouissait par hasard d'un peu de loisir, il s'empressa de répondre. Par delà son correspondant, il entrevoyait un public prévenu et sévère ; on sent

____

(1) *Epist.*, 135.

qu'il a spécialement taillé sa plume. Volusien fera bien de conserver cette réponse, de la lire et de l'étudier. Il pourra la produire sans crainte dans les cercles les plus distingués et les plus exigeants ; elle fait honneur à celui qui l'a rédigée, ainsi qu'à la religion qu'elle explique et défend.

Et d'abord que son correspondant réforme un peu cette opinion qu'il a conçue de sa science ; il prétend bien conserver, tout comme les autres, le droit d'ignorer bien des choses. Venant ensuite aux difficultés à résoudre, il croit qu'elles proviennent de ce préjugé matérialiste qui l'aveugla lui-même si longtemps ; il empêche de voir des réalités en dehors du corporel et du sensible. Gardons-nous de juger la valeur d'un être au volume qu'il occupe dans l'espace. La fourmi est plus habile que le chameau ; une petite graine produit un grand figuier, tandis que de grosses semences ne donnent que des légumes. La pupille de l'œil est bien minime, et cependant elle explore en un moment la moitié du ciel.

En s'incarnant dans le sein de la Vierge, Dieu n'a pas cessé de gouverner le monde. Il n'est pas dans l'univers comme l'eau, l'air ou la lumière, mais plutôt comme l'âme dans le corps ; il est partout et tout entier dans chaque endroit. C'est là une chose mystérieuse, mais que de mystères en nous et autour de nous ! Pourquoi vouloir expliquer toutes les merveilles de l'Incarnation ? « Si elle pouvait s'expliquer, elle n'aurait rien de merveilleux ; s'il y avait un autre exemple, elle ne serait pas unique. Permettons à Dieu de faire des choses que nous ne comprenons pas... Jésus-Christ aurait pu apparaître brusquement sur la terre et dans la pleine jeunesse ; il aurait pu se passer de nourriture et de sommeil, se dispenser de souffrir, mais pour être un parfait médiateur entre Dieu et les hommes, il a voilé sa puissance au profit de sa miséricorde. »

Jésus a réalisé dans sa personne et dans son œuvre les prophéties des Hébreux, les vagues pressentiments des philosophes et des poètes. Il a été véritablement cet enfant de bénédiction que Virgile entrevoyait dans l'avenir et dont il écrivait avec joie : « Par toi seront effacées les traces de nos crimes, et la terre sera pour jamais délivrée de sa trop longue épouvante. » Grâce à lui, le chrétien le plus borné, la femme la plus humble croit à l'immortalité de l'âme et à la vie future.

Impossible à l'âme désireuse d'éternité, émue par la brièveté de cette vie de résister à la lumière fulgurante de cette autorité divine. D'ailleurs, si l'on veut comprendre parfaitement le christianisme, il faut commencer par y croire : « La foi ouvre la porte de l'intelligence, au lieu que l'incrédulité la ferme. »

Et voici l'une des plus belles pages qu'on ait écrites sur le livre des Ecritures : « Comme il est accessible à tous, et en même temps, comme il dépasse les plus hautes intelligences ! Dans ses parties claires, il apparaît comme l'ami intime qui s'adresse en toute simplicité au cœur des savants et des ignorants. Dans ses mystères secrets, il ne prend point ce ton orgueilleux qui écarterait les esprits plus lents ou moins cultivés, comme le riche écarte le pauvre. Par son humble langage, il invite également tous les hommes, les uns pour nourrir leurs âmes des vérités manifestes, les autres pour exercer leur intelligence dans l'étude des profondeurs cachées. Les découvertes nouvelles empêchent les vérités connues de devenir monotones ; ainsi renouvelées, elles pénètrent suavement dans les cœurs. Les esprits pervertis sont salutairement redressés, les intelligences modestes sont nourries, les génies eux-mêmes sont charmés. Pour être ennemi de ce livre, il faut ignorer sa vertu ou bien être de ces malades qui repoussent les remèdes. »

En terminant sa longue lettre, Augustin espère que Dieu bénira ses efforts, se servira de lui pour convertir cette âme. Se souvenant qu'il dut sa propre conversion aux prières et aux larmes de Monique, il ajoute délicatement : « Je salue dans le Christ ta vénérable mère, et j'espère que Dieu exaucera les prières qu'elle lui adresse pour toi. » (1)

____

(1) *Epist.*, 137.. L'action d'Augustin sur cette âme rencontrait une terrible concurrence dans la personne du poète païen Rutilius. Rentrant en Gaule, son pays d'origine, Rutilius raconte en vers ses impressions de voyage sous le titre *Itinéraire*. Il dédie son livre à Volusien qui lui a succédé comme préfet de Rome et qu'il appelle « *animae portio magna meae.* » Dans ce livre, Rutilius dit beaucoup de mal de l'ascétisme chrétien. En passant près de la Sardaigne, il injurie les moines de Capraria, ceux-là même auxquels Augustin avait écrit une lettre si touchante. Ce sont des hommes de ténèbres, des esclaves qui fuient le bonheur pour s'enfermer dans

Les semences chrétiennes jetées par l'évêque d'Hippone dans l'âme de Volusien finiront par germer et mûrir, et c'est Mélanie elle-même qui viendra recueillir la moisson. En 432, elle arrivait à Constantinople auprès de son oncle agonisant. Quand le vieillard aperçut celle qu'il avait vu élever dans sa famille « comme une rose, comme un lis, comme la pupille des yeux », pauvrement vêtue et amaigrie par les austérités, il s'écria : « Oh ! comme tu es changée, ma chère Mélanie ! »

Celle-ci l'interrompit doucement et dit : « Apprends de moi, toi aussi, ô cher oncle, la valeur des biens à venir. C'est pour eux que j'ai méprisé la gloire, la richesse, le soin de mon corps. » Volusien se laissa toucher, il reçut des mains du patriarche Proclus le baptême et l'Eucharistie et s'endormit paisiblement dans le Christ (1).

Un païen, du nom de Dioscore, sur le point d'entreprendre un voyage, avait prié l'évêque d'Hippone de le renseigner sur certaines questions littéraires et philosophiques, afin de n'avoir pas l'air d'un ignorant. L'ancien professeur de rhétorique a d'abord souri. Autrefois, il avait pour métier de vendre aux écoliers ces sortes de marchandises ; désormais, il a des occupations

---

des cachots. Devant l'île de Gorgona il salue un autre monastère où il compte un ancien ami. « Pareille secte, dit-il, est plus nuisible que les poisons de Circée : ceux-là ne changeaient que les corps, celle-ci change même les âmes. »

(1) Cf. G. Goyau, op laud.

plus importantes et qui ne lui permettent guère de s'en occuper.

Malgré tout, condescendant et surtout apôtre, il répond aux questions posées ; puis, il invite son correspondant à voir par delà les questions de littérature et de philosophie le problème religieux. Or, pour résoudre ce problème, pour trouver la vraie religion et pour y adhérer, une chose est indispensable. « Si tu veux parvenir à la vérité, ne cherche pas une autre route que celle qui a été tracée par Dieu lui-même qui connaît notre infirmité. Or, la première, c'est l'humilité ; la seconde, c'est l'humilité ; la troisième, c'est l'humilité, et aussi longtemps que tu m'interrogeras, je te répondrai la même chose. Non pas que j'exclue les autres conditions, mais l'humilité doit les précéder, les accompagner, les suivre, sinon l'orgueil nous extorque le tout. » (1)

Dioscore mettra du temps à profiter de la leçon. Après avoir promis à Dieu de se convertir s'il obtenait la guérison de sa fille unique, il est exaucé et oublie sa promesse. Paralysé de tous ses membres, il renouvellera sa prière et son vœu, s'engageant cette fois par écrit à tenir sa parole. Guéri, il se fait instruire et reçoit le baptême aux fêtes de Pâques, 429. Le vieil évêque était heureux de communiquer cette nouvelle à son ami Alype. « Il a fallu bien des prodiges pour dompter cette petite tête et cette langue... Que ferons-nous ?

---

(1) *Epist.*, 118, 22.

sinon chanter un hymne au Seigneur, le louer et l'exalter dans les siècles des siècles. » (1)

Si Socrate, Platon et les autres grands philosophes du paganisme avaient connu la religion chrétienne, ils se seraient convertis, à moins que l'orgueil ne les eût empêchés. Ils y auraient retrouvé le meilleur de leur doctrine, et surtout ce qui leur fit totalement défaut, l'autorité nécessaire pour atteindre le peuple.

Porphyre, le disciple et l'ami de Plotin, croyait en Dieu et en sa providence ; il en attendait l'affranchissement complet du genre humain. Cette libération, il l'a cherchée vainement chez les Chaldéens et les Indiens. Pourquoi ne l'a-t-il pas reconnue dans le christianisme ? C'est que son âme orgueilleuse refusait de s'incliner devant le Verbe incarné appelant à lui les doux et les humbles de cœur.

S'adressant, non plus à Porphyre, mort depuis longtemps, mais à des platoniciens de son temps qui hésitaient sur le seuil de la vérité, il s'écrie : « Vous entrevoyez, comme dans un vague lointain, les rivages de la patrie rêvée, mais vous ignorez le chemin pour y parvenir... Oh ! si vous connaissiez la grâce que Jésus-Christ, notre Seigneur, nous a méritée par son incarnation et dont il est lui-même le chef-d'œuvre parfait ! » Pour reconnaître cette gâce, il faut se faire doux et humble, à l'exemple de celui qui nous l'a apportée (2).

-----

(1) *Epist.*, 227.
(2) *Ibid.*, 136.

Vers 412, l'évêque d'Hippone recevait du tribun Marcellin, son ami et grand soutien dans la lutte contre le donatisme, quelques griefs politiques que les païens avaient coutume de reprocher aux doctrines chrétiennes. Saint Paul défend de rendre le mal pour le mal et l'Evangile nous dit de donner notre tunique à celui qui nous aurait arraché le manteau, de tendre la joue gauche à quiconque nous frappe sur la joue droite. Pareille théorie ne s'oppose-t-elle pas au bien de la République ? Si l'ennemi ravissait une province de l'Empire, faudrait-il renoncer à la reprendre par les armes ?

Augustin remarque d'abord que l'objection se retourne contre ses auteurs. En critiquant la douceur et la générosité du Christ, les païens critiquent également les plus grands de leurs écrivains. L'historien Salluste n'a-t-il pas écrit des grands hommes qui ont gouverné et agrandi la chose publique, qu'ils aimaient mieux pardonner les injures que les venger ? Cicéron n'a-t-il pas loué César de ne savoir oublier qu'une chose : les offenses ? « Quand ils lisent cela dans leurs auteurs, ils s'exclament, ils applaudissent... Et voilà qu'en entendant le même enseignement tomber du haut de la chaire, ils accusent notre religion d'être l'ennemi de la nation. »

Il faut comprendre ces principes de douceur et de patience proclamés par le christianisme ; la lettre tue, c'est l'esprit qui vivifie. Ces doctrines n'ont pas empêché Jésus de demander raison du soufflet qu'il reçut au tribunal de Caïphe. Elles n'ont pas empêché saint Paul de réclamer, en face des persécuteurs, ses droits de citoyen romain. L'amour des parents ne les dispense pas de corriger leurs enfants. La religion chrétienne, elle aussi, permet de réprimer par les armes la rapacité d'un peuple. « Toutefois, si la cité de la terre garde les préceptes de l'Evangile, la guerre elle-même ne se fera pas sans bienveillance ; la société pacifiée, revenant à la justice et à la bonté, sera plus douce à l'égard des vaincus. »

Qu'on vienne à Hippone entendre les sermons qu'il fait aux fidèles, et l'on pourra juger de la valeur sociale du christianisme. « Qu'ils paraissent, ceux-là qui reprochent à la religion chrétienne de nuire aux intérêts de l'Empire. Qu'ils fournissent des soldats tels que les veut la doctrine du Christ. Qu'ils nous donnent de tels gouverneurs de provinces, de tels maris, de telles épouses, de tels parents, de tels fils, de tels maîtres, de tels serviteurs, de tels juges, enfin de tels débiteurs du fisc et de tels percepteurs d'impôts ; et ensuite, qu'ils osent traiter cette religion d'ennemi de la République. »

Arrivé au terme de sa lettre, l'auteur s'aperçoit qu'il a été long, moins long cependant que ne l'eût demandé l'importance du sujet. Que Marcellin recueille d'autres objections, il y répondra par de nouvelles lettres ou par des livres (1). En effet, il allait répondre aux païens, non plus dans une lettre à quelques individus, mais au public

---

(1) *Epist*, 138.

d'alors et de l'avenir ; il allait composer la *Cité de Dieu.*

La prise de Rome par Alaric, en 410, fut un coup de foudre pour la civilisation romaine. En apprenant cette catastrophe, Jérôme lui-même s'était ému dans son austère solitude de Bethléem; interrompant ses études bibliques, il s'était écrié : « Le flambeau du monde s'est éteint, et dans une seule ville qui tombe, c'est le genre humain tout entier qui périt. » (1) L'exégète n'était pas tendre pourtant pour le luxe et les frivolités des Romains.

Augustin ne pouvait pas se désintéresser de cet événement. Les familles romaines qu'il voyait chaque jour aborder sur les rivages d'Afrique lui racontaient les horreurs dont elles furent témoins. Les païens considéraient volontiers ce malheur comme la vengeance de leurs divinités partout désertées pour le culte de Jésus-Christ. Les chrétiens eux-mêmes, sous le coup de l'épreuve, sentaient chanceler un peu leur foi en la Providence.

Ce fut pour la barque du Christ une formidable tempête, mais celui qu'on regardait justement comme son premier pilote était là, debout à son poste, l'œil vigilant et l'âme très calme. L'évêque et le pasteur qui savait ouvrir son cœur à tous les sentiments humains ne défendait pas aux âmes de s'affliger de cette calamité, il s'en affligeait lui-même. Ce qu'il voulait

---

(1) Comment. *in Ezech. Prolog.*

avant tout, c'était raffermir la foi des chrétiens, répondre aux accusations païennes.

Certains fidèles pusillanimes trouvaient ce sujet fort dangereux ; ils murmuraient entre eux en allant au sermon : « *O si taceat de Roma !* » Mais Augustin n'écoutait pas ce timide conseil. « On a dit de moi : Pourvu qu'il ne parle point de Rome ! Comme si j'étais un insulteur et non pas plutôt le suppliant du Seigneur, et votre humble exhortateur. Dieu me garde d'insulter personne ! Qu'il épargne cela à mon cœur, à la douleur de ma conscience. N'avons-nous pas eu là-bas beaucoup de nos frères ? Il y en a encore beaucoup ; là-bas se trouve une grande portion de la Jérusalem de l'exil. Quand je traite ce sujet, que dis-je sinon ceci : C'est une calomnie que d'accuser notre Christ de la perte de Rome que des dieux de pierre et de bois gardaient. » (1)

Que les Romains apprennent un peu mieux leur histoire, et ils y verront à quelle époque la République commença à se désagréger. Bien avant que le nom du Christ eût brillé sur la terre, un de leurs historiens avait écrit au sujet de Rome : « O ville à vendre, et mûre pour la ruine, s'il se trouve un acquéreur ! » (2) L'accusation des païens était plus qu'une calomnie, pour nombre d'entre eux c'était une ingratitude, car ils avaient trouvé le salut en se disant chrétiens pour la circonstance, en courant se réfugier

______

(1) *Serm.*, 105, 12.
(2) *Epist.*, 138, 16.

dans les églises, en particulier dans la basilique des apôtres Pierre et Paul (1).

Néanmoins, comment Dieu peut-il permettre ces invasions, ces pillages, ces meurtres, comment peut-il permettre la guerre avec le cortège lugubre de ses misères ? C'était le problème du mal qui se replaçait devant les regards d'Augustin, dans un exemple concret et avec un saisissant relief. Autrefois, il eût trouvé dans le manichéisme une solution facile et simpliste, mais peu solide. Avec la doctrine chrétienne et catholique, il faut admettre que rien n'arrive sans la volonté ou la permission de Dieu : « *Deo jubente aut sinente.* »

Les guerres sont plus longues ou plus courtes, selon qu'il plaît à la Providence de consoler ou d'abattre le genre humain. Les grandes victoires remportées par les Juifs en marche vers la Terre promise, sous la conduite de Moïse et de Josué, étaient moins la récompense des vertus d'Israël que la punition des peuples ennemis. A l'époque des Juges, les succès et les revers de la lutte se balançaient comme les péchés du peuple et la miséricorde divine (2).

Sans doute, dans les guerres, dans toutes les catastrophes, dans la ruine de Rome, les bons semblent aussi malheureux que les mauvais. Dans l'aire à battre, le grain est foulé comme la paille, mais tandis que la paille est brisée, le

____

(1) *De Civ. Dei*, I, 1, 7.
(2) *De Civ. Dei*, V, 21, 22 et XVI, 43.

grain est tout simplement purifié. C'est le même
feu qui chauffe le four de l'orfèvre, mais le bois
y est réduit en cendres, au lieu que l'or s'y dépouille de ses scories. La souffrance des bons est
une épreuve et non une condamnation ; et puis,
pour s'encourager, ils ont devant les yeux les
grandes douleurs endurées par le Juste des Justes et le Saint des Saints. La souffrance n'est pas
inutile pour panser et guérir les âmes.

Celui qui voit tout et ne laisse rien sans récompense, sait reconnaître les siens parmi ceux qui
tombent sur les champs de bataille, sous les ruines de la Ville ; ne les pleurons pas trop. « Puis-
sions-nous voir de nos yeux, les âmes des saints
qui sont morts durant cette guerre ; nous ver-
rions alors comment Dieu a épargné la Cité. Il
y a des milliers d'élus dans le rafraîchissement,
joyeux et disant à Dieu : Merci de nous avoir
arrachés aux incommodités et aux tourments.
Merci : désormais nous n'avons plus à redouter
ni les Barbares, ni les diables. Nous ne craignons
plus ni faim, ni grêle, ni ennemi, ni licteur,
ni oppresseur. Nous sommes morts sur terre, mais
auprès de toi, mon Dieu, nous vivons pour toujours dans ton royaume, dans ta maison, par ta
grâce. » (1)

En écrivant la *Cité de Dieu*, Augustin a parcouru dans tous les sens l'histoire du peuple
romain. Il est intéressant de recueillir les sentiments qu'elle a provoqués dans sa grande âme,

---

(1) *Sermo de Urbis excidio*, 6.

Son cher poète, Virgile, avait magnifiquement décrit l'idéal de Rome. Abandonnant aux autres nations les arts libéraux, le soin de travailler l'airain et le marbre, de polir des discours, elle se réservait la gloire de conquérir les peuples, de les gouverner dans la mansuétude et dans la paix (1). César principalement prit sur lui de réaliser cette œuvre ; il y employa tous les moyens. « Il voulait un grand commandement, une grande armée, une nouvelle guerre où pût briller sa valeur. Dans ce but, il poussait à la guerre de malheureuses nations, il excitait Bellone avec son fouet sanglant. » (2)

L'Empire romain eut en effet des proportions colossales ; Augustin le constate avec admiration ; mais, à regarder le colosse de plus près, en analysant les éléments de sa structure, l'admiration fait place à des sentiments plus tendres. Le mot joyeux de conquête est trop voisin d'un autre mot sombre et douloureux : la guerre. Il connaît trop bien la nature humaine pour préconiser le désarmement universel, du moins la guerre lui apparaît comme une dure nécessité qu'il est souverainement impie de susciter, dont il faut désirer la fin le plus tôt et le retour le plus tard possible. « Tout homme qui considère avec douleur

---

(1) « *Tu regere imperio populos, memento.*
  « *Haec tibi erunt artes, pacique imponere morem,*
  « *Parcere subjectis et debellare superbos.* »
                    Enéide, VI, v. 850-853.

(2) *De Civit. Dei*, V, 12.

ces maux si grands, si effroyables, si barbares, doit avouer que c'est une misère. Celui qui les supporte, qui y pense même sans angoisse, celui-là est encore plus misérable, car il a perdu tout sentiment d'humanité. » (1)

Rome n'a pas toujours observé l'idéal virgilien dans ses guerres et ses conquêtes. Parfois, elle a provoqué des nations, sans autre motif que celui d'étendre sa domination, et voilà, dans toute sa noirceur, le crime d'un peuple. Cette *libido dominandi* est la forme de l'orgueil la plus intolérable et la plus subtile, car elle se dissimule sous l'impersonnalité nationale et s'absorbe dans l'auréole patriotique. « Porter la guerre sur les territoires voisins avec tout le cortège de ses maux ; écraser, subjuguer des peuples inoffensifs, pour le seul plaisir d'élargir un royaume, qu'est-ce autre chose que le brigandage en grand. »

Une anecdote vient fort à propos illustrer cette doctrine et cette indignation. Alexandre le Grand demandait un jour à un fameux pirate qu'on venait de saisir, pourquoi il se plaisait ainsi à infester les mers. Celui-ci aurait répondu fièrement : « Je fais ce que vous faites vous-même. Seulement, je le fais avec un petit navire et on m'appelle brigand ; vous le faites avec une grande flotte, et on vous nomme empereur. » (2)

La plus injuste et la plus impie des guerres provoquées par Rome fut sa lutte contre Albe :

____

(1) *De Civ. Dei*, XIX, 7.
(2) *Ibid.*, IV, 4, 6.

C'était la fille qui attaquait la mère. Pour en finir, on eut recours à un expédient qui sera repris plus tard, sur le sol de Bretagne, dans le célèbre *Combat des Trente*. Rome restait victorieuse ; mais, parmi les six champions, un seul revenait vivant. Et cette bataille finale allait avoir un épilogue qui révolte singulièrement le cœur de l'évêque d'Hippone.

Vainqueur des trois Curiace, l'unique survivant des trois Horace rentrait à la tête de l'armée romaine, portant sur ses épaules les dépouilles des vaincus. Sa sœur était fiancée à l'un des champions d'Albe. Quand elle aperçut, parmi les dépouilles, la cotte d'armes qu'elle avait tissée elle-même pour son fiancé, elle ne put retenir ses larmes. L'impitoyable frère, indigné de voir pleurer un ennemi, la tua de sa propre main. « Pour ma part, s'écrie Augustin, le sentiment de cette seule femme me semble plus humain que ceux du peuple romain tout entier. » Puis, détournant les regards de ce patriotisme farouche, il y oppose le pieux héros de Virgile. Penché sur le jeune soldat qu'il vient de transpercer, comme malgré lui, Énée contemple avec pitié la tunique brodée par la main maternelle, et maintenant pleine de sang ; il relève ses cheveux souillés et lui tend la main en pleurant (1).

Cette passion de dominer qui secoue et brise le genre humain portait Rome à se réjouir si cruellement de sa victoire sur Albe, à nommer

---

(1) *Enéide*, X. v. 815-830.

gloire son crime. « Qu'on enlève enfin aux choses ces toits mensongers, ces blanchissages trompeurs, pour qu'on les examine sincèrement. Qu'on ne vienne pas me dire : Grand celui-ci et celui-là, il s'est battu avec un tel, et il l'a vaincu. Les gladiateurs, eux aussi, combattent et sont vainqueurs, et cette cruauté, elle aussi, provoque des louanges. » (1).

Rome a-t-elle nui aux différentes nations qu'elle a subjuguées ? Elle ne l'eût point fait, si cette soumission, au lieu d'être le résultat d'immenses guerres, avait été le fruit d'une entente cordiale. Encore eût-il fallu faire du premier coup ce qu'on fit sur le tard : accorder aux nouveaux sujets le droit de citoyens romains. Dans ce cas, le peuple incorporé à l'empire n'aurait rien perdu ; de bons administrateurs auraient subvenu à ses besoins avec générosité et concorde.

Tout cela est vrai, répond Augustin, mais alors où serait la supériorité des Romains ? Ne vient-elle pas de la victoire, et comment être victorieux sans guerre et sans vaincus ? Les empires agrandis par les armes ne lui paraissent pas plus heureux pour autant, ils ne sont pas exempts d'impôts, ils n'ont pas le monopole des sciences et des arts ; ses sympathies vont aux petites nationalités dont il veut favoriser la libre éclosion. « Les choses iraient bien mieux si tous les royaumes étaient petits, vivant les uns à côté

---

(1) *De Civ. Dei.* III, 14.

des autres, dans une joyeuse concorde. Ainsi, il y aurait dans le monde beaucoup de nations, comme il y a dans une ville beaucoup de maisons et de familles. » C'est un mauvais désir que de souhaiter un méchant voisin qu'on puisse haïr et combattre afin de le vaincre et de grandir à ses dépens (1).

Ce n'est pas sans émotion, ni sans fierté que l'évêque africain a suivi le grand duel entre Rome et Carthage. Il n'a pas assez d'éloges pour Régulus, ce héros qui deviendra la personnification de la fidélité au serment et du dévouement à la patrie. « Si les dieux, écrit-il, n'ont pas rougi devant cet homme, c'est que véritablement ils sont d'airain, c'est qu'ils n'ont pas de sang. »

Carthage finit par succomber, mais ce fut pour le malheur de Rome. La crainte de cette puissance rivale eût été pour les pupilles de la République une précieuse sauvegarde. Les Romains savaient faire l'union sacrée contre l'ennemi du dehors ; n'ayant plus personne à redouter, ils se tournaient les uns contre les autres (2). Comme Ambroise, Jérôme, Paulin de Nole et d'autres chrétiens illustres de l'Empire, Augustin esti-

---

(1) *De Civ. Dei*, V, 17 et IV, 15. En réclamant aussitôt pour les peuples soumis le droit de citoyens romains, saint Augustin s'abandonne peut-être un peu trop à sa générosité naturelle. La chose était-elle toujours possible, toujours désirable ?

(2) *Ibid.*, I, 15, 24, 30.

mait et aimait la *Res Romana*. Adouci et purifié par les vertus de l'Evangile, ce grand peuple lui paraissait marqué pour accomplir dans le monde l'œuvre de Jésus-Christ.

CHAPITRE XVII

L'Ame naturellement chrétienne

*L'humilité d'esprit. — La droiture du cœur.
Nos raisons de croire.*

Dans sa course vagabonde après la Sagesse,
Augustin s'arrêta un jour pour regarder en
arrière. « Je rentrai en moi-même, et comme du
bord de la route je contemplai cette religion dont
mon enfance avait été imbibée jusqu'aux moel-
les et qui m'attirait à mon insu. » (1) Pour lui,
chercher la Sagesse, la Vérité, c'était avant tout
chercher la réponse à deux problèmes : le problème de l'âme et le problème de Dieu. « Je nomme
sages, non pas les hommes de sens ou de génie,
mais ceux qui ont sur l'homme et sur Dieu une
connaissance ferme, autant que le permettent les
forces humaines, et qui règlent leur vie d'après
cette science. » (2)

____

(1) *C. Acad.*, II, 5.
(2) De *Util. cred.*, 27.

Au cours de sa longue vie, il s'arrêtera souvent pour considérer les routes qui éloignent de la vérité et celles qui y ramènent ; d'abord afin de confesser ses propres égarements devant Dieu et devant les hommes, et puis, dans l'espoir d'éclairer ses contemporains, ou même ceux qui liront ses livres tout le long des siècles.

A l'occasion du texte évangélique, où nous voyons un homme réveiller son ami, à minuit, pour lui demander trois pains, le prédicateur d'Hippone interpelle son auditoire. « Un ami vient te trouver parfois, fatigué dans les chemins de l'erreur, incapable de trouver et de recevoir la vérité qui rend heureux. Il vient à toi et dit : Explique-moi ta religion, fais de moi un chrétien. Et peut-être, dans la simplicité de ta foi, tu ne sais pas que répondre, tu n'as pas de quoi apaiser sa faim. Rappelé ainsi au sentiment de ton ignorance, désireux d'instruire les autres, honteux surtout d'avoir été pris au dépourvu, tu t'appliques à l'étude afin de mériter de savoir. » (1)

C'était là stimuler les fidèles à comprendre leur religion, mais il ne prétendait nullement faire de chacun d'eux un apologiste inconfusible. C'est lui-même qui se chargera de répondre pour tous aux lettrés et aux savants, toujours prêt à rendre raison de sa foi et de son espérance. Il fut le plus grand apologiste de son temps et ne semble pas avoir été dépassé depuis. Son expérience

---

(1) *Serm.*, 105, 2 et 241, 1.

personnelle de converti donne à ses arguments quelque chose d'émouvant et de contagieux qui va au cœur.

La route qui l'a conduit à la vraie religion fut longue et pénible, il ne l'oubliera jamais. « Tu avais décrété, ô mon Dieu, que la terre produirait sous mes pas des ronces et des épines, et qu'elle serait laborieuse, la conquête de mon pain. » (1) Ces souvenirs l'ont rempli de mansuétude et de compassion à l'égard des égarés et des chercheurs sincères. A l'exemple de son Maître divin, il n'éteint pas la mèche encore fumante, il ne brise pas le roseau froissé. Il s'ingénie à découvrir dans les âmes l'étincelle qu'il pourra rallumer.

Augustin représente les chercheurs de la vérité voguant vers un port dont l'entrée est difficile à cause d'un rocher redoutable ; ce rocher, c'est l'orgueil de l'esprit. Il a le droit d'en parler, car il y a heurté lui-même plus d'une fois. Il y heurta lorsque, fier de sa raison de vingt ans, il dit adieu à la foi de sa mère, se demandant quelle religion il adopterait, si toutefois il devait en adopter une. C'est ainsi qu'il se jeta dans les filets manichéens d'où il eut tant de peine à se dégager.

Une seconde fois, il toucha le terrible écueil et faillit sombrer pour toujours ; ce fut lors de son engouement pour les néo-platoniciens. Au lieu de prendre conscience de ses misères, il commençait à faire le philosophe, à s'enfler de son petit savoir. Ces expériences douloureuses lui ont servi

____

(1) *Conf.*, **IV**, 29.

doublement, pour sa conduite personnelle et pour la conduite des autres.

Les deux tableaux bien connus de Rubens et de Poussin nous montrent l'évêque d'Hippone penché avec stupeur au-dessus d'un enfant qui, une coquille à la main, veut faire passer l'océan dans un petit trou creusé au milieu du sable. Interrogé par le grand docteur et repris de sa folle intention, l'enfant aurait répondu : « J'aurai réussi dans mon travail avant que vous ayez approfondi le mystère de la Trinité. » (1)

Si Augustin n'a jamais rencontré sur le rivage cet enfant mystérieux, il a certainement entendu au fond de son cœur, il a compris et pratiqué la parole de Jésus : « Apprenez de moi que je suis doux et humble de cœur, et vous trouverez le repos de vos âmes. » (2) Rares sont les esprits qui ont soulevé tant de problèmes, proposé tant de solutions, plus rares encore sans doute ceux qui ont avoué si modestement leurs incertitudes et leurs ignorances, qui ont accepté avec tant de respect et tant d'amour les obscurités de la foi.

Dans ses homélies sur saint Jean, il s'arrête souvent pour s'excuser de son audace à vouloir suivre l'aigle qui plane si haut et fixe le soleil de la vérité. « O mes très chers, dit-il, qu'elle soit loin de moi, cette présomption, si je veux rester sain dans la maison du Dieu vivant, dans

---

(1) *Der Hl. Augustinus.* Von Aug. Egger p. 107 et 117 München 1912. *Sammlung illustrierten Heiligenleben.*
(2) *Math.*, XI, 29.

l'Eglise, la colonne et le firmament du vrai ! Ce que peut saisir ma petite capacité, je vous le sers. Je me nourris avec vous quand on daigne m'ouvrir ; quand la porte reste fermée, nous frappons ensemble. » (1)

Se souvenant toujours de son incrédulité de jadis, il aime à retrouver sa propre image dans l'apôtre Thomas, qui disait de Jésus ressuscité : « Si je ne vois dans ses mains les marques des clous, si je ne mets mon doigt dans ces marques, et ma main dans son côté, je ne croirai pas. » Lui-même eut pendant longtemps de ces exigences orgueilleuses et déraisonnables. Avant d'accorder son assentiment, il voulait avoir la vision, vision des yeux ou vision de l'intelligence.

Absorbé d'abord entièrement par ce monde visible qui nous enveloppe et nous pénètre de toutes parts, il était persuadé que là s'arrêtait le monde des réalités. « Lorsque je voulais me représenter mon Dieu, je me figurais quelque chose de corporel, car tout ce qui n'était point corps me paraissait alors un pur néant. C'était la principale et presque l'unique raison de mon inévitable erreur. » (2)

Guéri de ce matérialisme, il tomba dans une autre forme de l'orgueil intellectuel : il voulait avoir en tout des certitudes mathématiques. « Dans les choses que je ne voyais pas, je voulais être aussi certain que de cette vérité : 7 et 3

---

(1) *In Joan. Tr.* 18, 1. *Tr.* 50, 7 à 10. *Tr.* 53, 4. 7, 8.
(2) *Conf.*, V, 19.

font 10. » C'est avec de telles dispositions qu'il assista d'abord aux prédications d'Ambroise (1).

Jésus qui voulait faire de cet orgueilleux que fut Augustin, le docteur de l'humilité, eut à son égard, comme à l'égard du disciple incrédule, des condescendances divines. Au jardin de Milan et à la fenêtre d'Ostie, il s'était fait sentir à son intelligence et à son cœur ; mais, en même temps, il le pénétrait jusqu'au fond de l'âme du grand avertissement : « Bienheureux ceux qui n'ont pas vu et qui ont cru. » Personne n'aura la foi plus facile et plus simple et personne aussi n'aura au même degré le don de la communiquer.

Pour montrer aux hommes combien la foi est chose naturelle et nécessaire dans la vie quotidienne comme en religion, il a écrit deux petits livres aux titres et aux allures tout à fait modernes. L'un s'appelle *L'Utilité de croire*, et l'autre *La Croyance aux choses invisibles*. Que de choses admettons-nous comme absolument certaines sur le simple témoignage d'autrui. Presque toutes nos connaissances d'histoire et de géographie sont de cette nature.

Les relations de famille et de société reposent toutes sur l'amour et sur l'amitié ; or, l'amour et l'amitié comportent seulement une certitude de croyance. Vous êtes convaincus que tels sont bien vos parents, là-dessus point de doute possible. Essayez donc de le prouver par le strict raisonnement. Est-ce bien là votre père ? — Pas d'autre

----

(1) *Conf.*, VI, 6.

témoignage que celui de votre mère. Et votre
mère elle-même, en êtes-vous bien sûr ? Seule
la sage-femme ou la nourrice pourra vous l'assurer. Vous dispenserez-vous d'aimer vos parents,
sous prétexte qu'il reste possible que vous ne
soyez pas leur fils ? Et votre ami ? Vous voyez
son visage, mais vous ne voyez pas son cœur, son
affection, vous y croyez tout simplement. Certes,
il vous prodigue les marques de son amour ;
mais le Christ, lui aussi, multiplie les indices de
vérité et les gages de bonheur (1).

L'âme religieuse doit accepter de croire, elle
doit également se résigner à l'ignorance de bien
des choses. En ouvrant la Bible, nous lisons ce
texte : « Au commencement, Dieu créa le ciel et
la terre. » A propos de cette phrase, certains
ergoteurs ont trouvé intéressant de poser la question suivante : « Que faisait-il donc avant de
créer ? » Il se trouva un homme spirituel pour
leur donner la réponse qu'ils méritaient : « Avant
de créer, dit-il, Dieu s'occupait à fabriquer l'enfer pour les gens trop curieux. » Après avoir rap-
porté ce trait en souriant, Augustin ajoute :
« Pour moi, je n'aurais pas répondu ainsi ; car
provoquer le rire, ce n'est pas répondre. J'aurais
dit tout simplement : Je n'en sais rien. »

Comment voulez-vous comprendre l'éternité
divine puisque le temps lui-même demeure un
mystère pour vous ? Ce petit mot nous est très

-----

(1) *De Util. cred.*, *De Fide rerum quæ non videntur*,
passim.

familier, n'est-ce pas ? Nous le prononçons et nous l'entendons à chaque instant ; et, dès qu'on nous demande de l'expliquer, nous ne savons que dire (1). Avant de s'approcher de nous par l'Incarnation, Dieu daigna emprunter notre langage pour être compris de notre faiblesse. Il a dit qu'il est bon et juste ; il a dit parfois qu'il se fâche, qu'il se repent, qu'il ignore. Ces mots que nous devons corriger nous permettent de monter graduellement jusqu'à l'ineffable réalité, puis nous rentrons dans le silence sacré de notre cœur (2).

Le prêtre Deogratias avait reçu d'un païen désireux de se convertir, six objections contre le christianisme. Comme beaucoup d'autres, en pareil cas, il s'était empressé d'expédier le tout à l'évêque d'Hippone. Au nombre des difficultés se trouvait, bien entendu, celle de Jonas dans le ventre de la baleine.

Augustin envisage d'abord l'objection en elle-même. Il invite cet homme qu'il connaît à se faire une idée de ce poisson monstrueux. Qu'il interroge les pêcheurs et les matelots, qu'il aille voir les côtes de baleine exposées là-bas, dans le musée de Carthage, et il pourra juger de ce que devaient être cette bouche et ce ventre. Les habits de Jonas, il est vrai, auraient rendu la chose plus difficile ; mais l'Ecriture n'en parle pas ; c'est probablement au bain qu'il aura été happé.

Peu confiant dans sa réponse, il a soin d'élar-

---

(1) *Conf.*, XI, 12, 14, 17.
(2) *Serm.*, 241, 9 et *De Trin.*, I, 2.

gir le problème et de rappeler les principes de la foi. Notre ami n'objecte pas la résurrection de Lazare, ni celle du Christ. N'est-ce pas là pourtant chose plus incroyable que de passer trois jours dans le ventre d'une baleine ? Il est bien facile de railler les mystères du christianisme ; il y a longtemps que les chrétiens auraient cessé de croire s'ils s'étaient laissé impressionner par les sarcasmes des païens.

La lettre se termine par le sourire mélancolique d'un homme qui connaît les limites de l'esprit humain et les profondeurs insondables de la doctrine chrétienne. « J'ai répondu de mon mieux aux difficultés soumises ; mais il y en a bien d'autres ; la vie ne serait pas assez longue pour les réfuter toutes. Que ce cher homme n'oublie pas quelle est la condition humaine et aussi qu'il se rappelle son âge. Qu'il n'attende pas pour croire la fin des discussions ; il risquerait fort de mourir sans la foi. » (1)

Un jeune et brillant écrivain, récemment converti du donatisme, avait écrit sur la nature de l'âme et son origine, sans se douter des difficultés du sujet et des erreurs où il pouvait tomber. Il s'étonnait de voir l'évêque d'Hippone, lui, le grand docteur, si réservé, si hésitant sur ces questions. Celui-ci le félicite d'avoir quitté le schisme de Donat, mais qu'il prenne garde de glisser dans l'hérésie par ses théories aventureuses qui font de l'âme une parcelle de Dieu. « Réfléchis sincère-

______

(1) *Epist.*, 102, 30-38.

ment, humblement, et tu verras combien il eût été utile pour toi de savoir ignorer ce que tu ne savais pas ; combien il te serait utile de le savoir maintenant. Comprends quelles choses tu ne comprends pas, de peur de ne rien comprendre du tout. »

Puis, c'est le maître vénérable qui s'adresse paternellement au débutant inexpérimenté. « Mon fils, que ma circonspection de vieillard ne déplaise pas trop à ta juvénile présomption. En attendant d'être éclairé par Dieu ou par quelque savant sur l'origine de l'âme, je préfère avouer mon ignorance, ici comme en beaucoup d'autres choses, plutôt que de me lancer dans des explications obscures et téméraires. » (1)

Le jeune auteur accepta les avis et se corrigea, mais tous n'ont pas la même docilité. Pourquoi certains membres du clergé donatiste s'obstinèrent-ils dans le schisme, après la Conférence de Carthage ? « Ils craignent, disait Augustin, que les hommes de leur parti disent : Pourquoi nous avez-vous trompés, pourquoi nous avez-vous séduits, pourquoi avez-vous débité tant d'erreurs ? — S'ils avaient la crainte de Dieu, ils devraient répondre : Se tromper est humain, c'est le fait de s'obstiner dans l'erreur qui est diabolique. Sans doute, il eût mieux valu ne pas tomber dans l'erreur, mais le mieux est désormais d'en sortir. Trompés nous-mêmes, nous avons trompé les

______

(1) *De Anima et ejus origine*, IV, 15-16 et *Retract.*, II, 56.

autres : Nous avons erré ensemble, ensemble aussi sortons de l'erreur. » (1)

De toutes les formes de l'orgueil intellectuel, la plus difficile à guérir est l'attachement obstiné à une opinion personnelle. Augustin a écrit à propos de l'idolâtrie : « Il y a dans le culte des idoles un degré plus funeste et plus bas : C'est un culte religieux absolu pour toutes les pensées que, dans son orgueil et dans sa présomption, une âme déçue a pu imaginer. » (2) L'autonomie complète de l'esprit est radicalement opposée à la foi chrétienne.

Leibnitz, dans les *Essais sur l'entendement humain*, a écrit cette phrase célèbre : « Si la géométrie s'opposait autant à nos passions et à nos intérêts présents que la morale, nous ne la contesterions et ne la violerions guère moins que la morale, malgré toutes les démonstrations d'Euclide et d'Archimède, qu'on traiterait de rêveries, et croirait pleines de paralogismes. » (3) Saint Augustin aurait volontiers signé ces paroles.

Que les angles d'un triangle égalent deux droits, peu nous importe ; aussi la géométrie n'a point fait d'incrédules, ni non plus de martyrs. Mais, que Dieu existe, qu'il ait révélé aux hommes une doctrine obligatoire, qu'il ait institué une société religieuse où il faille entrer sous peine de condamnation éternelle, voilà qui nous

---

(1) *Serm.*, 164, 14.
(2) *De Ver. Relig.*, 69 et *Conf.*, XII, 34.
(3) *Nouveaux essais.*, I, 11, 12.

touche de près. Pour envisager ces questions avec sincérité, pour les résoudre loyalement, il faut accepter d'avance les conséquences pratiques qu'elles comportent.

C'est probablement l'évêque d'Hippone qui a le mieux mis en relief le rôle du vouloir, du bon vouloir, dans la conquête de la vérité religieuse. Lorsque le fervent catéchumène de Cassiciacum suppliait Dieu d'accueillir son enfant prodigue, de lui indiquer le chemin du retour, il soupçonnait vaguement qu'il lui faudrait trois choses pour arriver au terme : la foi, la vertu et la science. Cette loi entrevue de bonne heure ne fera que se confirmer dans son esprit et se répéter dans ses paroles et sous sa plume. La foi suppose et appelle la science, mais l'adhésion de l'âme au christianisme présuppose la vertu, du moins le désir sincère de la vertu, la volonté de devenir meilleur.

L'homme n'est pas naturellement athée ; il peut cependant s'envelopper de ténèbres si épaisses qu'il en arrive à dire dans son cœur : Il n'y a pas de Dieu. « L'impie déteste l'intelligence elle-même, et parfois l'âme pervertie craint de comprendre pour n'avoir pas à mettre en pratique les choses comprises. C'est de ceux-là que le psalmiste a dit : *Noluerunt intelligere ut bene agerent.* » (1)

Déjà Isaïe reprochait aux Juifs de vouloir fer-

----

(1) *In Ps.* 87, 12 et *Serm.*, 156, 1.

mer la bouche aux prophètes, de faire la sourde
oreille devant les révélations de Iahvé :

> Ils disent aux voyants : Ne voyez pas ;
> Aux prophètes : Ne nous prophétisez pas de châtiments ;
> Dites-nous des choses agréables
> Prophétisez-nous des rêveries !

> Otez-vous du chemin,
> Ecartez-vous du sentier,
> Cessez de mettre sous nos yeux
> Le Saint d'Israël. (1)

Lorsque le Saint d'Israël parut sur la terre, ses
contemporains et ses compatriotes, les Juifs impies méconnurent sa venue comme leurs ancêtres
avaient méconnu sa promesse : « Vous cherchez
à me faire mourir, leur disait-il, moi qui vous
dis la vérité que j'ai entendue de Dieu. » A propos de ce texte de saint Jean, Augustin s'écrie,
dans ses *Confessions* : « Comment se fait-il, ô
mon Dieu, que la vérité engendre la haine, que
ton Messie soit devenu haïssable aux hommes
qu'il venait éclairer, puisque tous désirent le
bonheur qui est la joie de la vérité ? C'est que
chacun voit la vérité dans ce qu'il aime ; nous
craignons d'être convaincus d'erreur, nous
aimons la lumière de la vérité, sauf quand elle
contrarie nos doctrines ou nos désirs. »

A l'occasion du premier verset du psaume 32
qui invite les justes à se réjouir dans le Seigneur,
le pasteur d'Hippone disait : « Voici un avis bien

---

(1) *Ch.* 29 (Vulg. 30) 10-11 (trad. A. Condamin).

court : Celui-là plaît à Dieu, à qui Dieu plaît. Ne pensez pas, mes très chers, que ce soit là une parole superficielle. Comme ils sont nombreux, ceux qui disputent contre Dieu et critiquent ses œuvres. Au lieu de corriger leur volonté mauvaise, de la soumettre aux commandements divins, ils s'indignent de ne pouvoir assujettir le Seigneur à leurs caprices, ils ont beaucoup plus de complaisance pour le comédien qui les amuse. » (1) Ceux-là détestent la lumière, parce que leurs œuvres sont mauvaises, parce qu'ils n'ont pas la droiture du cœur.

Si l'on veut faire comprendre et faire accepter aux âmes la révélation chrétienne, on doit d'abord dégager au plus profond d'elles-mêmes le désir, le besoin que cette révélation seule peut combler. Il faut exciter en elles « l'inquiétude religieuse », ce sentiment complexe, mais réel, qui fut si intense dans l'âme d'Augustin, et auquel il a donné son expression immortelle. « Tu nous a faits pour toi, ô mon Dieu, et notre cœur est inquiet jusqu'à ce qu'il se repose en toi. » Cette soif de vérité religieuse, cette nostalgie de l'au-delà empêche de s'endormir dans l'ignorance ou le scepticisme, de placer son idéal dans le bonheur fugitif et mêlé de la vie présente.

La longue lettre écrite à Honorat pour le ramener du manichéisme à l'Eglise catholique insiste singulièrement sur les affinités secrètes de l'âme humaine et du christianisme pur. Une âme con-

---

(1) *Enarr.* 2. *Serm.* 1, 1.

vaincue de l'existence d'un Dieu qui s'occupe de nous peut-elle rester indifférente devant une religion qui se réclame de lui ? Ne convient-il pas d'examiner ses livres sacrés, d'interroger ses docteurs, faudrait-il pour cela traverser l'océan et courir jusqu'aux extrémités du monde ? Et quand nous les aurons rencontrés, aurons-nous pour eux moins d'impartialité et de bienveillance que pour les poètes et les orateurs que nos ancêtres nous ont recommandés ?

Mais voici une grande difficulté : On peut connaître l'or et l'argent sans les posséder ; comment celui qui ne possède pas encore la Sagesse pourra-t-il la discerner par l'œil de son esprit ? La lumière est douce et pourtant elle blesse les yeux endoloris ; le pain est délicieux et cependant le palais malade ne lui trouve aucune saveur. A cette difficulté effroyable, Dieu seul peut porter remède. Aussi la lettre se termine-t-elle par une promesse de prière et une invitation à prier. « Voilà pourquoi, si mes paroles t'ont quelque peu touché ; si, comme je le crois, tu te soucies de ton bonheur, écoute-moi : Livre-toi avec une foi pieuse, avec une joyeuse espérance et une charité simple aux docteurs du christianisme catholique. Ne cesse pas de prier le Dieu qui nous a créés par bonté, qui nous châtie parfois selon la justice, qui nous affranchit par sa miséricorde. » (1)

En commentant le chapitre V de saint Jean,

---

(1) *De Util. cred.*, 36 et passim.

l'évêque d'Hippone s'arrête longuement sur les paroles de Jésus : « Personne ne peut venir à moi si mon Père ne l'attire. » Cette attirance du Père, c'est la révélation (1) elle-même qui s'offre à une âme, avec le secours divin qui l'accompagne. « Grand éloge de la grâce ! Personne ne vient s'il n'est attiré. Qui attire-t-il, qui n'attire-t-il pas ? Pourquoi celui-ci et pourquoi pas celui-là ? Ne cherche pas à juger si tu ne veux pas t'égarer. Ecoute seulement et comprends ceci : Tu n'es pas encore attiré ! Prie pour qu'on t'attire. Qu'est-ce à dire, mes frères, si nous sommes tirés vers le Christ ; nous croyons donc malgré nous, on nous violente, on n'excite pas seulement notre volonté. On peut entrer dans une église malgré soi, on peut s'approcher de l'autel à contre-cœur, on peut recevoir le Sacrement par contrainte : Croire, on ne le peut pas sans le vouloir. »

Chaque être est attiré par l'objet qui peut combler ses désirs et ses besoins, et le poète a eu raison de dire :

Trahit sua quemque voluptas.

Ce n'est ni l'obligation, ni la nécessité qui nous attire, c'est le plaisir. « Vous montrez à la brebis une touffe d'herbe, un rameau vert, et vous l'attirez. Vous présentez des noix à l'enfant et il court ;

---

(1) Par ce mot révélation, on entend ici la doctrine chrétienne elle-même et la grâce requise pour y adhérer dans l'acte de foi.

c'est l'amour qui le fait courir ; point de violence corporelle, mais l'inclination du cœur. »

Indigné devant les Juifs incrédules qui murmuraient contre la promesse eucharistique, Augustin s'écrie : « Donne-moi quelqu'un qui aime et il comprendra. Donne-moi quelqu'un qui sent la faim, la soif, l'exil de cette solitude, qui soupire après la source de l'éternelle patrie, donne-moi un tel homme et il saura ce que je dis. Mais si je m'adresse à un indifférent, il ne saura même pas de quoi je parle. Tels étaient ces Juifs qui murmuraient. » (1)

Saint François de Sales, dans son langage charmant, fera écho à ces paroles du grand docteur d'Hippone. « Sans doute, Théotime, nous ne sommes pas tirés à Dieu par des liens de fer, comme les taureaux et les buffles, ains par manière d'allèchement et attraitz délicieux et de saintes inspirations... Il jette dedans nos cœurs des délectations et plaisirs spirituelz comme des sacrées amorces par lesquelles il nous attire suavement à recevoir et goûter la douceur de sa doctrine. » (2)

Pour être attiré par l'appât des biens éternels, il faut les aimer, et voilà pourquoi, dans toute conversion, le dernier mot est à la volonté, à la bonne volonté. « C'est l'amour qui demande, c'est l'amour qui cherche, c'est l'amour qui frappe, c'est l'amour qui fait adhérer à la révélation, et c'est l'amour aussi qui maintient l'adhésion don-

______

(1) *In Joan.*, *Tr.* 26, 1-6.
(2) *Traité de l'Amour de Dieu*, II, 12.

née. » Certes, toutes ces démarches mystérieuses vers la foi se font sous l'influence de la grâce ; mais l'âme peut toujours résister aux appels de Dieu qui respecte infiniment notre liberté.

Quand il prêche l'humilité d'esprit et la droiture du cœur, Augustin est loin de méconnaître les droits de l'intelligence ; il veut, au contraire, dissiper les brouillards qui l'empêchent de regarder et de voir. Il n'a jamais parlé aux incrédules de son temps comme parlera Pascal aux libertins du xviie siècle dans son argument incisif, mais équivoque du « pari ». On aurait grand tort de voir en lui l'ancêtre de ce fidéisme aveugle qui a toujours eu des partisans, et dont Kant faisait profession lorsqu'il écrivait sa phrase célèbre : « Je devais donc abolir la science pour faire place à la croyance. » (1)

Il n'a rien de commun avec les apologistes qui prétendent amener les âmes au christianisme indépendamment de sa vérité, en raison de sa valeur utilitaire et pragmatique ; il veut convertir les autres comme il s'est converti lui-même, parce que la religion du Christ lui apparaît comme la vérité absolue, vivante et vivifiante. Il répète volontiers les paroles audacieuses adressées par saint Paul aux Corinthiens : « Si Jésus n'est pas ressuscité, votre foi est vaine... Si notre espérance se borne à cette vie, nous sommes les plus

---

(1) « Ich musste also das Wissen aufheben, um zum Glauben Platz zu machen. »
Kritik der reinen Vernunft.
Vorrede.

malheureux des hommes... Si les morts ne ressuscitent pas, mangeons et buvons, car demain c'est le tombeau. » (1)

Les chrétiens sont avant tout des croyants ; savants ou ignorants, ils admettent tous des choses qu'ils ne comprennent pas. Mais cette foi n'est pas aveugle, elle s'établit sur des connaissances certaines qui varient avec les capacités intellectuelles de chacun. S'il nous est impossible de connaître Dieu parfaitement, il nous est presque aussi difficile de l'ignorer tout à fait. L'œil de l'intelligence, servi par une volonté droite, se charge de nous révéler le Créateur tout comme les yeux du corps nous révèlent ce monde qui nous entoure (2).

Un jour, l'évêque d'Hippone recevait de son disciple et ami Evodius une lettre fort curieuse et passablement inquiétante. Cet élève qui avait discuté avec lui en Italie, à Thagaste et à Hippone, était maintenant évêque d'Uzala ; il avait conservé son don d'ergoter indéfiniment et de compliquer les choses. Confondant la raison d'être de Dieu avec la raison qui le découvre, il se demandait si ce n'était pas là le produit, la création de notre esprit. Désespérant de résoudre ces questions troublantes, l'évêque penchait fortement vers l'agnosticisme, disposé à ranger la divinité parmi les choses inconnaissables (3).

---

(1) I *Ad Corinth.*, XV.
(2) *De Util. cred.*, 29. 14, 33.
(3) *Epist.*, 160.

Augustin invite aimablement son disciple à revoir les ouvrages qu'ils ont composés ensemble sur le libre arbitre et la spiritualité de l'âme, et il ajoute : « Lis seulement avec attention mon livre intitulé *La véritable religion*, et tu verras que Dieu n'est ni un produit, ni un postulat de la raison. Quand nous disons 7 et 3 doivent faire 10, nous ne parlons pas rigoureusement. Ils ne doivent pas faire 10, mais bien font 10. De même, la raison ne dit pas : Dieu doit être ; elle dit : Dieu est. » (1)

Saint Paul, au début de son *Epître aux Romains*, reproche aux païens d'avoir tenu la vérité captive dans leur intelligence, de n'avoir point conformé leur culte aux lumières qu'ils possédaient sur la divinité. « Pourquoi, s'écrie Augustin, pourquoi les païens sont-ils inexcusables ? Parce que, connaissant Dieu, ils ne l'ont pas glorifié, ils ne l'ont pas remercié comme tel... Et d'où l'ont-ils connu ? Par les choses qu'il a faites. Interroge la beauté de la terre, interroge la beauté de l'océan, interroge la beauté du firmament, l'ordre des astres, l'éclat du soleil qui illumine le jour, la splendeur de la lune qui tempère l'obscurité de la nuit... Toutes les créatures te répondent : Regarde, nous sommes belles. Leur beauté, voilà leur témoignage. » (2).

Dans une page célèbre des *Confessions*, cette élévation de l'âme jusqu'au Créateur par le spec-

___

(1) *Epist.*, 162, 2.
(2) *Serm.*, 241, 1-2.

tacle des créatures est développée avec plus d'éloquence encore et plus d'émotion. Après avoir proclamé qu'il aime Dieu et que l'objet de cet amour dépasse toutes les réalités de ce monde, il supplie les créatures de lui en dire quelque chose : « Et j'ai dit à toutes les choses qui se pressent aux portes de mes sens : Ce Dieu que vous n'êtes pas, dites-moi quelque chose de lui. Et elles ont crié d'une voix retentissante : « C'est lui qui nous a » faites. » (1) La moindre parcelle de réalité changeante suppose la réalité qui ne change pas, et cette réalité c'est Dieu (2).

La raison humaine peut facilement s'élever jusqu'au Créateur, il ne lui est pas difficile non plus de voir la divinité de la religion chrétienne. L'argument le plus frappant, le mieux adapté à toutes les intelligences provient du fait même de l'Eglise catholique. Cette apologie qui sera développée brillamment par Lacordaire à Notre-Dame de Paris et consacrée par le Concile du Vatican est chère à l'évêque d'Hippone.

Il ne s'est pas converti les yeux fermés, et ne demande pas aux incrédules le sacrifice de leur intelligence. « Ils se trompent grandement ceux qui pensent que notre foi au Christ ne repose pas sur des indices de vérité. Où trouverez-vous des signes plus évidents que celui d'une chose prophétisée qui s'accomplit sous nos yeux ? Vous qui réclamez des témoignages visibles avant de croire

____

(1) *Conf.*, X, 9.
(2) *De Trin.*, VIII, 5. *De Civ. Dei.*, V, 4.

à Jésus-Christ, regardez. C'est l'Eglise elle-même qui s'adresse à vous de sa voix maternelle et aimante : Moi que vous admirez, grandissant et fructifiant dans le monde entier, autrefois, je n'étais pas, mais Dieu me promettait. » (1)

En réalisant dans sa personne et dans son œuvre les écrits prophétiques, Jésus a renouvelé en eux le miracle de Cana. « Lorsqu'on lit ces pages sans y voir le Christ, elles ont la fadeur de l'eau, rien de plus insipide. Contemplez-y le Christ, et votre lecture devient non seulement savoureuse, mais enivrante. » (2) Et impossible d'accuser les chrétiens d'avoir inventé, falsifié ces livres pour les besoins de leur cause. « Rejetés en raison de leur infidélité, les Juifs se sont dispersés, partout, emportant avec eux les manuscrits sacrés qui prédisaient Jésus-Christ et l'Eglise. Pour qu'on ne puisse pas nous accuser de les avoir forgés, ces documents ont été conservés par nos ennemis... Dans leurs cœurs, ils sont nos ennemis ; par leurs écrits, ils ont été nos témoins. » (3) Contemplé à travers le christianisme, tout l'Ancien Testament se transfigure et s'illumine ; le voile qui le recouvrait devient transparent et lumineux comme le nuage que pénètrent les rayons du soleil.

Miraculeuse dans l'accomplissement des prophéties, l'Eglise l'est encore dans le mode de son expansion à travers le monde. Les Apôtres annon-

----

(1) *De fide rerum.*, 5, 7, 8, 9.
(2) *In Joan. Tr.*, 9, 3.
(3) *Epist.*, 137, 16. *C. Faust.*, XIII de 7 à 17.

çaient aux peuples une doctrine bien dure à croire : la résurrection du Christ dans le passé, et dans l'avenir la résurrection des morts ; ils imposaient une morale bien sévère. Et pour persuader les hommes, ils n'avaient ni les armes de la dialectique, ni les entraînements de l'éloquence, ils connaissaient mal la grammaire. Leur pêche n'at-elle pas été véritablement merveilleuse ? Les incroyants n'ont pas vu les miracles racontés dans l'*Evangile* ou dans les *Actes des Apôtres*, et voilà pourquoi ils refusent de les admettre. Mais voici un fait, miraculeux lui aussi, et dont ils ne peuvent pas douter : la conversion du monde au christianisme : « Que l'univers ait cru sans miracle à la résurrection du Christ, voilà un grand miracle qui doit nous suffire. » (1)

Ce fait indéniable et inouï était déjà au début du ve siècle une splendide réalité. Augustin le décrit avec amour dans son livre : *La véritable religion*. Après avoir cité quelques passages de l'Evangile, il s'écrie : « Ces paroles se lisent maintenant dans l'univers entier et les peuples les écoutent avec plaisir et vénération. Après tant de sang, tant de bûchers, tant de croix de martyrs, les Eglises plus fertiles et plus nombreuses ont pullulé jusque chez les Barbares. Des milliers et des milliers de jeunes hommes et de jeunes filles renoncent aux richesses, aux honneurs, au mariage, consacrant à Dieu toute leur vie, dans les déserts ou au fond des campagnes solitaires. A

---

(1) *De Civ. Dei.* XXII, 5.

travers les villes, les bourgades, les villages, les maisons particulières, le genre humain entend dire chaque jour : *Sursum corda !* En haut les cœurs ; et il répond, comme d'une seule voix : Nous les avons élevés vers le Seigneur. » (1)

L'arbre se connaît à ses fruits, et l'Eglise de Jésus-Christ n'est pas difficile à distinguer des autres religions ; on la reconnaît aux vertus qu'elle produit dans les âmes. « O Eglise catholique, véritable mère des chrétiens, non seulement tu nous élèves au-dessus des créatures, au-dessus de cette vie passagère, en nous attachant au culte très pur et très chaste du Dieu unique, source de la vie bienheureuse et éternelle ; mais tu prêches aussi l'amour des hommes, et tu offres des remèdes merveilleusement appropriés aux différentes maladies que le péché a semées dans les âmes. » Elle pénètre partout, dans tous les rangs et tous les engrenages de la société humaine, au cœur des parents et des enfants, des maîtres et des serviteurs, des hommes et des femmes, faisant germer sur son passage la douceur et la charité du Christ (2).

Il est un fruit que l'évêque d'Hippone aime à cueillir sur les branches fécondes de cet arbre immense qui est l'Eglise, c'est la science, la lumière de l'esprit. Le simple chrétien, grâce aux clartés de sa foi, s'élève au-dessus des philosophes du paganisme, au-dessus de Platon lui-

---

(1) *De Ver. Relig.*, 5-3.
(2) *De Moribus Eccl. Cathol.*, 62-64.

même. Il peut ignorer la littérature, la logique, la physique, mais il sait qu'un Dieu très bon nous a faits à son image, il connaît la grâce qui mène au bonheur, et voilà qui le rend supérieur aux esprits qui s'usent à discuter sur les causes, sur la manière de parler ou de vivre (1).

Que les païens instruits ne craignent rien pour leur intelligence en se convertissant ; l'horizon intellectuel ne sera pas restreint. Dans sa marche longue et pénible vers la lumière totale, Augustin n'a pas abandonné les connaissances certaines qu'il avait acquises en route. Lorsqu'il exhortait son ami Honorat à quitter les manichéens, il pouvait lui écrire : « Les vérités que j'appris chez eux, je les tiens toujours ; ce que j'avais admis à tort, je l'ai rejeté. »

Sûrs de posséder la vérité intégrale, les chrétiens n'ont rien à redouter de la lumière. Ils doivent, au contraire, recueillir soigneusement toutes les parcelles de vrai, de beau, de bien qu'ils rencontrent autour d'eux pour les faire remonter à l'unique source, au Créateur. « Ceux d'entre nous qui, sous la conduite du Christ, sortent de la société païenne, doivent rejeter tout ce qui sent la superstition ; mais les païens ont une culture intellectuelle bien faite pour traduire la vérité ; ils ont des principes de morale très utiles, et aussi, dans leur culte du Dieu unique, quelques pratiques vraies. Ce sont là des filets d'or et d'argent que la Providence a déposés partout, le chrétien

____

(1) *De Civ. Dei*, II, 14. VIII, 10.

doit les exploiter au profit de l'Evangile. » En préconisant cette largeur d'esprit, Augustin a conscience d'imiter ses grands devanciers ; il montre
Cyprien, Lactance, Optat, Hilaire venant du paganisme tout chargés de butin comme les Hébreux
à leur sortie d'Egypte (1).

Un catholique très instruit, Consentius, avait
écrit à l'évêque d'Hippone pour lui soumettre certaines questions. Auteur lui-même, il avait mis
ces mots en tête d'un ouvrage : « Le bienheureux
évêque Augustin a daigné raffermir la barque
chancelante de ma foi. » Il est pleinement persuadé que le chrétien doit se laisser conduire par
la foi ; car si la religion était une affaire de pur
raisonnement, elle serait l'apanage exclusif des
orateurs et des philosophes. Ce n'est pas le cas
du christianisme catholique, et voilà pourquoi
les hérétiques s'en séparent (2).

Dans sa réponse, Augustin loue d'abord Consentius pour ses bonnes dispositions : « Tu as une
science suffisante pour développer tes pensées ;
tu as assez de vertu et d'humilité pour mériter
de connaître le vrai. Certes, le christianisme exige
la foi avant tout ; mais cette foi n'est pas aveugle. « Elle a des yeux qui lui permettent de voir
en quelque sorte la vérité des choses invisibles,
qui lui montrent avec certitude qu'elle ne contemple pas l'objet de sa croyance. » D'ailleurs,
que le fidèle se garde bien de s'endormir dans

----

(1) *De Util. cred.*, 36.
(2) *Epist.*, 119.

son *Credo*. Plein d'espérance et de charité, qu'il aspire à la vision, et que dès ici-bas il cherche à comprendre ce qu'il croit.

Il y a sans doute une fausse science qui empêche de s'attacher au Christ crucifié, chemin unique de la vérité et de la patrie ; faudra-t-il pour cela condamner tout savoir ? « Dieu ne peut pas haïr cette intelligence qu'il nous a donnée avec la vie et qui nous élève tant au-dessus des animaux. Loin de nous d'être des croyants qui se dispensent de chercher et de découvrir la raison des choses. La foi elle-même suppose le raisonnement ; elle suppose qu'il est raisonnable de croire à l'Eglise et à l'Evangile, déraisonnable de ne pas y croire.

Une phrase de la lettre porte bien la marque de l'auteur, de cette âme qui aimait à comprendre comme elle aimait à aimer : « Pour toi, dit-il à son ami, aime grandement l'intelligence, *Intellectum vero valde ama.* » (1) Ce qu'il s'agit d'aimer, ce n'est point l'orgueilleuse sagesse qui exclut le mystère et se complaît en elle-même, c'est la science vitale que prônera Bossuet, celle qui tourne à l'amour, à l'amour de Dieu et à l'amour des hommes.

Pour saint Augustin, comme pour Tertullien, comme pour saint Paul, l'âme n'a pas coutume de naître chrétienne. Mais quand elle le devient, quand elle correspond aux suaves appels de la grâce, elle obéit à ses meilleures tendances, à ses

---

(1) *Epist.*, 120.

plus profondes aspirations. Semblable au sauvageon que Virgile nous montre tressaillant sous l'action bienfaisante de la greffe, cette âme pleine de désirs s'émerveille en se voyant couronnée de fleurs et de fruits qu'elle ne se connaissait pas (1).

---

(1) Les arguments apologétiques de saint Augustin ont été groupés et vigoureusement mis en relief par Michel d'Herbigny dans la *Revue pratique d'apologétique*, t. VIII et IX.

CONCLUSION

Possidius a écrit, en racontant la mort de saint Augustin : « Il ne fit point de testament ; pauvre de Dieu, il n'avait pas de quoi en faire un. » Ce pauvre de Dieu léguait pourtant aux générations à venir un héritage précieux ; dans ses nombreux écrits, il laissait le fruit d'une pensée souple à la fois et profonde, il y laissait surtout le spectacle radieux et réconfortant d'une belle et grande âme.

L'iconographie chrétienne aime à le représenter revêtu des ornements épiscopaux et tenant dans la main un cœur enflammé. Ce qui le caractérise en effet, et aussi ce qui explique l'influence, la fascination même qu'il a exercée sur les âmes, c'est son amour tendre et désintéressé, son amour de Dieu et des hommes.

Mais si nous oublions volontiers les errements et les faiblesses de sa jeunesse pour ne voir que l'âme sainte et sanctifiante du pasteur d'Hippone, lui-même ne les oublia jamais. C'est dans la parabole de l'Enfant prodigue qu'il trouve et qu'il indique son véritable portrait. Il est à genoux devant sa mère, répétant doucement ces paroles : « J'ai péché contre le ciel et contre vous. »

Cette attitude qu'il eut au jour de sa conversion, il la gardera toute sa vie ; il la prend dans ses méditations solitaires devant Dieu, en pleine chaire devant ses fidèles, en présence du public dans ses écrits ; il l'aura sur son lit de mort. Sentant venir sa fin, au mois d'août de l'année 43o, il pria son entourage de le laisser seul avec Dieu. Il avait fait écrire sur les murs de sa chambre les psaumes de la pénitence, il suivait de ses yeux mouillés de larmes, il murmurait de ses lèvres tremblantes ces paroles de repentir et d'amour qui furent toujours le fond de sa prière.

Le fils de Monique prit littéralement pour lui l'avertissement délicat adressé par l'Ecriture aux enfants des hommes : « N'oubliez jamais les gémissements de votre mère. » Certes, il coûta des larmes douloureuses à celle qui dut l'enfanter à la vie de l'âme, après l'avoir enfanté à la vie du corps. Mais ces larmes, il ne les a jamais oubliées ; pieusement recueillies, elles ont été enchâssées dans les *Confessions*, et les voilà devenues les perles précieuses qui orneront à jamais le front de sainte Monique.

De tous les écrits de saint Augustin, le livre des *Confessions* est celui qui le représente le mieux. Son âme y apparaît en pleine lumière, avec son absolue limpidité et sa touchante modestie, avec sa finesse et sa profondeur. C'est peut-être l'ouvrage latin qui a eu le plus de lecteurs.

Traduit dans toutes les langues cultivées (1), il réapparaît toujours jeune et actuel, aux vitrines des librairies et dans les rayons des bibliothèques.

J.-J. Rousseau, lui aussi, a écrit ses *Confessions*. Au début de son livre, il se vante de former une entreprise qui n'eut jamais d'exemple et qui n'aura point d'imitateur. « Je ne suis fait, dit-il, comme aucun de ceux que j'ai vus ; j'ose croire n'être fait comme aucun de ceux qui existent. » Que la trompette du jugement dernier sonne quand elle voudra, il viendra, son ouvrage à la main, se présenter devant le souverain juge. Et voilà qu'il se campe devant l'Etre éternel et le prie de le comparer aux autres hommes. « Rassemble autour de moi l'innombrable foule de mes semblables ; qu'ils écoutent mes confessions, qu'ils gémissent de mes indignités, qu'ils rougissent de mes misères, que chacun d'eux découvre à son tour son cœur au pied de ton trône avec la même sincérité. Et puis qu'un seul te dise, s'il l'ose : Je fus meilleur que cet homme-là. »

Les *Confessions* de Rousseau sont, en effet, un livre unique par leur mélange inouï de naïveté triviale et d'orgueilleuse impudence. Lui seul a pu croire que ses actes étaient innocents puisque

____

(1) J'ai sous les yeux deux excellentes traductions dont les éditions se multiplient. L'une est en anglais par le Dr Bigg, Methuen Library, London. L'autre est en allemand par von Hertling, chez Herder, Freiburg im Breisgau. Je crois savoir qu'on nous prépare une traduction française.

ses sentiments étaient bons, que ses fautes sont suffisamment expiées par l'aveu qu'il en a fait.

Quand saint Augustin résolut d'écrire l'histoire de son âme, il ne prétendait nullement offrir au monde un spectacle inouï, il était bien loin de poser devant le public. Les *Confessions*, ainsi qu'on l'a remarqué, sont comme un long monologue où l'auteur, étranger à tout le reste, épanche devant Dieu son repentir, sa reconnaissance et son amour. On les croirait composées au fond d'une île déserte de l'océan le plus lointain (1).

Et cependant cette impression serait fausse en devenant exclusive. Bien qu'il paraisse tout perdu en Dieu, Augustin n'oublie pas les hommes. Loin de s'isoler de ses semblables, de vouloir passer pour un personnage unique, il est persuadé que les autres lui ressemblent beaucoup. Le récit de ses faiblesses, de ses tâtonnements et de ses désirs trouvera des échos dans l'âme de ses lecteurs , ils se reconnaîtront dans sa propre histoire, et voilà pourquoi il l'a écrite. Son intention manifeste et plusieurs fois avouée fut de louer Dieu et d'édifier le prochain.

La pensée du lecteur revient souvent sous sa plume. C'est d'abord un appel à la confiance et l'aveu de sa parfaite sincérité : « Je veux faire la vérité dans mon cœur, devant toi, mon Dieu, en ma confession ; je veux la faire dans mon livre et en présence de nombreux témoins. » (2) D'ail-

---

(1) Stolberg, *Geschichte der Religion Jesu*, 1818 p. 258, cité par Rauscher, *Augustinus*, p. 434.
(2) *Conf.*, X, 1.

leurs, pour le comprendre, il faudra lui être sympathique, il faudra l'aimer, car on ne connaît
bien quelqu'un sinon par l'amitié.

Se souvenant de sa qualité d'évêque, de la célé-
brité dont il jouit dans l'Eglise d'Afrique et au
dehors, l'auteur se demande finement ce que pen-
seront les fidèles de ses erreurs passées. « Et maintenant, mon Dieu, tes âmes spirituelles qui liront
ces confessions, riront de moi doucement et avec
amour ; pourtant, j'étais bien tel. » Les présomp-
tueux le railleront peut-être, mais il n'en a cure.
« Qu'ils se moquent de moi, les arrogants, ceux-là
qui n'ont pas encore été salutairement terrassés
par toi, mon Dieu ; quant à moi, je ne cesserai
point de raconter mes hontes en ta louange. » (1)

Les âmes pures elles-mêmes qui ont eu le
bonheur de conserver l'innocence auraient grand
tort de se prévaloir au spectacle de ses misères.
« Quel est l'homme qui, se rappelant son infirmité, osera attribuer à ses propres forces sa chasteté et son innocence, s'autorisant à t'aimer moins,
mon Dieu, de ce que ta miséricorde lui a été
moins nécessaire qu'à tes convertis ?... Qu'il
t'aime plus, au contraire, en me voyant : Celui
qui m'a guéri de tant de péchés, de tant de langueurs, l'a préservé lui-même de ces péchés et
de ces langueurs. » (2)

Le docteur de la grâce redoute grandement,
pour les âmes, les tentations de l'orgueil et de la

---

(1) *Conf.*, IV, 1 et V, 20.
(2) *Ibid.*, II, 15.

présomption ; mais il craint encore plus la défiance et le désespoir, et s'il a écrit ses *Confessions*, ce fut principalement pour inspirer confiance aux enfants prodigues qu'elles rencontreraient. « Elles empêchent le cœur de dormir dans la désespérance et de dire : *Je ne peux pas.* Elles l'éveillent à l'amour de ta miséricorde, ô mon Dieu, à la douceur de ta grâce capable de guérir tout malade qui, avec son secours, prend conscience de sa maladie. » (1)

Impossible, en effet, de lire cet écrit si personnel et si communicatif sans se laisser envahir par un grand sentiment de courage et de confiance. C'était l'impression que ressentait l'auteur lui-même quand il se relisait. Et ce même effet, il était heureux de le constater chez les lecteurs qui lui faisaient leurs confidences.

L'avenir devait singulièrement confirmer ce fait. Elles sont innombrables, les âmes que ce petit livre a éveillées à l'amour de la miséricorde de Dieu et à la douceur de sa grâce. Le poète italien Pétrarque en fit le compagnon de ses voyages, son ami intime et son guide. Dans une page, il s'adresse à Augustin lui-même qu'il suppose lui apparaître, et dit : « Toutes les fois que je lis tes *Confessions*, je suis ému, et souvent jusqu'aux larmes, par deux sentiments : par l'espérance et par la crainte. Il me semble que je lis l'histoire de mes propres errements et non pas de ceux d'un autre. » (2)

---

(1) *Conf.*, X, 4.
(2) *De contemptu mundi, dialog.*, I.

Deux siècles plus tard, sainte Thérèse faisait la même expérience. « Lorsque je commençai à lire les *Confessions*, je crus m'y retrouver moi-même. Je me mis à prier instamment ce grand saint. Arrivée à sa conversion, à cette voix qu'il entendit dans le jardin, le Seigneur, je crois, la fit résonner à mes oreilles, si vive était l'émotion de mon cœur. Longtemps, je restai inondée de larmes, anéantie de douleur et de regret. » (1)

Quand la réformatrice du Carmel se sentira fléchir sous le poids de sa grande mission, elle puisera son humble confiance dans la parole célèbre du docteur de la grâce : « Donne-moi, Seigneur, ce que tu commandes, et commande ce que tu veux. » (2) C'est encore auprès de lui qu'elle trouvera le secret de la vie spirituelle et de l'union à Dieu. « Saint Augustin nous assure qu'après l'avoir cherché dans les places publiques et au milieu des plaisirs, il ne l'avait trouvé qu'au dedans de lui-même. Evidemment, il n'y a pas de meilleure méthode. » (3)

Ernest Renan, lui aussi, au moment de quitter Saint-Sulpice et l'Eglise catholique, rongé par les tentations du doute et les mouvements de révolte, sentira le grand converti de Milan se présenter sur sa route, aimable et souriant. Il comprend les misères du cœur et de l'esprit, mais il connaît la douceur de la main divine qui a pansé

---

(1) *Autobiographie*, IX.
(2) *Ibid.*, XIII.
(3) *Ibid.*, XI..

ses blessures : *manu mitissima et suavissima per-
tractans vulnera mea* (1). Malheureusement,
Renan n'aura pas l'humble courage d'imiter
Augustin et de se livrer au médecin des âmes ;
il aimera mieux se laisser dévorer par le cancer
de l'universelle critique, de l'autonomie intellectuelle sans limites.

Un écrivain anglais a parlé avec admiration et
effroi du livre de l'*Imitation*, de « ces hauteurs
prodigieuses, inaccessibles et froides, éternelles
en leur charme esthétique. » (2) Personne ne
songera à faire une telle réflexion au sujet des
écrits de saint Augustin, spécialement au sujet
des *Confessions*. Les Jansénistes ont pu se recommander de quelques-unes de ses formules, **ils**
n'ont certainement pas compris son cœur.

Le pasteur d'Hippone a merveilleusement con-
cilié dans son âme l'amour de Dieu et l'amour des
hommes. Tout entier au Créateur et toujours en
sa présence, il appartient néanmoins à ses semblables, à tous ses semblables, il appartient spécialement à ses amis.

Ces amis qu'il a rencontrés si nombreux tout le
long de sa route et qu'il a entraînés vers la posté-
rité dans le rayonnement de sa gloire, il leur a
prodigué, avec les lumières de son intelligence,
les trésors de son affection. On l'a très bien dit :

----

(1) *Souvenirs d'Enfance et de Jeunesse*, p. 307.
(2) « Those wonderful, inaccessible, cold heights of the
Imitation, eternal in their æsthetic charm. » Walter
Pater, *Essays from the Guardian* p. 62.

« Augustin n'était pas de ces hommes qui attirent par leur éclat, qui gagnent facilement l'admiration et l'affection, mais qui donnent très peu en retour. Il aimait ses amis d'une tendresse presque féminine. » (1)

Après sa mort, il trouvera l'un d'entre eux pour écrire sa vie, pour témoigner devant les siècles à venir de la fidélité de son cœur d'ami. « Grâce à Dieu, déclare Possidius, j'ai vécu avec cet homme pendant près de quarante ans, sans aucun désaccord, sans aucune amertume, dans la plus douce intimité. Priez avec moi et pour moi, afin que je l'imite en cette vie, et qu'en l'autre je jouisse, près de lui, des promesses du Dieu tout-puissant. » (2)

Cœur généreux et tendre, Augustin est également un esprit souple et puissant ; il ne sacrifiera jamais les droits de l'intelligence aux intuitions de l'amour. A peine converti et installé dans la campagne de Cassiciacum, il entamait avec ses amis les dialogues contre les sceptiques de l'Académie. Au second livre des *Soliloques*, nous le voyons procéder à la revision radicale de ses certitudes. Dans son traité intitulé *Le Maître*, il félicite son fils Adéodat de ne pas donner son assentiment à la légère.

Au cours de ses grands ouvrages théologiques, le docteur d'Hippone s'arrêtera souvent pour fermer la porte au doute universel, pour dégager du

---

(1) Gibb and Montgomery, *op. laud. Introd.*, p. XVI.
(2) *Vita Augustini*, 31.

sable mouvant des connaissances incertaines le roc inébranlable de la certitude. Pascal avait raison de faire observer aux admirateurs de Descartes que le fameux « Je pense, donc je suis » avait été trouvé douze siècles auparavant (1).

Le scepticisme est proche parent de l'orgueil intellectuel ; l'un et l'autre sont des obstacles qui empêchent bien des âmes d'arriver au christianisme. « La Cité de Dieu déteste comme une démence le doute de l'Académie : Notre science est petite, mais elle est évidente. Nous croyons aux témoignages contrôlés de nos sens corporels, car ce serait une erreur que de s'en défier toujours. Nous croyons aux Ecritures anciennes et nouvelles que nous appelons canoniques ; elles sont la source de notre foi et de notre vie. Cette foi nous permet de marcher en sécurité tant que nous cheminons loin du Seigneur. Elle nous rend certains de beaucoup de choses. Quant à celles que nous ne percevons ni par nos sens, ni par la raison, dont les Ecritures ne disent rien, que des témoins autorisés ne confirment pas, nous pouvons parfaitement en douter. » (2)

Parvenu au terme de son ouvrage sur la Trinité, et comme accablé sous le poids des questions soulevées, l'auteur s'écrie dans une prière finale : « Gardant toujours le regard fixé sur la règle de la foi, avec ton secours, ô mon Dieu, j'ai cherché de mon mieux, j'ai désiré compren-

------

(1) *De Trin.*, X, 14. *De Civ. Dei*, XI, 26.
(2) *Ibid.*, IX, 18.

dre ma croyance, j'ai discuté, je me suis fatigué beaucoup. O Seigneur, mon unique espoir, exauce-moi, ne permets pas que la fatigue et le découragement me détournent de te chercher avec ardeur. Puisque tu m'as fait la grâce de te trouver, puisque tu m'as donné l'espérance de te trouver de plus en plus, donne-moi la force de te chercher. Voilà ma force et voilà ma faiblesse, guéris celle-ci et soutiens celle-là. Voici devant toi ma science et voici mon ignorance ; ouvre-moi quand je frappe, accueille-moi lorsque j'entre. Que je me souvienne de toi, que je te comprenne et que je t'aime. » (1)

Comprendre Dieu et l'aimer, le faire comprendre aux autres et le faire aimer, tels sont les deux mots qui résument toute la vie et toute l'œuvre de saint Augustin. Et ces deux choses, il ne les sépare jamais, il va toujours vers Dieu avec son esprit et avec son cœur, il y va de toute son âme, et voilà le secret de son influence incomparable.

Cette influence est universellement reconnue, et, si l'on peut la mal comprendre, il est difficile de l'exagérer. Newman, l'âme moderne peut-être qui rappelle le mieux celle d'Augustin, a pu l'appeler « le grand flambeau du monde occidental qui a formé l'intelligence de l'Europe chrétienne. » (2)

L'un des maîtres de la pensée protestante en Allemagne, Harnack, l'appelle « le premier hom-

---

(1) *De Trin.*, XV, 50-51.
(2) *Apologia*, p. 265.

me moderne », *den ersten modernen Menschen,* et il écrit : « Le sentiment de la misère du péché consolée par la confiance, Augustin l'a exprimé avec une puissance d'émotion et avec des paroles saisissantes que nul avant lui n'avait connues. Bien plus, par ces confidences intimes, il a atteint si sûrement des millions d'âmes, il a décrit si exactement leur état intérieur, il a tracé de la confiance une image si vivante et si irrésistible, que ce qu'il a vécu lui-même a été sans cesse revécu dans le cours des 1500 ans qui ont suivi. *Jusqu'à nos jours, dans le catholicisme, la piété intérieure et vivante, ainsi que la manière de l'exprimer, sont essentiellement augustiniennes.* Enflammées par ses sentiments, les âmes sentent comme lui, pensent avec ses pensées. Il n'en va pas autrement pour beaucoup de protestants et ce ne sont pas les plus mauvais. » (1)

Un autre écrivain allemand, Seeberg, exprime la même idée avec plus d'enthousiasme encore et de lyrisme : « L'âme d'Augustin, dit-il, a donné à l'Eglise occidentale les ailes de l'aigle qui lui ont permis de prendre son vol royal au-dessus des Etats et des peuples. Il a indiqué aux aspirations mystiques la direction à suivre, il a posé les problèmes sur lesquels a travaillé la science scolastique ; et les adversaires de la scolastique eux-mêmes sont venus près de lui rafraîchir leur esprit... C'est ainsi qu'il a plané sur les siècles de

---

(1) *Das Wesen des Christentums,* p. 161. C'est l'auteur lui-même qui souligne.

l'histoire, comme un roi, prodiguant les dons les plus sublimes ; comme un prêtre, conduisant les générations humaines aux éternelles sources de la Religion. » (1)

Tous les enfants de l'Eglise doivent se reconnaître débiteurs de saint Augustin. Ceux qui ont la charge de garder intact le dépôt sacré de la foi et de l'expliquer consultent sans cesse le docteur d'Hippone, assurés de rencontrer chez lui, sur tous les points de la doctrine chrétienne, des principes directeurs et des lumières fécondes.

Les âmes qui se retirent du monde afin de réaliser plus sûrement l'idéal de l'Evangile ont raison de regarder vers cet ami et cet inspirateur de la vie monastique. Nombre de familles religieuses se sont mises sous son patronage et lui ont emprunté la règle de leur vie (2). Tous, à l'exemple de sainte Thérèse, cherchent dans ses écrits le contrôle et le soutien de leur ascétisme.

Mais, ne l'oublions jamais, Augustin n'est pas de ces philosophes, de ces théologiens qui ne connaissent que leurs livres et leurs élèves. Il a été perpétuellement en contact avec les hommes et avec les hommes du peuple. Voilà pourquoi les pasteurs d'âmes ne sauraient trop se mettre à son école. C'est à eux, semble-t-il, qu'il a légué le meilleur de lui-même, l'art incomparable de communiquer avec amour aux petits et aux humbles les trésors du christianisme.

---

(1) *Lehrbuch der Dogmengeschichte*, II, 2, p. 358-359.
(2) La Règle de saint Augustin a été extraite de la lettre 211.

Les simples fidèles ne connaissent guère que de nom et de réputation le grand évêque d'Hippone, et pourtant eux aussi lui doivent beaucoup. Ses idées les plus chères, en particulier ses doctrines de la grâce et de l'humilité, ont pénétré dans leurs âmes par l'enseignement pastoral et aussi par le livre de l'*Imitation*. Lorsque, dans la prière, ils élèvent vers Dieu leur esprit et leur cœur, sans le savoir, ils pensent avec ses pensées, ils sentent avec ses sentiments et parfois ils font usage de ses formules.

Les chercheurs de bonne foi qui hésitent sur le seuil de l'Eglise catholique, les enfants prodigues rentrés en eux-mêmes et regardant, anxieux, vers la maison paternelle, voient se poser devant leurs yeux, séduisant à la fois et redoutable, le livre unique des *Confessions* ; ils entendent une voix secrète murmurer au fond d'eux-mêmes : Prends et lis ! Prends et lis !

Qu'on lise de près les écrits de saint Augustin, qu'on s'efforce de pénétrer dans l'intime de son cœur, de revivre ses pensées et ses sentiments, et l'on n'accusera plus le christianisme catholique de rétrécir l'intelligence, d'étouffer les spontanéités et les élans du cœur. La grâce du Christ a transfiguré dans cette âme les trésors accumulés de l'ancien monde, elle en a fait un modèle radieusement sympathique qu'il est bon de contempler longuement afin de respirer un peu l'air pur et vivifiant de la Cité de Dieu.

APPENDICE

Ouvrages de saint Augustin utilisés dans le cours du volume, dans l'ordre chronologique de leur composition et avec l'indication des éditions principales (1).

DATE.	OUVRAGE.	ÉDIT. BÉNÉD. TOME.	Migne. P. L.	CORPUS DE VIENNE.
386	Contra Academicos...............	I	XXXII	»
—	De beata vita....................	—	—	»
—	De ordine........................	—	—	»
387	Soliloquia.	—	—	»
—	De immortalitate animæ.........	—	—	»
387-391	De Musica......................	—	—	»
387-388	De quantitate animæ.............	—	—	»
388	De moribus Eccl. Cath. et de mor. manich.	—	—	»
388-395	De libero arbitrio.................	—	—	»
389	De magistro	—	—	»
389-396	De diversis quæstionibus...........	VI	XL	»
391-392	De utilitate credendi..............	VIII	XLII	XXV 1
—	De duabus animabus c. manich....	—	—	—
392	Disputatio c. Fortunatum........	—	—	»
393	De fide et symbolo...............	VI	XL	XLI
393-394 et 415	De genesi ad littéram..............	III	XXXIV	XXVIII 1
393-396	Psalmus c. partem Donati........	IX	XLIII	»
396-397	De diversis quæst. ad. Simplicianum	VI	XL	»
397	C. epist. (manichæi) quam vocant Fundamenti.	VIII	XLII	XXV 1
—	De doctrina christiana. Fin en 426	III	XXXIV	»
400	De catechizandis rudibus..........	VI	XL	»
—	Confessiones (2)	I	XXXII	XXXIII

(1) Pour établir la chronologie de cette liste, je me suis aidé du P. Portalié, art. *Augustin*, dans le *Dict. de théol. cath.*, col. 2313-2314.

(2) La meilleure édition des *Confessions* est celle de Gibb et de Montgomery, plusieurs fois citée dans le cours du présent ouvrage.

DATE.	OUVRAGE.	ÉDIT. BÉNÉD. TOME.	Migne. P.L.	CORPUS DE VIENNE.
400	C. Faustum manichæum.........	VIII	XLII	XXV [1]
—	De opere monachorum...........	VI	XL	XLI
—	De fide rerum quæ non videntur..	—	—	»
—	C. epistolam Parmeniani.........	IX	XLIII	»
—	De baptismo c. donatistas........	—	—	»
400-401	De sancta virginitate.............	VI	XL	XLI
400-402	C. litteras Petiliani donatistæ.....	IX	XLIII	LII
402	Ad catholicos epist. (c. donatist.)..	—	—	—
400-416	De Trinitate	VIII	XLII	»
404	De actis cum Felice manich.......	VIII	XLII	XXV [2]
405	De natura boni c. manich.......	—	—	—
405-406	C. Secundinum manich..........	VIII	XLII	XXV [2]
—	C. Cresconium grammaticum partis Donati	IX	XLIII	LII
408-409	Sex quæstiones c. paganos........	II	XXXIII	XXXIV
412	De peccatorum meritis..........	X	XLIV	LX
413-426	De civitate Dei..................	VII	XLI	XL
414	De bono viduitatis...............	VI	XL	XLI
415	De natura et gratia c. Pelagium...	X	XLIV	LX
416-417	In Joannis Evangelium tractatus..	III	XXXV	»
—	In Epist. Joannis ad Parthos......	—	—	»
418	De gratia Christi et peccato orig..	X	XLIV	XLII
419-420	De anima et ejus origine........	—	—	LX
420	C. duas epist. Pelagianorum.....	—	—	LX
421	C. Julianum....................	X	—	»
—	De cura pro mortuis gerenda.....	VI	XL	XLI
426-427	De gratia et libero arbitrio.......	X	XLIV	»
—	De correptione et gratia..........	—	—	»
—	Retractationes	I	XXXII	XXXVI
428	De hæresibus....................	VIII	XLII	»
428-429	De prædestinatione sanctorum....	X	XLIV	»
—	De dono perseverantiæ...........	X	XLV	»
429-430	Opus imperfectum c. Julianum...	X	XLV	»
	Enarr. in Psalmos..............	IV	XXXVI-VII	»
	Sermones........................	V	XXXVIII-IX	»
	Epistolæ........................	II	XXXIII	XXXIV, XLIV, XLVII

TABLE

SOCIÉTÉ DES JOURNAUX ET PUBLICATIONS DU CENTRE
35, rue des Petits-Champs, PARIS. (Même Maison à LIMOGES)

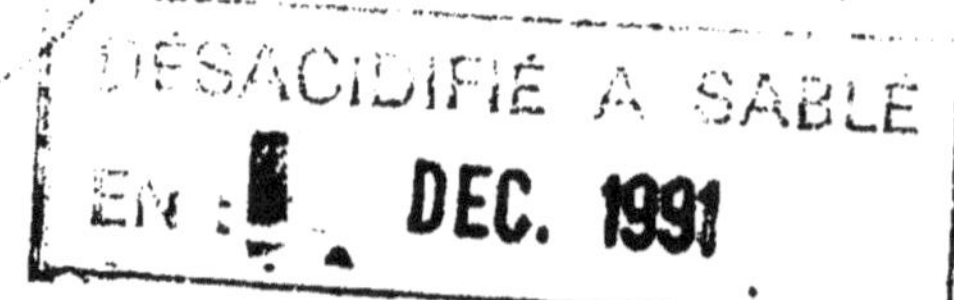